一流规划教材

《洗冤集录》导读

AN INTRODUCTORY READER OF
XIYUAN JILU

钱 斌 主编

中国科学技术大学出版社

内 容 简 介

本书从法律史、文化史、科学史和社会学的视角，勾勒宋慈的成长经历，解析他成为"法医学之父"的社会、历史和个人原因，介绍了《洗冤集录》的主要内容并对其科学手段进行说明，分析了传统法治文化的精神、内涵及其建构的过程和突出特征，以期指导读者了解传统法治文化，并实现传统文化创造性转化、创新性发展，从而为中国特色社会主义法治建设提供有益的借鉴。

图书在版编目(CIP)数据

《洗冤集录》导读/钱斌主编. —合肥:中国科学技术大学出版社,2024.1
ISBN 978-7-312-05816-5

Ⅰ.洗… Ⅱ.钱… Ⅲ.《洗冤集录》—研究 Ⅳ.D919.4

中国国家版本馆CIP数据核字(2023)第243402号

《洗冤集录》导读
《XIYUAN JILU》DAODU

出版	中国科学技术大学出版社 安徽省合肥市金寨路96号,230026 http://press.ustc.edu.cn https://zgkxjsdxcbs.tmall.com
印刷	安徽省瑞隆印务有限公司
发行	中国科学技术大学出版社
开本	787 mm×1092 mm 1/16
印张	15.5
字数	348千
版次	2024年1月第1版
印次	2024年1月第1次印刷
定价	55.00元

编委会

主　　编　钱　斌
副 主 编　刘海龙　江可可
参　　编　刘经传　马红伟　汪　月　周　慧
　　　　　王春梅　王梦寒　方　雅　方龙珊
　　　　　叶　喃　危秋涵　肖雨桢　吴美玲
　　　　　张　琼　张　蕊　侯佳静

前　言

宋慈(1186—1249)，字惠父，南宋建阳(今福建南平)人，我国古代杰出的法医学家，著有《洗冤集录》一书。宋慈把当时居于世界领先地位的中医学应用于刑事侦查，并对先秦以来历代官府刑狱检验的实践经验进行了全面总结，使之条理化、系统化和理论化。因此，《洗冤集录》一经问世，就成为当时和后世刑狱官员的必备之书，书中所载条目被奉为"金科玉律"，其权威性甚至超过朝廷所颁布的有关法律条文，对我国封建社会晚期的法律文化产生了重大而深远的影响。此书被译成多种文字，广为传播，深受世界各国重视，在世界法医学史上占有十分重要的地位。

本书尝试从法律史、文化史、科学史和社会学的视角，勾勒出宋慈的成长经历，解析他成为"法医学之父"的社会、历史和个人原因，介绍了《洗冤集录》的主要内容，并对其中的科学手段进行说明，澄清了当代人对古代刑狱的一些错误认识。同时，重点分析了《洗冤集录》对中国和世界法医学的影响，以期引导读者了解传统法治文化，从而推动传统文化的创造性转化、创新性发展，为中国特色社会主义法治建设提供有益的借鉴。

在正文部分之外，本书设置了"古案辨讲""延伸阅读"等模块。"古案辨讲"选录张宝昌、胡益仁编写的《中国古代法医案例选》中的部分案例和按语，力图从现代科技的角度,揭示古代案例中的法医技术路线;"延伸阅读"则广罗材料,从文化的角度,展现中国传统法治文化的丰富内涵。

本书由钱斌担任主编,刘海龙、江可可为副主编,参编人员中,刘经传、马红伟、汪月、周慧等负责统筹与统稿,王春梅、王梦寒、方雅、方龙珊、叶喃、危秋涵、肖雨桢、吴美玲、张琼、张蕊、侯佳静等分别编写了部分材料。本书入选了2022年度中国科学技术大学质量工程项目——"十四五"规划教材(2022xghjcA18),出版过程中得到了中国科学技术大学出版社的支持和帮助,在此致以诚挚谢意。

鉴于本书涉及面较广,书中难免存在疏漏之处,敬请广大专家、读者批评指正!

编　者

2023年4月

目 录

前言		（ⅰ）
第一讲	戎马倥偬	（001）
第二讲	循吏楷模	（025）
第三讲	四任提刑	（048）
第四讲	著述集录	（072）
第五讲	死因之断	（096）
第六讲	蒸骨奇法	（119）
第七讲	滴血认亲	（143）
第八讲	银钗验毒	（165）
第九讲	动物探案	（188）
第十讲	断鳌立极	（211）
参考文献		（236）

第一讲　戎马倥偬

> **提要**：古代官员们的桌案上会摆一本什么书？
> 是谁给宋慈写的墓志铭？
> 为什么宋慈在《宋史》中无传？
> 宋慈是怎么行"辛王之事"的？
> 宋慈为什么被荐为长汀知县？

我们来说说一位很有意思的古人。他写了一本很了不起的书，这本书不仅开创了一门新的学问，拯救了无数遭受冤屈的人，而且对封建社会晚期的我国，乃至周边许多国家的法律文化，都产生了重大而深远的影响。

这是怎样的一个人、怎样的一本书呢？

古代官员们的桌案上会摆一本什么书？

我们先来说一件趣事。

清同治十二年（1873年），英国剑桥大学有一位叫嘉尔斯的教授，他漂洋过海到中国参观考察。一次在宁波，他看到官府在审理案件。清朝的案件审理程序当然和英国截然不同，这让嘉尔斯教授看得兴致勃勃，而更让他感兴趣的是，他看见审案官员的文案上摆了一本书。他记得自己经常在清朝的衙门里见到这本书，那它有什么用呢？嘉尔斯就上前询问。

那位官员告诉他，这是一本"办案大全"，审理刑事案件少不了它。而且，这还是一本畅销书，不仅各级官员们人人拥有，就连那些幕僚、师爷们也是人手一册。

这本书就叫《洗冤集录》。

那么，《洗冤集录》当时是如何指导官员们侦破案件的呢？我们举一个例子。

在江西清江县，有一天，突然有人击鼓鸣冤，县令赶忙升堂问案。

来告状的是本地村民某甲。只见他一手拎着一个包袱，一手薅住富商程瑞的衣领，吵吵嚷嚷来到大堂。他扑通一声跪倒在地，高叫冤枉。

县令赶忙问缘由。某甲一把鼻涕一把眼泪说开了："这个程瑞平时就为富不仁，欺凌乡里。他和我的父亲有仇。昨天晚上，程瑞偷偷摸进我家，把我父亲的头给砍掉了。不仅如此，这个程瑞还把父亲的头颅带走，藏在自己家中。这颗头颅就是在他家中找到的。"说罢，呈上包袱，里面赫然是一颗人头。

人头为证，这可不得了，是一桩杀人重案。县令转过头来审程瑞。

程瑞说："大老爷，某甲是个无赖。他向我借钱，我没借给他，所以他含恨报复。"

那人头是怎么回事呢？

程瑞说："今天早上，我的仆人起床打扫卫生，就看见大厅角落里有一颗人头。就在这个时候，某甲冲了进来，说我杀了他父亲。我知道他是借机勒索，于是想给他二百两银子了事，不料这个无赖不干，非要十万两不可。这怎么行？我坚决不答应，于是他就把我告上了堂。"

人头是怎么来的呢？

程瑞说："我也不知道呀。不过，大老爷您想，我家大业大，犯得着三更半夜去杀他父亲吗？"

程瑞说的倒也有些道理，但是他没有证据证明自己的清白。

县令就命人去验尸、勘验现场，然后他对照验尸报告和原告、被告的状子，仔细研究了一番，心里便有了计较。他把某甲叫来，问道："你想借尸图诈吗？"

某甲立马叫屈，一口咬定父亲是被杀的。县令冷冷一笑，说："你的诡计也太笨拙了吧。你想着把父亲的头割下来，就能敲诈程瑞，不过却不知道生前割下的头和死后割下来的不一样吧。你父亲的头是死后给割下来的！"

某甲抵赖不了，只得认罪，他果然是在报复程瑞不借钱给自己。父亲病死后，某甲就割下头颅，趁夜翻越程瑞家的院墙，摸索到大厅，把头扔在那儿。第二天，再去程家勒索。

县令怎么这么清楚头颅是在生前还是死后割下来的？因为《洗冤集录》上面写得清楚明白："若项下皮肉卷凸，两肩并竿兑皮，系生前斫落；皮肉不卷凸，两肩并不竿兑皮，系死后斫落。"这句话的意思是说，如果出现身首异处的情况，要仔细检查尸体的颈部和肩部。如果颈部上皮肉卷缩，骨头凸露，两肩血肉模糊，那么头颅一定是在生前被砍下来的；反之，则是在死后割下的。清朝的官吏在上任之前，会反复阅读《洗冤集录》；在上任之后，也会经常借助它来办案，对于《洗冤集录》里的内容，大多烂熟于心。某甲这点小伎俩，岂能瞒天过海？

我们再说一个案例。

清嘉庆年间，在浙江平湖发生了一起命案。

事情是这样的。有一位大商人，租了几条船，雇了一伙年轻力壮的船夫，从平湖贩茧到上海去。一路上倒也风平浪静，可是，船到乍浦附近，前面有一条运米的船挡住了水道。茧船上的船夫们大呼小叫，让对方让路；但是，米船上的船夫并不给面子，自顾自地行驶。这边茧船上的船夫们也是年轻气盛，就驾船向前冲去，结果撞到了米船的尾部。米船上的船夫叫骂起来，双方打起了口水战。这时候，茧船上的一个船夫跳上米船，揪住米船的船主要打。米船船主也不示弱，一脚把对方踹倒。见到同伴吃亏，茧船上的船夫纷纷跳到米船上，围住了米船的船主，拳脚相加。突然之间，米船的船主哀号一声，鲜血迸流，倒在船上。不知是谁捅了他一刀，而且恰好捅在要害之处，那米船船主挣扎了几下，就没了气息。

出了人命，事情闹大了。茧商问是谁干的？可是他船上的船夫们支支吾吾、互相推诿，没人认账。茧商自己推脱不了干系，只好让没打架的把那些打架的人拘住，然后送到平湖县衙，请县令发落。

这个县的县令刚好要离任，但是人命关天，他不能不管，只好升堂问案。县令详讯了案情的缘由，又到现场勘验，查实案情。但是，这个案子是谁做的呢？因为现场很混乱，大家都没看清；而船夫们又互相推诿，没人认账。这该怎么办呢？

县令又仔细研究了米船船主的尸检报告。结束了以后，他有了主意，下令把那些扭送来的船夫暂时关进大牢。

过了几天，县令叫人摆下酒宴，把大牢中的犯人们都请来吃饭，其中就有那批在押未决的船夫。县令对这些犯人说："我就要离任了。临走之前，想想你们这些人，在大牢之中衣不暖食不饱，很是哀怜。我就让人摆下酒席，算是慰劳你们一下吧。"美食当前，犯人们开怀畅饮。酒足饭饱之后，县令令狱卒把这些犯人带回去，独独留下一个船夫。

这个船夫当时脸就变了。县令淡淡地对他说："你是怎么杀死船主的？"船夫当然叫屈。县令厉声叱道："你这该死的歹徒，还敢抵赖！死者伤在右肋，创口作右偏势，这是左撇子干的。刚才你们这些船夫吃饭，只有你用左手，难道你还想抵赖吗？"船夫无可辩解，只得伏罪。

这位县令的断案思路是从哪里来的呢？因为《洗冤集录》里面有这样一句话："若是尸首左边损，即是凶身行右物致打顺故也。"意思是说，如果是尸首左边有伤损，那是行凶人用右手拿东西击打所致，这是因为手顺的缘故。那个米船船主伤在右肋，当然是因为凶手左手持刀所伤。县令根据这个思路，轻轻巧巧就锁定了犯罪嫌疑人。

《洗冤集录》上记载的法医知识和方法让嘉尔斯教授大开眼界，于是他就想把这本书介绍到西方。不过，当时流传的《洗冤集录》版本多达几十种，该选哪一种呢？后来，在朋友的帮助下，他挑选了一个比较简单的版本，把它翻译成英文，分期刊登在英国的《中国评论》上，标题叫作《洗冤录：检尸官教程》。

在嘉尔斯前后，还有多位学者把《洗冤集录》翻译成了不同的西方文字。这样，《洗冤集录》就来到了欧洲，让西方人见识到了在显微镜和解剖术发明之前，世界上最先进的法医学，在一定程度上也推动了西方近代法医学和刑事检验技术的发展。也因于此，《洗冤集录》被公认为世界上最早的法医学专著。

这本"世界名著"是谁写的呢？

我们都知道，他就是那个在荧屏上赫赫有名的东方福尔摩斯——"大宋提刑官"宋慈，法医学的鼻祖。

是谁给宋慈写的墓志铭？

宋慈究竟是怎样的一个人呢？

我们来找找关于他的材料。

令人奇怪和疑惑的是，这样一位杰出的历史人物，居然在《宋史》上无传；而宋元时期的重要典籍《文献通考》，字里行间几乎没有留下宋慈的任何踪迹。不仅如此，就连宋慈的桑梓之地福建建阳县，关于宋慈的材料也少得可怜。明朝嘉靖年间的《建阳县志》，对宋慈只讲了六个字；到了清朝道光年间，才扩充到百余字。以至于纪昀（纪晓岚）在《四库全书》摘要中介绍《洗冤集录》时，只得说作者宋慈"始末未详"，一语盖过。一直到晚清，有一位名叫陆心源的藏书家，有感于《宋史》的不足，写了一本《宋史翼》，才把宋慈给补了进去；而此时，宋慈已经辞世六百年了。

陆心源是从哪儿收集来的资料呢？

陆心源参考的主要资料，是和宋慈同时期的南宋著名诗人刘克庄，正是他给宋慈写的墓志铭。

我们知道，古人去世后，家属会请人为死者撰写墓志铭，然后把墓志铭刻在石头上，埋于坟前。因为古人讲究立德、立言、立行，所以他的生平事迹会被写进墓志铭里，以求流芳百世。不过，墓志铭是要刻在石头上的，因此篇幅就不能冗长，只能是简略地记录。宋慈的墓志铭只有两千多字，这位享誉世界的"法医鼻祖"，就仅有这么一点资料存世。

宋慈的家人为什么找刘克庄来写墓志铭呢？

这就要从宋慈和刘克庄的交往说起了。

刘克庄是南宋末年的文坛领袖,被认为是和陆游、辛弃疾并列的人物。他和宋慈早年都师事当时的大儒真德秀,因此两人是同学。不过,刘克庄仕途的起步比宋慈早,宝庆元年(1225年),他来到宋慈的家乡福建建阳任知县。这时候宋慈40岁,他因为父亲去世,在家丁忧(守孝)。

应当说,刘克庄是位好官。建阳是大思想家朱熹晚年讲学之地,那里有一个考亭书院,不过朱熹逝世后,书院就荒芜了。刘克庄重修了考亭书院,还恢复了朱熹修建的建阳社仓,并筹得钱三千余缗,购米四千余斛,用来救济灾民。

宋慈是朱熹的再传弟子,刘克庄这么做,自然让宋慈深为敬重。而刘克庄也很欣赏宋慈,两人于是从同学进而成为好朋友。刘克庄年纪小宋慈一岁,尊宋慈为兄,两人志趣相同,交谊很深。

第二年,宋慈丁忧结束,朝廷任命他为江西信丰县主簿,宋慈便开始了他的仕途生涯。但是刘克庄可没有那么幸运,他因为一首诗获罪,一年以后被免了官,离开了建阳。

刘克庄写了一首什么诗呢?这首诗很有名,叫《落梅》,诗文是这样的:

> 一片能教一断肠,可堪平砌更堆墙。
> 飘如迁客来过岭,坠似骚人去赴湘。
> 乱点莓苔多莫数,偶粘衣袖久犹香。
> 东风谬掌花权柄,却忌孤高不主张。

这首诗写得非常精彩,通篇不着一个"梅"字,却刻画出了梅花的品格和遭际。从表面上来看,它不过是刘克庄对"落梅"的怜惜和吟咏,并没有什么出格的地方。但是,如果细细品味,就可以领味其中深意了。

当时,蒙古已崛起于漠北,金兵对南宋更是虎视眈眈,而南宋小朝廷却苟且偷安,士大夫们过着纸醉金迷的生活。目睹现状,刘克庄忧心万分。他虽有一腔报国之志,却得不到重用,而且还备受排挤、迫害,于是,内心的悲愤和不满喷涌而出,借"落梅"这一意象曲折地表达了出来。通过对落梅哀婉缠绵的吟叹,刘克庄道出了一大批爱国之士抑塞不平的心声。

但是,这首诗给刘克庄惹来了大麻烦。诗中"东风谬掌花权柄,却忌孤高不主张"一句,让权臣史弥远非常恼怒。史弥远不满,手下人自然出面帮他摆平,有个叫李知孝的言事官(谏官),就跳出来指控刘克庄"讪谤当国"。刘克庄因此获罪而被黜官,坐废乡野达十年之久。

后来,刘克庄才被重新启用,宦海沉浮,做到了工部尚书一职。

一天，家人来报，有人求见。刘克庄叫他进来，原来是个中年人。来访之人说，自己是宋慈的儿子。刘克庄很高兴，问他："惠父（宋慈字惠父）可好？"对方却哭着说："父亲已经去世十年了。"刘克庄听到这个消息，非常悲痛，他问宋子："你找我有什么要帮忙的吗？"宋子说："想求您为父亲写一篇墓志铭。父亲临终前说，他的墓志铭一定要请您来写。"

这才叫生死相托啊！刘克庄想起当年在建阳时的慷慨激昂，想起分别以后时不时的挂念，想起各自在人生路上的坎坎坷坷，不禁涕泗横流。他慨然应允，为宋慈写下了墓志铭，题为《宋经略墓志铭》，完成了老友十年前的重托。

在这篇墓志铭里，刘克庄记述了宋慈的生平事迹，虽然比较简略，但却成为我们现在了解宋慈最重要的史料。后来，陆心源依据刘克庄的墓志铭，又找了其他一些零星的资料，给宋慈写了一篇传记，收进《宋史翼》中，算是弥补了《宋史》的不足。

为什么宋慈在《宋史》中无传？

按理说，宋慈晚年曾经官至广州经略安抚使，是一方诸侯，位高权重，声名显赫；《洗冤集录》又是后世最有名的刑名著作，影响深远。这样的大家，为什么在《宋史》上没有记载呢？

我们来看一种解释。

史学界对《宋史》的写作有这样一种评价。《宋史》是在元朝末年编纂的，由于政局动荡，加上前后只用了两年半的时间，所以比较粗疏。总体上，叙事详于北宋而略于南宋；特别是南宋恭帝以后，由于宋元交兵，史料匮乏，记载多阙。宋慈被陆心源列入《循吏传》，而《宋史·循吏传》有十二人，全部都是北宋大臣，南宋竟无一人，所以宋慈没有被列入也就不奇怪了。

这个说法似乎有些道理。但是，宋慈死后三十年，恭帝才即位。而且宋慈曾任广州经略安抚使一职，毕竟是封疆大吏、朝廷重臣，朝廷里岂会没有他的材料？怎么会资料匮乏呢？他即使不入《循吏传》，也完全可以写进别的史传呀。

再者，宋慈写的《洗冤集录》是在元代才流传开来，继而成为畅销书的。我们现在看到《洗冤集录》的最早版本，就是元刻本。元代还流行在《洗冤集录》基础上编写的《平冤录》《无冤录》，它们合称"宋元三录"，是官府重要的法医检验工具书。在宋慈去世后十九年，当时南宋尚未灭亡，元朝廷发布"检尸体式"，以防止检复迟缓，造成尸体腐烂难以检验，其内容就是《洗冤集录》中"四时变动"一节的全文，由此可见《洗冤集录》在元代的影响。这样又过了几十年，《宋史》才开始编纂。可以说，此时宋慈这个名字对于元朝整个官僚集团来说，并不陌生，"《宋史》编纂委员会"当然也是知道他的。所以，宋慈不入《宋史》既不是因为政局动荡，也不是因为成书仓促，更不是因为史料匮乏，而是另有原因。

我们总结一下，大致有两个原因。

其一，儿子对老子的影响。

这个说法有点牵强，但对宋慈来说应该是存在的。

据考证，宋慈有三子二女，其中一个儿子叫宋秉孙，可能就是向刘克庄求墓志铭的那位。清朝人为他写了这样一则资料："慈子，淳祐进士。累官朝奉大夫，入元不仕，以吟咏自娱卒。"宋秉孙当上了朝奉大夫，官秩不低，是正五品。南宋灭亡后，他"入元不仕"，后人赞其气节，说他可以和陶渊明相媲美，我们知道，陶渊明就是不愿为五斗米折腰而归隐的。像宋秉孙这样的人，大概可以入正史的"隐逸传"。

但是，元人编《宋史》是有原则的，要宣扬自己是正统，因此南宋后期抵抗元军的将领王坚、生祭文天祥的王炎午、终身面不向北的郑思肖、爱国诗人刘克庄，以及其他一些元初的隐逸之士等，均不入史，所以《宋史》中也就没有《宋秉孙传》。而且这种编写态度可能也就影响到宋秉孙的父亲宋慈，古人很喜欢在这些事情上搞"株连"；再加上宋慈虽然做过广州经略安抚使，但毕竟为时很短（他很快病死任上），就更加有了不入史的理由。

其二，古人对科学技术的不重视。

《洗冤集录》在内容上，不是道德文章，也不是诗词歌赋，只是一些技术方面的内容。这些技术涉及腐肉、血液、斑迹等常人避之唯恐不及的东西，难登大雅之堂。所以，即便是宋慈取得了惊天的成就，在古人看来，这也只是"末技"而已，并不被重视。在编写《宋史》的时候，虽然"编委会"的人也知道宋慈这个名字，知道他是南宋末年的人，但是也没有考虑为他做传。

一代科学巨匠、法医鼻祖，就此籍籍无名，实在令人惋惜。

其实，这种情况在我国古代是相当普遍的。人们对科学技术采取了一种实用主义的态度：对认为有用的，大力扶持；对认为没用的，加以贬斥。我国古代发展得比较好的几个学科，如天文学、算学、医学、农学等，因为事关封建统治和国计民生，才受到高度重视，朝廷才扶植其发展；但是其他大多数的学科门类，则被斥为"奇技淫巧"，只能自生自灭。

在西方与日本史学界，很多人认为宋朝是中国历史上的文艺复兴时期，在科技方面取得了前所未有的成就，达到了封建社会的巅峰。但是很可惜，这些科技成果并没有得到很好的传承和发展，很多湮灭在漫漫的历史长河之中了。从这一点来说，《洗冤集录》算是幸运的。

宋慈是怎么行"宰王之事"的？

虽然《宋史》没有《宋慈传》，不过，借助刘克庄写的《宋经略墓志铭》，我们对宋慈就有了大致的了解。但是，让我们诧异的是，这位法医学的创始人，在他仕途的前半段，并不像荧屏上展现的那样时常侦破案件。不仅如此，这位进士出身的文官，竟然还领兵打仗，而且屡立战功。

宋慈怎么会打起仗来了呢？

宋慈真正出仕的时候，已经41岁了。他得到的官职，是江西赣州信丰县主簿，这是一种主要管理文书簿籍的官员，大概相当于现在的县政府办公室主任。在他担任主簿后不久，就碰到当地少数民族起义，史书上叫作"三峒煽乱"。

南宋中后期，朝廷在政治上更加腐败，经济上也加重了对人民的剥削，赋役沉重，仅杂税一项即达正赋的九倍。在这种情况下，各种暴动、起义四起，全国大小多达两百余起。宋慈曾经做官的赣州和福建，是当时农民起义发生次数颇多的地区。而这次"三峒煽乱"的波及面很大，范围达数百里之广。朝廷在一开始的时候，采用招安的政策，但是随着起义的不断升级，转而进行武力镇压。当地官府招兵买马，还把身为文官的宋慈也拉了进来，给他一个"准备差遣官"的官职，派他"剿灭叛贼"。

好友刘克庄知道宋慈要领兵出征，就给他写了一首词，词文是这样的：

> 满腹诗书，余事到、穰苴兵法。新受了、乌公书币，著鞭垂发。黄纸红旗喧道路，黑风青草空巢穴。向幼安、宣子顶头行，方奇特。
>
> 溪峒事，听侬说。龚遂外，无长策。便献俘非勇，纳降非怯。帐下健儿休尽锐，草间赤子俱求活。到崆峒、快寄凯歌来，宽离别。

词中说"向幼安、宣子顶头行"，是勉励宋慈学习辛弃疾（字幼安）、王佐（字宣子）两人。绍兴三十一年（1161年），金主完颜亮大举南侵，在其后方的汉族人民由于不堪忍受金人的苛政而奋起反抗。21岁的辛弃疾也聚集了两千人，参加了一支由耿京领导的起义军。不久，完颜亮兵败采石矶，在撤军途中为部下所杀，金国内部政局动荡。趁此机会，耿京命令辛弃疾南下联络南宋朝廷，接应宋军北伐。辛弃疾完成使命归来，却听到耿京为叛徒张安国所杀、义军溃散的消息，非常愤怒。于是，他便率领五十多人袭击几万人的敌营，在万马军中擒获叛徒，还把他带回建康，交给南宋朝廷处决。王佐是绍兴十八年（1148）戊辰科状元。当时秦桧的儿子秦熺为提举秘书，很多人巴结他，只有王佐不和他多说一句话。秦熺非常恼怒，怂恿父亲秦桧将王佐外放。后来，王佐做了建康知府。妖人朱端明利用邪教，和军营中的不逞之徒相互勾结，图谋不轨。王佐到任后，他们便密谋："新留守精明干练不可欺，稍缓起事必败，不如提前行动。"就相约在春季阅兵的时候起事。这件事本来极其诡秘，却被王佐获悉。他坐在帐中，不动声色地下令：将为首者斩杀，将他几个重要的信徒判流放岭外，其余均不问罪，一场叛乱瞬间平息。王佐为官多年，所到之处皆以德政闻名。他死后三年，陆游为他撰写了墓志铭,对其一生给予了很高评价。

总体来说,刘克庄是希望宋慈能像辛弃疾那样果断和勇敢;像王佐那样不奴颜媚上,体恤民众,布施德政;最好还能有点王佐那样"谈笑间,樯橹灰飞烟灭"的儒雅气质。这篇临别赠言对宋慈产生了很大影响。

宋慈来到前线,做了一番调查研究。他发现,并非所有的峒民都参加了暴乱,真正的"乱民"只是其中很少一部分;峒民参加暴乱的原因是朝廷横征暴敛,民无所食。老百姓吃不饱肚子,能不造反吗?于是宋慈拿出粮食,赈济饥民,民心很快稳定下来,这也孤立了义军。

接下来,宋慈联系副都统制陈世雄,要求合力进剿义军。但是,义军的声势很大,陈世雄虽然手握重兵,却畏怯不前。宋慈没有办法,经过一番侦查,他只带领三百人,就击破义军控制的石门寨,旗开得胜。石门寨丢失,对义军造成了一定的影响。陈世雄一看有机可乘,也发动了攻击。但是他却没有侦查敌情,结果遭到义军算计,不幸惨败,"将官死者十有二人",不得不退守赣州。这一下,起义军声势更甚。

宋慈觉得,平定义军,还得用赈济灾民的办法,就联系在附近的另一支宋军将领魏大有,希望能得到他的支持。但是,一个文官第一次打仗就取得如此战绩,让身为武将的魏大有心里酸溜溜的,他驳回了宋慈的请求。宋慈没有办法,只得勉力再战,又破了高平寨,大获全胜。就这样,"三峒煽乱"很快平定下去了。

这平生第一仗,宋慈果然像辛弃疾那样果断和勇敢,像王佐那样体恤民众,不负好友所望。

我们有一个小小的疑问:这个勇猛过人的宋慈,他会武功吗?

从战场的表现来看,宋慈应该是会武功的。

可能有人会有些疑惑,宋慈是个儒生呀,儒生怎么会学武术呢?

其实这是一个误解。在古代,我们称赞一个儒生优秀,会说他"通五经贯六艺"。"五经"指的是《周易》《尚书》《诗经》《礼记》《春秋》五部书,儒生要烂熟于心。"六艺"指的是礼、乐、射、御、书、数六种基本技能,这也是一个儒生必须掌握的。其中,射指的是射箭,御指的是骑马驾车,都包含武术的内容。所以,一个儒生可能是文质彬彬的,但你千万不要以为他就是手无缚鸡之力的;实际上,他也许能纵马驰骋,也许射箭百发百中。宋慈曾在南宋的最高学府——太学学习了十多年,接受系统的儒家教育,所以他会些武术一点也不奇怪。

宋朝是中国武术大发展时期,习武风气很盛。由于外族的频繁入侵和国内农民起义不断,地方民众纷纷组织起来,结社自卫。他们置办兵器,演习武艺,这是当时农村的一个普遍现象。在城市,甚至还出现了打擂比赛。据《梦粱录》的记载,在临安护国寺的南高峰设有擂台,各地的武林高手在此一较高下。宋慈在建阳农村生活二十年,又去临安求学十多年,耳濡目染之中,他多多少少也学了点各门各派的武功。

武术不仅强健了宋慈的体魄,更重要的是锻炼了他的意志。宋慈在战场上敢于孤军深入、奋勇杀敌,这和他研习武术是有很大关系的。

然而,"木秀于林,风必摧之",这个勇猛过人、战功卓著的儒生遭到了他人的妒忌。

"三峒煽乱"平定以后,朝廷论功行赏,宋慈被"特授舍人"。魏大有也升了官,成为宋慈的顶头上司。舍人一职在宋朝的官制里是从七品,而主簿是从九品,宋慈一战就升了两级,这就让魏大有更加忌恨,这个心胸狭小的上司经常找机会给宋慈穿小鞋。有一次,宋慈实在忍受不了,拂袖而去。他对人说:"斯人忍而愎,必招变。"意思是说,这个人生性残忍,又刚愎自用,一定会招致部下哗变。这话被魏大有听见了,认为这是侮辱上司,于是他立马上奏,弹劾这个出言不逊的下级。朝廷很快批复,罢免了宋慈。这个平定"三峒煽乱"的功臣,就这样丢了官。

而魏大有果然如宋慈所言"必招变"。后来,部卒们忍受不了这个心胸狭隘、到处找茬的上司,把他杀了。

宋慈为什么被荐为长汀知县?

被罢了官的宋慈,不久得到了太学恩师真德秀的帮助。真德秀把宋慈推荐到一个叫陈韡的人那儿,做了他的幕僚。

陈韡是何许人也?

陈韡是南宋末年的著名将领,名震海内外。《宋史》里面记载了这样一件事:衢州的起义军攻破常山、开化等地,声势大振。临危受命,任福建路招捕使的陈韡,命手下将领率七百人趁夜奔袭义军营寨。起义军开寨迎战,见到官军的旗号,大惊:"此陈招捕军也!"有些人居然哭了起来。官军趁势进攻,击破义军,平定衢州。

官军只要打出陈韡的旗号,义军就会溃乱,可见陈韡的威名。

这位名将和真德秀有些交情,看到真德秀的举荐信,就把宋慈留了下来。深入交谈以后,陈韡非常欣赏宋慈,得知了宋慈的遭遇后,深深为他不平。在陈韡的保荐下,宋慈洗去先前魏大有的诬陷,官复原职。

这个时候,朝廷命令陈韡讨伐在福建、江西一带以晏彪为首的起义军。

晏彪所率领的,实际上是盐贩起义军。

南宋时期的福建实行食盐官卖。官盐的价格很高,一般是私盐的数倍;质量也很差,往往掺杂灰土,不堪食用。很多贫苦的农民就贩卖私盐,从中牟利。和官盐相比,私盐价格低廉,质量也较好,很受百姓欢迎,因此很多民众经常群起拒买官盐。官府为了盐利,就派官兵缉捕贩运私盐的盐贩,每年这些盐贩被捕判罪的达数万人之多。于是,盐贩们就组织起来,执持兵械,抗击官府缉拿。

绍定元年(1228年),一个叫晏彪的"盐寇",带着一批盐贩在福建汀州的潭飞漈举行武装起义。得到消息,官府就派军队前去镇压。但是潭飞漈这个地方地形很独特,它周边群山环绕,很难进入,而且草深林密,易于隐藏。官军不明地形,轻率冒进,结果中了埋伏,大败而走。义军声威大震,队伍迅速扩展。后来,一部分义军进入江西,赣南的农民纷纷响应,加入义军。这样,义军达数万人,波及福建、江西数百里范围。这就是轰动一时的晏彪起义。

对于义军,各地官府的意见不一致,有主张剿灭的,有主张安抚的,还有想"以匪制匪"的。汀州守臣陈孝严感到手下官军孱弱,难以对敌。恰在此时,一伙"彪悍"的盗贼进入汀州境内,陈孝严就想利用他们抵御晏彪的义军。这本来未必是件坏事,然而陈孝严处置失当。这些人是一伙打家劫舍的贼盗,收编他们是为了对付晏彪,这只是权宜之计。陈孝严却本末倒置,把他们当作腹心,疏远甚至仇视官军。这就激起了官军的强烈不满,进而发生哗变。那伙盗贼旋即联合晏彪的部众攻打汀州,得亏城内的一些地方武装拼死抵抗,汀州才没有失陷。

朝廷被晏彪起义弄得焦头烂额,最后命令陈韡来摆平此事。

陈韡接到命令以后,仔细分析了当地的形势,认为是官府剿抚不定,致使晏彪势力壮大,所以应该统一思想,那就是要坚决剿灭义军。他把自己的意见具表上奏,朝廷于是决意武力镇压。

怎么剿灭晏彪的义军呢?

所谓"打蛇打七寸",陈韡就想到了潭飞漈。这是义军的大本营,大本营被攻陷,对义军的士气将会是一个沉重的打击。而此时,晏彪不在潭飞漈,他的多支部队在四处征战,恰好可以实施突袭。

陈韡决定派两路人马,分路合击潭飞漈。派谁做统兵将领呢?他提出了两个人选,一个是他手下的猛将王祖忠,这是大家意料之中的;另一个却是宋慈,这可让在场的所有人都瞠目结舌。依据陈韡的安排,这两路人马,王祖忠率主力,吸引义军的注意力;宋慈率奇兵,从小路出击,两军会于老虎寨。王祖忠很不满意,觉得大帅用人不当。奇兵就是"出敌不意的军队",而宋慈这支"奇兵"最出敌不意的地方,就是主将宋慈了。宋慈上战场,明摆着去送死呀。这一介书生,他怎么能完成这样一个"不可能完成的任务"呢?看来,不光是到老虎寨,就是攻打潭飞漈,也只能靠自己单打独斗了。

王祖忠气呼呼地出发了。行军路上,他遭到义军的节节阻击。王祖忠的部队很能打仗,一路上击退各路义军,等他气喘吁吁来到老虎寨,却发现宋慈也杀到了。原来,宋慈的部队从小路出发,也遭到义军的拦截,他率部且战且行,行军三百里,按时到达会合点。这让王祖忠大为惊异,叹服到:"君忠勇过武将矣。"他可不像魏大有那样心胸狭隘,反而倾心相交,和宋慈成为好朋友,对宋慈言听计从。

宋慈讲求战前的谋划,"先计"才可后战。在他的谋划下,宋军击破潭飞磜。义军损失惨重,溃败到平固。宋慈又和李大声驰援平固,擒住了义军主将。在回程途中,又一路义军密谋袭击他们,意图掩夺被擒将领,被宋慈发现。宋慈经过激战,击溃那支义军,抓住了他们的将领。至此,义军大本营被攻破,主要将领悉数被擒,遭到沉重打击。

晏彪带着余部转入山区,后来被陈韡领军围住。义军粮尽援绝,只得出降。但是陈韡认为,晏彪是"力屈乃降",不是真心投降,一旦条件允许,他可能会再次起事,于是把他杀了。晏彪起义就此失败。

但是,事情还没有结束。

前文说到,陈孝严在汀州处置失当,激起兵变。叛军挟持了陈孝严,掩城负固,抵抗官军,要与官府谈条件。陈韡命宋慈"与李大声讨之"。"讨之"的意思,就是剿灭。但是怎么剿灭呢?况且,激起兵变官府在一定程度上也有责任,"草间赤子俱求活",总不能把他们都杀光了。

可能是受了刘克庄嘱托的启发,宋慈想到了一个办法。

到汀州之后,他找了一面大旗,在上面写下了招降文告。然后,他和李大声一起,排摆酒宴,约叛军的七个头目谈判。这些叛军头目来了,一个个都拿着兵刃,气势汹汹。看到这个阵势,李大声脸色大变。而宋慈却面不改色,雍容如常,和蔼地让他们入席。等到叛军头目都来齐了,宋慈大喝一声,两厢伏兵冲出,把这些叛军头目拿下。宋慈即刻下令,把这七个人都杀了,然后枭其首,同时打出招降大旗。叛军头目被杀,军心涣散,再看到招降大旗,于是纷纷投降。这样,宋慈只杀了七个人,就平定了汀州兵变,和当年王佐平定妖人朱端明之乱如出一辙。

在镇压晏彪起义的过程中,宋慈表现出卓越的军事和政治才能,深受陈韡的赏识,绍定四年(1232年),被他荐为长汀知县。

刘克庄在墓志铭中回忆说,当年他对宋慈"期之以辛公幼安、王公宣子之事",能够建功立业。而宋慈不负所望,"果以才业奋历中外,当事任,立勋绩,名为世卿者垂二十载",他的声望也"与辛王二公相颉颃焉"。言下,颇为好友感到骄傲。

现在,国际上研究宋慈和《洗冤集录》已经形成一门学问,称为"宋学",它是以宋慈的姓氏来命名的。为了和研究宋朝的"宋学"相区别,人们又把它写成"宋(慈)学"。许多"宋(慈)

学"研究者,在评价宋慈的时候,大多从"伟大的法医学家"的角度进行定位,对他的"武绩军功"往往略而不谈,或者指责他参与镇压了农民起义,这无疑是以今人的"善恶"标准去衡量古人的。

脱离了历史时代来评价宋慈,不仅不能客观地了解其生平,而且不能真正认识他的人生观、思想方法与行为动机。对于一个封建官吏来说,他效忠的是封建王朝,维护着这个国家的利益。因此,弹压治下,维护一方稳定,是他的职责,从这一点上来说,宋慈的所作所为,无可指责。而宋慈不滥杀无辜、体恤民众,则更是难能可贵。

还要说明一点的是,正是因为平定三峒煽乱、晏彪起义和汀州兵变,他的"政绩"才为朝野上下所共知,进而升为长汀知县,后来又逐步升职,成为"大宋提刑官"的。

这一讲,我们了解了宋慈仕途初期的一些鲜为人知的经历,这位"法医鼻祖"是因为平定三峒煽乱、晏彪起义和汀州兵变这些"武绩军功"才得以逐步升职的。在历史上,宋慈被认为是个"循吏",那么,古人为什么会给他这样一个评价呢?

请看下一讲"循吏楷模"。

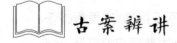

古案辨讲

颈痕辨冤

民有利侄之富者,醉而夜杀之于家。其男与妻相恶,欲借奸名并除之,乃操刃入室,斩妇首,并割取醉杀者之首以报官。知县尹见心于灯下视一首皮肉上缩,一首不然。即诘之曰:"两人是一时杀否?"答曰:"然。"曰:"妇有子女乎?"曰:"有一女,方数岁。"见心曰:"汝且寄狱,俟旦鞫之。"随取其女至衙,好言细问,竟得其情。父子俯首伏罪。

【按语】

判断尸体头颅是生前或死后被砍下的,可以检验颈皮断处。生前砍下的,头颈刀砍处皮肉紧缩;死后割下的,头颈刀砍处皮肉不紧缩。这是古代法医从无数次实践中得出的经验。本案例中的知县尹见心就是根据两颗头颅颈上刀砍处皮肉的不同形状,判断两人不是同时被杀,为审清本案提供了有力的证据。

生前被砍下的头颅，头颈刀砍处的皮肉紧缩，是因为人活着的时候，全身的肌肉、皮肤时时刻刻进行着新陈代谢，充满着活力和弹性，皮肤被切断，肌纤维和皮肤组织细胞会由于弹性作用而回缩并出现褶皱。人死后，全身肌肉和皮肤已经失去生理机能，失去了弹性，切断后的皮肤平直而松弛。

判断尸体头颅是生前还是死后割下，除了观察头颈处刀砍的皮肉之外，还可以检验刀砍处有无瘀血。活人全身的血液周而复始地进行循环，被猝然砍下头颅，全身的血液循环突然中断时，大量血液从刀砍处溅出，还会有血液瘀积于皮肉之中；而已死的人，体内血液循环早已停止，被割头颅后，不会产生溅血和瘀血的现象。

我国宋代法医学家宋慈，在其名著《洗冤集录》里对检验头颅生前或死后砍下有翔实、科学的记述："活人被杀者，其受刃处，皮肉紧缩，四畔有血瘾（瘀血）。……死人被割尸首者，皮肉如旧，血不灌瘀，皮不紧缩，刀尽处无血流。"

刀痕释疑

有一乡民，令外甥并随人子将锄头同开山种粟，经再宿不归，及往观焉，乃二人俱死在山。遂闻官。随身衣服并在，牒官验尸。验官到地，见一尸在小茅舍外，后项骨断，头面各有刃伤痕；一尸在茅舍内，左项下，右脑后，各有刃伤痕。在外者，众曰先被伤而死；在内者，众曰后自刃而死。官司但以各有伤，别无财物，定两相并杀。一验官独曰："不然，若以情度情，作两相并杀可矣，其舍内者右脑后刃痕可疑，岂有自用刃于脑后者？手不便也。"不数日间，乃缉得一人，挟仇并杀两人。县案明，遂闻州，正极典。不然，二冤永无归矣。

【按语】

本案中的死者，一在茅舍外，后颈骨断，头面各有刃伤痕；一在茅舍内，左项下，右脑后，各有刃伤痕。乍一看，确像"两相并杀"，因为两尸都有致命伤痕。但一位细心的检验官却提出了不同的看法，他的根据是"岂有自用刃于脑后者？手不便也"。这位检验官反问得有理，判断得正确。

大凡用锐器（如刀、斧等）自杀的，所伤部位大多在前额、前颈、前胸等部位，创口大多数是从左上方向向右下方斜切（指惯用右手者，用左手者相反），故要从后颈或右脑后部自杀是难以进行的。这位检验官不愧是一位有丰富经验的验尸官。

殴死装缢

勘得唐大拔铺屋一所两间,左系堂屋,右系店房,中有木梯一张,正靠楼枋,尸已解下,颈上系有丝带一条,交成死结。据唐大拔指称,该尸原吊木梯高处,并未踏物。当将丝带解下,按照悬挂量演检看,上面系带处高,手不能攀,头紧抵上,脚悬空,所达无物,并非自缢情形。勘毕,验得已死杨帼妹头发散乱,面色微变,两眼开,不致命左颌颊接连耳轮;致命耳根有伤一处,紫红色,系掌伤。口闭,舌不出。致命咽喉上有痕迹浅淡,系丝带吊伤;不致命左手五指甲缝青黑色,右胯有抓伤一处,长九分,宽四分,红色。实系生前受伤身死。

【按语】

本案死者杨帼妹非自缢身死,而是生前受伤身亡。证据有三:第一,尸体吊在"木梯高处","手不能攀","所达无物",带是死结,死者不可能上吊后自打死结;第二,咽喉上的浅淡印记是死后丝带勒的痕迹;第三,死者身上有伤痕多处,耳根有掌伤,右胯有抓伤。耳根处的掌伤可能是致死原因。一般来说,虽然掌伤不会致死,但有时打在要害处也会产生严重后果。耳根是致命的地方,被掌伤后,可引起严重的脑震荡。排除了自己上吊的可能,验明了致命伤痕,死后被伪装上吊就确凿无疑了。

伤寒自缢

明崇正癸酉,仁和陈芳生家有仆秋英,年未三十,为人善柔而勤慎,习锤王书法,遇同辈绝无相角。忽一日,闭门不出,众方谓其专心学书,及至之又久,排户入视之,则已高悬于卧榻之侧矣。自缢之由,卒不可得。询之医者,云此时症也、伤寒门内有此一种,名曰"扣颈伤寒",绝非与人相角而然。缢室之内,无复有继之以行者,则知病之为真也。

【按语】

伤寒是一种流行性的传染病,在古代对人类的生命威胁很大。这里说的"扣颈伤寒",很可能是伤寒病染重,体温过高,出现神经方面的症状,如产生幻觉、神志错乱、难受不可忍等,从而导致自缢身死。本案例审案者根据现场和别无伤害迹象,认为因病自缢而死的判断是有道理的。

注醯检骨

　　（洛阳）县有役岔，以事逮民，民死，归即敛讫，已而讼役杀之。转辗三十年不决。上官檄朱会所在检骨，骨在浅土败柳棺中，仵人曰："久，疑不可检也。"朱令坎地回架木，昇棺其上，弛前和，及四墙四柳方，土正见，徐徐拔土，正首足向，幂以席，寮坎注醯。须臾，骨如蒸状。仵人即检讫，告曰："尸独脑骨紫血伤，见方寸许。"众喜，谓得情。朱熟视之曰："未也，此伤处，涤可去。"众笑曰："伤三十年入骨，岂可涤耶？"朱呼水刷之，骨白无浼，而讼遂息。或曰："于《录》无此法，公何以辨之？"朱曰："伤者紫色，中重而外轻，若晕逐减，然此反之，是腐血污耳。"众叹服。

【按语】

　　《洗冤集录·验尸》中载："验尸并骨伤损处痕迹未见，用糟、醋泼罨尸首。"过去仵作用醋灌熏蒸，是为了不使外界的细菌感染，减轻伤口可能已有的炎症，将伤口固定，以便正确辨认。这在今天仍不失其科学价值，现代法医学中还有用醋酸来沉淀和保护伤口的。

　　几百年的验尸实践证明，生前受暴力打击的骨骼，骨膜上和骨膜内的血管破裂出血，血液浸润受伤的骨质，或经细胞吸收，血红蛋白分解成为橙色血晶与含铁血黄素结合而沉淀，形成局部暗红色或褐色晕迹，而未受伤的骨骼沾有血液，其血液沉降不能渗入骨中，因而可以洗掉。当代的一些学者认为，若伤后即死，或死后年代不远，适合用此法验骨。

　　此案发生在清代，当时能用此法检验尸骨，又能比较正确地辨别真伪、明案洗冤，是难能可贵的。

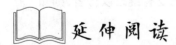

一、桑梓的文化

　　在汉语中，"桑梓"一词经常被人们用来代称"故乡""乡下"。在古代，由于桑、梓与人们生活的密切关系，古人很早就将它们视为灵木，并产生了一种特殊情感。

　　首先说桑。

　　桑为落叶乔木，再生分枝力强，在我国有广泛的分布。古代的桑有两种，一是居所附近的"桑田";一是分布于高山深谷的桑林,称为"桑野"。《吕氏春秋》载:商汤时,连续五年大旱,庄稼绝收,"汤乃以身祷于桑林"。桑林之神有调和阴阳、兴云致雨的神力。"汤祷桑林"因此成为史家常常援引的故事。

古代葬地多依傍桑林。这可能与古人的魂灵观念相关。古人认为,人的死亡并不是生命的终结,新旧生命是一个更续转化的过程,子孙的生命是祖宗灵力的转化。因此他们对生命力旺盛的桑林有着特别的崇拜。在古人的思维中,枝叶茂盛的桑,果实能饱腹,叶子能喂蚕,具有生命养育的神奇功能,因此成为生命的象征。将逝去的先人葬于桑林,可以获取巨大的生命力量。

《山海经》称:宣山"有桑焉,大五十尺,其枝四衢,其叶大尺余,赤理黄华青柎,名曰'帝女之桑'"。为什么是"帝女之桑"呢?据说,赤帝的女儿学道成仙,居住在南阳崿山的桑树上,赤帝以火焚之,"女即升天,因名曰帝女桑"。由这则传说我们获得一条重要的信息,那就是桑与上古的葬俗有很大的关系。古代曾出现过树葬的葬式,即将亡人的躯体架在野外的大树上,任其自然风化。

据《吕氏春秋》记载,伊尹的母亲因为违背神人的忠告,在躲避洪水时,回头看了一眼自己的住地,被水淹死,"身因化为桑"。而后世辅佐商汤的伊尹,就诞生在这株空桑之中。这是"桑能生人"的形象描写。同样的记载也见于描述孔子出生的《春秋孔演图》中。据说,孔母野游,在大墓边上睡觉时与黑帝神交,醒后有孕,"生丘于空桑之中"。

在古代,桑林既是墓地,也是生殖的圣地。桑中之会,采桑之戏,均是古代祈子习俗的生动表现。这也是古代圣人生于桑中的民俗依据。在古神话中,桑树是太阳树,太阳从东方汤谷升起时,是沿着桑枝向上移动的。桑木自然凝聚着阳气的精华,是振魂的神奇灵木。因此在古代的生死仪礼中少不了桑木的运用。在民间信仰中,桑木有避邪的作用。男孩出生时,举行手持桑弧棘矢清净四方的仪式。丧事本因桑事而起。因此,后世丧葬仪式中也常使用桑枝作为灵物,如用桑枝和鸡血避煞、砍桑枝斩丧等。

其次说梓。

梓为落叶乔木,分布在我国中东部地区,在古代是与桑齐名的林木。梓树木质轻软、耐朽,能作车板、乐器等各种器用,但其最佳的用处是作棺材。《齐民要术》称:"以作棺材,胜于松柏。"

然而,梓木棺材并不是一般人所能享用的。在古代,梓宫、梓器可是帝后、大臣的特有的丧葬礼器。从阴阳家的观点来看,梓木性质与桑木相反,属阴性,生长的地点常在背阴之处,帝后、大臣下葬用梓棺,就源于这种观念。而且,古人不仅棺木用梓,墓地也常植梓树。

由于与墓葬的关系,梓树、桑树也就成为人们标识墓地的特有林木。久而久之,桑梓就成为祖先崇拜的物质符号。

最后来说说"桑梓"。

"桑梓"一词出自《诗经》。《小弁》记载:"维桑与梓,必恭敬止。靡瞻匪父,靡依匪母。"意思是见了桑梓容易引起对父母的怀念,所以起恭敬之心。

在邹城孟庙亚圣殿东侧有两棵古老的树——桑树和梓树,据说是孟母当年种下的。孟母是中国历史上一位有见识、善于教子的伟大女性,孟子非常孝顺和尊重母亲,在他周游列国期间,不管身在何地,总会想起故乡的桑树和梓树,想起母亲。

东汉以后,由于儒家伦理学说的影响,孝敬观念增强,人们更加重视对祖宗的墓祭。当时人们的移动范围增大,因公务、商务或军务而离乡的人越来越多,由于交通不便人们大多不能及时返乡,如严延年那样从京师跋山涉水,不远千里"还归东海扫墓地"的人毕竟是少数。人们大多不能将祭墓的愿望变成现实。只能如张衡在《南都赋》所咏的,"永世友孝,怀桑梓焉"。

战乱时期更是如此。在魏晋南北朝长达四百年的战争中,背井离乡的人们更是无法尽桑梓之敬,他们一如陆机在《思亲赋》中所叹:"悲桑梓之悠旷,愧盛尝之弗营。"因为地域的遥远,人们无法祭祀祖宗的墓地,只能感念于心,墓地上的桑梓便成为人们追怀祖先的精神意象。桑梓逐渐成为父母乡邦的特称。

这一用法在唐代诗歌中很常见。诗佛王维在《休假还旧业便使》中,就有关于托病返乡,旧景不再,亲朋团聚,唏嘘感慨的诗句:"谢病使告归,依依入桑梓。家人皆伫立,相候衡门里。"诗人杜审言把对故乡的怀念深深融入《春日怀归》:"心是伤归望,春归异往年。河山鉴魏阙,桑梓忆秦川。花杂芳园鸟,风和绿野烟。更怀欢赏地,车马洛桥边。"又如孟浩然笔下的《过故人庄》,赏重阳日,就菊花酒,话桑麻情:"故人具鸡黍,邀我至田家。绿树村边合,青山郭外斜。开轩面场圃,把酒话桑麻。待到重阳日,还来就菊花。"

宋代诗家词人沿袭前代对"桑梓"一词的用意和用法,在怀念故里的诗文中,对乡关家人的思念更加用情、更加迫切。如苏辙在《送贾讷朝奉通判眉州》中说:"民病贤人来已暮,时平蜀道本无难。明年我欲修桑梓,为赏庭前荔子丹。"借"赏庭前荔子"修葺"桑梓",造福乡里。

到了元明清时代,"桑梓之情"依然在文人墨客笔端默默生发、汩汩流淌。明代著名"前七子"之一,诗人何景明有《赠边子四首(其一)》云:"戎马暗中原,嗟此远行子。遥遥赴城阙,戚戚望桑梓。"他情真意切地写下分别的诗章,念叨着送友人边贡上路的不舍情谊,手足之情,令人喟叹。清代诗人龚自珍曾在《己亥杂诗》中发出感慨:"里门风俗尚敦庞,年少争为齿德降。桑梓温恭名教始,天涯何处不家江。"

"日暮乡关何处是,烟波江上使人愁。"许多古人的住所会栽种几株极具象征意义的桑梓,一来身体力行地传递桑梓文化的文脉,二来营造一方"桑梓之情"的诗情画意小天地,三来盼望子孙后代濡染国学香风,不忘"桑梓之情"。

二、墓志铭

墓志铭是一种悼念性的文体,一般由志和铭两部分组成。志多用散文撰写,叙述逝者的姓名、籍贯、生平事略;铭则用韵文概括全篇,主要是对逝者一生的评价。但也有只有志或只有铭的。可以是自己生前写的,也可以是别人写的。

东汉末年,曹操严令禁碑,魏晋两代亦因循此令。然而世人追念亡者之情仍望有所寄托,于是产生了将地表刻石埋入墓中的墓志铭形式。

墓志铭的前一部分是"志",即简述死者生平;后一部分是"铭",即用韵语概括前一部分内容,并加以褒扬和悼念之意。墓志铭又称"埋铭""圹铭""圹志""葬志"等,由这些称谓也可看出它确实是埋在地下的。至北魏时,方形墓志成为定制,即为两块等大之正方形石板,上下重叠,刻铭文者在下为底,刻碑额者在上为盖。禁碑令废除后,此风仍不改,从而造成墓碑矗于地上而墓志藏于地下的格局。

墓志铭大行于隋唐时期,以唐代最为繁盛,出土的数量远胜北朝。宋元以后,墓志铭数量锐减。近代以来,西式葬法逐渐推行,碑墓合一之制日盛,墓志铭之作渐衰。解放后,实行丧葬改革,丧事从简,并推行火葬,墓志铭失去了物质载体,基本上退出了历史舞台。

韩愈曾作《试大理评事王君墓志铭》,全文曰:

君讳适,姓王氏。好读书,怀奇负气,不肯随人后选举。见功业有道路可指取,有名节可以戾契致,困于无资地,不能自出,乃以干,诸公贵人,借助声势。诸公贵人既得志,皆乐熟软媚耳目者,不喜闻生语,一见辄戒门以绝。上初即位,以四科募天下士。君笑曰:"此非吾时邪!"即提所作书,缘道歌吟,趋直言试。既至,对语惊人;不中第,益困。久之,闻金吾李将军年少喜士,可撼。乃踏门告曰:"天下奇男子王适,愿见将军白事。"一见语合意,往来门下。卢从史既节度昭义军,张甚,奴视法度士,欲闻无顾忌大语;有以君平生告者,即遣使钩致。君曰:"狂子不足以共事。"立谢客。李将军由是待益厚,奏为其卫胄曹参军,充引驾仗判官,尽用其言。将军迁帅凤翔,君随往。改试大理评事,摄监察御史、观察判官。

居岁余,如有所不乐。一旦载妻子入阌乡南山不顾。中书舍人王涯、独孤郁,吏部郎中张惟素,比部郎中韩愈,日发书问讯,顾不可强起,不即荐。明年九月,疾病,舆医京师,其月某日卒,年四十四。

十一月某日,即葬京城西南长安县界中。曾祖爽,洪州武宁令;祖微,右卫骑曹参军;父嵩,苏州昆山丞。妻上谷侯氏处士高女。

高固奇士,自方阿衡、太师,再试吏,再怒去,发狂投江水。初,处士将嫁其女,懲曰:"吾以龃龉穷,一女怜之,必嫁官人;不以与凡子。"君曰:"吾求妇氏久矣,唯此翁可人意;且闻其女贤,不可以失。"即谩谓媒妪:"吾明经及第,且选,即官人。侯翁女幸嫁,若能令翁许我,请进百金为妪谢。"诺,许白翁。翁曰:"诚官人邪?取文书来!"君计穷吐实。妪曰:"无苦,翁大人,不疑人欺我,得一卷书粗若告身者,我袖以往,翁见,未必取视,幸而听我。"行其谋。翁望见文书衔袖,果信不疑,曰:"足矣!"以女与王氏。生三子,一男二女。男三岁夭死,长女嫁亳州永城尉姚挺,其季始十岁。铭曰:鼎也不可以柱车,马也不可使守闾。佩玉长裾,不利走趋。只系其逢,不系巧愚。不谐其须,有衔不祛。钻石埋辞,以列幽墟。

前半部分通过几个实例展示了王适的个性风采。后半部分,用传奇笔法补写其求婚经历,以及曲折过程,刻画了其人之"奇",将王适这个怀奇负气、落拓不羁、注重名节却一生不得志的奇人刻画得栩栩如生。

三、北宋的私盐问题

在中唐以后,私盐成为一个严重的社会问题。唐中叶以后,中国社会发生了重大变化,田赋收入在国家财政收入中占的比重减少,再加上政府官僚体系的日益完善,奢侈享乐之风盛行,为维持财政支持,政府加强对盐、茶、酒等物品的垄断管理。国家自西汉对食盐实行禁榷制度,至唐一代日益严密。唐后期食盐专卖,使盐利在国家财政收入中的比重增加,盐利成为专制统治的重要财政支柱。同时,土地所有制关系发生变化,出现了大批破产农民和无业游民,贫富分化加剧。而盐作为一种日常需求且不可替代的物品,其交换所带来的利润使得人们聚集到盐利上来,"利之所在,百姓趋之",违禁制盐贩盐的活动频频发生。

所谓私盐,即违反政府规定而私自出卖的食盐。北宋真宗时,人口达四千余万,盐产岁额约两亿五千万斤,合每人每年平均吃盐六斤,如果私盐能控制在一定的范围内,官盐保持岁额不盲目扩大生产,且盐价合理,就能保证盐顺利销售,供求基本持平。但实际上,官盐价格日升,打破了供求关系的平衡,致使私盐盛行。随着宋代食盐专卖制度的进一步强化,违法制贩盐的活动也进一步扩大,无论是从规模还是从危害程度上,都远远超过前代。参与制贩盐者人数众多、成分复杂,而且分布广泛。

宋代的私盐主要来自于"生产领域、运销领域和外盐的走私入境"。生产领域中的私盐，主要来自于产盐地区。盐户是主要生产者和提供者，政府低价收购盐户生产的盐，压榨无度，同时各级官吏也经常扣押、挪用盐户的盐本钱，盐户无法进行正常的生产，常有因官课太重而家破人亡的现象。为了生存，他们私卖部分浮盐甚至正盐，以维持日常开支。朱熹的《晦庵集》记载："产盐地分，距亭场去处，近或跬步之间，远亦不踰百里，故其私盐常贱，而官盐常贵。利之所在，虽有重法，不能禁止，故贩私盐者，百十成群。"由此可见盐户走私之盐的数量多且行为屡禁不止。

宋代官僚贩卖私盐的事情，屡见不鲜，丰厚的盐利使得有些官员明知违法仍铤而走险。对此，蔡襄曾描述如下：仕宦之人"兴贩禁物，茶、盐、香草之类，动以舟车……日取富足"。

运销过程中的私盐问题屡见不鲜。这一现象多出现于淮浙地区的食盐运销过程中。这些盐场的产盐大都以漕运的方式运往行销地界，东南六路将上供的米粮运到江淮，然后将淮盐运回本路，在此过程中货物的搬运称为转搬法，从事搬运的人是押纲使臣和兵梢。兵梢的待遇微薄，全年薪俸不过三十贯，还要被上层官员盘剥，难以养活全家。为了生存，他们利用搬运官物的机会贩卖私盐，有时甚至将整船官盐盗卖，为避免追究则"风水沉溺以灭迹"。久之，国家财政收入受到极大影响。

至于周边地区走私食盐，多见于西夏青白盐和辽盐的输入，如在宋辽边境，辽盐走私进入河北。宋太宗时，"代州宝兴军之民，私市契丹骨堆渡及桃山盐"，"北人或由海口载盐入界河"。由此可以得知，除了内地居民前往购买食盐外，契丹也常遣人载盐入界河，将盐卖给内地居民。在这里不得不关注一下私盐贩问题。私盐贩是指在食盐流通领域中违法贩运买卖食盐的人。在宋代文献中，私盐贩常被称为"盐贼""盐寇""盐子"等，其组成成分非常复杂，主要是盐户、贫民、无业游民和一些兵舟卒等，甚至有一些富商大贾、官吏、豪强等。应该看到，不论私盐贩的身份多么特殊，食盐走私者在贩运过程中不可避免会与官府的巡检武装发生冲突。这些盐徒活动甚至会演化成为社会暴动，成为影响历朝历代统治的一个不安定因素。

私盐盛行的根源，首先在于盐业体制本身的弊端。如盐民的贫困，官府高价售卖及贮存不继、盐质不佳，以及盐官的腐败等。真德秀指出"盐法一事，乃致寇之源"，方大琮也说"盐者，致寇之根。丰年则无盗，而盐徒不能禁绝者，以衣食之路在焉"。宋代官盐的一大特点就是价高质劣。宋仁宗天圣八年（1030年），大臣盛度、王随和胡则联合上奏提到，官盐在运输过程中，经常发生"纲吏侵盗，杂以泥砂、硝石，其味苦恶"，有时甚至宫廷皇室所食之盐也质量低下，可想而知普通百姓所食之盐的质量了。同官盐相比，私盐的价钱就便宜许多，并且质量上乘，由此导致了更多的私盐和私盐贩的出现。

第二个原因是贩盐的利润丰厚。正如范仲淹所说:"利厚,则诱民犯法而刑不可禁。"有诗为证:"婿作盐商十五年,不属州县属天子。每年盐利纳官时,少入官家多入私。官家利薄私家厚,盐铁尚书远不知。"再加上北宋中后期,实行盐钞法,贩卖私盐的行为增多。商人以钱买钞,凭盐钞到产盐区领取食盐,再运往相应的销区贩卖,且价格不得高于官盐,加上来往过程中的运费、损耗等问题,获利有限。久之,商人开始贩卖私盐。

第三个原因则是地区过于贫困,而食盐销区划分不合理。宋代为加强对食盐的管理,严格划分了食盐的运销区,严禁非法侵越。如果考虑到当时的交通条件和地理位置等因素,合理划分食盐的运销区域,则有利于食盐的产销。但为了掠夺更多的盐利,不考虑具体因素而人为划分盐的行销地界,势必出现弊端,造成人力物力的浪费,影响官盐的正常销售,导致私盐的产生。

私盐的盛行,一方面源于所行盐法的弊端,另一方面又加重这些盐法的危机,导致社会动荡。

由于宋代盐法自身之弊端,私盐贩运自宋初就已出现,至北宋中后期乃至南宋,私盐贩运愈演愈烈。私盐贩的身份各异,不仅有一般贫民参与的私贩,还包括军人、大家乃至达官。一些由贫民参与的私贩,往往结伙持械而行,甚至杀伤官吏,对抗官府。《宋史·食货志》记载:"江湖漕运即杂恶,又官估高,故百姓利食私盐,而并海民以鱼盐为业,用工省而得利厚,由是盗贩者众。又贩者皆不逞无赖,捕之急则起为盗贼。……与巡捕吏卒斗格,至杀伤吏卒,则起为盗。"赣广之间的私盐贩子"所过辄杀伤官军"。

北宋时,商人能够直接从盐户处购得食盐的情况只有两种,一种是从锅户那里购买不需征购的"浮盐",后因浮盐也被收购而作罢;另一种是宋太宗解除江南盐禁时短暂允许商人直接购买食盐,两种行为均合法。北宋中后期之后,政府长期实行盐钞法,贩卖私盐的行为自中期开始越来越多。盐钞法下,商人以钱买钞,再凭盐钞去各个盐区的支盐场领取食盐,随后将这些食盐贩至相应销区。商人每次买钞均需重资,取到食盐自行时,价格却又不能高于官盐。商人总是为利而驱使,久而久之便开始兼卖私盐,私盐均由商人从盐户处私自购买。除此之外,"淮南诸场私盐相因,而江南远地、荆湖两路民无食盐",可见当时部分地方食盐多到滞销的同时,其他地方却民无食盐,于是便出现了商人私自贩盐的另一种途径:越界。即商人将盐卖至非本盐销区的地区,这些地区或是急需食盐,或是官盐价格太高,商人贩卖的食盐有用盐钞换来的食盐,也有私自购买的盐。

北宋一朝多战争,西北边境并不太平。但事物总有两面性,不太平的另一面是西北边境两地人民的交流。边境混乱,居民常常吃不上盐,即使后来国家适时开始折中、折博,依然有许多人无法获取食盐;而官盐价格一向虚高,边境人民备受战争之苦,本就穷苦,如此只会愈加穷困。这时外境之盐便就有了用武之地,大批外盐走私入境。西夏的青白盐量优价低,很受边境人民喜爱。走私入境的商人也可分两类,一类是西夏、辽人,另一类是北宋商人,因察觉到有利可图,在边界贩卖走私之盐。当边境并无战争,宋、夏关系尚良好时,进行过合法通商,并且青白盐的销区被定在鄜州、邠州等地,折博交易中,也曾有过青白盐的身影,《宋会要辑稿》记载:"陕西一十四州军折博务,系入中见钱、粮草买算盐钞。内延、环、庆、原、渭州,镇戎、顺德、保安军,并买白盐。"

北宋时,无论禁兵还是厢兵,军俸都很低。如同盐户的盐本钱会被克扣一样,军士的军俸也会被将领克扣,可以说军营中底层军士生活与很多下亭户一样,苦不堪言。为了谋生,军士们均会从事"副业",但因盐业的特殊性,军士贩卖的盐只能是私盐,而当时国家允许军士"回易",军士便在回易的过程中,贩卖私盐。军士贩盐的情况在北宋时还不严重,到了南宋则很猖獗,甚至"聚众般贩私盐"。这是普通服役军士贩私盐的情形,此外还有另一种情况。盐运过程中,有时因人手不够,会有士兵充当"纲卒",这些纲卒随团纲而行,与官盐的接触最为亲密。运输路程最少也需几日。盐运途中,盐的包装很严密,还有封口等用来分辨是否有遗漏,但即便如此,纲卒们还是能趁机盗取官盐。为了保证食盐包装封口从开始到目的地之间都不被拆开,途中"税场不得检税"。这便更加利于纲卒盗取官盐,途中就将这些官盐贩卖,有时还顺便贩卖纲卒从盐户手中直接购买的私盐。北宋这种现象就已存在,但当时给国家带来的危害并不大,宋太宗还曾言及:"有少贩鬻,但不妨公,不必究问。"只要不妨公,宋太宗是允许这种现象存在的,因他认为这样可以保证纲卒的生活条件,从而保证他们在盐运途中有足够的积极性。

但物极必反,这种行为到北宋中后期时,终于显现出它的危害性。纲卒生活压力愈来愈大,上层官员层层盘剥,为保生存,纲卒在盐运途中的盗卖行为愈加严重。更有甚者,直接将整船的官盐盗卖,后怕被追究,直言"风水沉溺以灭迹"。久之,国家财政收入受到极大的影响,已影响到官府的管理工作,尽管之后迅速加强管理,却已难以控制这种现象。这归根究底与官府的政策有关,纲卒过于贫困,官员还经常盘剥他们本就不多的俸禄,从而导致这些纲卒、军士为生活所迫,不得不贩卖私盐、盗取官盐。

北宋时,两浙路有这么一批人,《宋会要辑稿》中记载:"泥土极卤,不系耕作,官拘留产税,其逐处人户不务农作,久来在上占据煎盐,私自卖于客人。"这类人并不属于亭户这一群体,但是两浙路沿海,盐卤丰富,许多非盐籍的民户便也占据在盐卤丰富的地方私自煎盐,再将这些盐卖予商人,他们也属于私盐贩的一个类别。

思考题

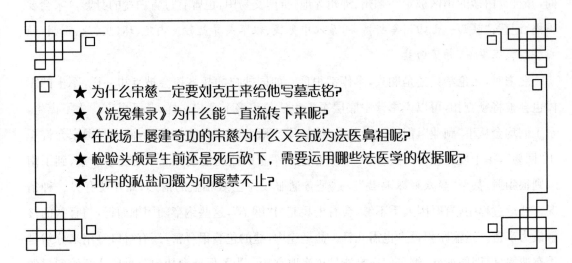

★ 为什么宋慈一定要刘克庄来给他写墓志铭？
★ 《洗冤集录》为什么能一直流传下来呢？
★ 在战场上屡建奇功的宋慈为什么又会成为法医鼻祖呢？
★ 检验头颅是生前还是死后砍下，需要运用哪些法医学的依据呢？
★ 北宋的私盐问题为何屡禁不止？

第二讲 循吏楷模

> 提要：宋朝有怎样的考绩制度？
> 宋慈有怎样的政绩？
> 宋慈有怎样的人脉关系？
> 宋慈的修养是从哪儿来的？
> 为什么说宋慈是个"循吏"？

上一讲中，我们介绍了宋慈的"武绩军功"，这位"法医鼻祖"在他仕途的起步阶段，其实与断案是毫无关系的。不仅如此，宋慈官职的升迁也颇为迟缓，他苦熬了十多年才当上了提点刑狱使，成为了我们现在所熟知的"大宋提刑官"。

宋慈是如何"苦熬十多年"的呢？

宋朝有怎样的考绩制度？

我们来看看宋慈的仕途之路。

宋慈出生于宋孝宗淳熙十三年（1186年）。据说，他自幼聪明好学。10岁开始入学，20岁赴杭州就读于南宋最高的学府——太学，成了大儒真德秀的学生。宋慈学习用功，文章也写得很好，老师真德秀对他格外垂青。

但是，这位聪明刻苦、作文优秀的学生却不擅考试。太学的学生分为上舍、内舍、外舍三等,学生按照考试成绩升等,达到上舍等的学生不需要参加科举考试,而由朝廷直接授予官职。宋慈在太学多年,却一直没有考到这个等级,只好转回头来参加科考。而他直到32岁才中进士乙科,朝廷派他去浙江鄞县任县尉(掌一县治安)。恰逢父亲宋巩病重,并于两年之后病故,所以宋慈居家服丧,并未赴鄞县就任。直到宝庆二年(1226年),41岁的宋慈才开始真正步入仕途,去任赣州信丰县的主簿。他虽然战功卓著,却受到上司的诬陷,被免了官。后来,由于陈韡的赏识,被荐为福建长汀知县,后又任邵武通判。

宋慈当了十多年最基层的官吏,一直到嘉熙四年(1240年)55岁的时候,才任广东提点刑狱使,当上了所谓的"提刑官"。而他在这一职位上,先后做了广东、江西、广西、湖南四处提点刑狱使。直到淳祐九年(1249年),宋慈才升了官,任广东经略安抚使。就在这一年的春天,宋慈于广州任内病逝,享年64岁。

纵观宋慈的仕途之路,我们发现,他的官职升迁按部就班,速度十分缓慢。特别是最后十年,他总是在"提刑"一职上打转转,总也升不上去。古代官吏是要考绩的,每年一小考,三年一大考。考核成绩好的,就会有升迁的机会。从刘克庄写下的墓志铭来看,宋慈的政绩还是相当不错的,那他为什么很难升职呢?

除了正常考核之外,宋朝还有一种三年一次的磨勘考核制度,用于提拔优秀的官吏。这种制度创于宋真宗年间,朝中大臣可以作为荐举人向皇帝推荐某一位基层官吏,他要写下推荐书,其中详述被举人的治绩优劣和功过,以及磨勘(如何磨砺和考评)的条件,呈报给朝廷。朝廷批准以后,就会对被举人进行磨勘。如果被举人在任期内表现良好,政绩优异,就可以提前得到提升;如果被举人考绩差,就会延缓提升;而如果被举人违法犯罪,则不仅他要受到惩处,荐举人也会受到牵连。在这种机制下,官吏的升职会很快,所以宋朝的士大夫们非常重视磨勘。不过,这需要朝中有人愿意承担风险,为他做荐举人。

这样看来,宋朝的一名基层官员要获得快速升迁,需要两个条件:政绩和人脉。而这两个条件,宋慈具备吗?

宋慈有怎样的政绩?

我们来看看宋慈的政绩。

由于得到陈韡的赏识,宋慈被他荐为福建长汀知县,这一年是绍定四年(1231年)。

长汀是晏彪农民起义军的影响范围,晏彪起义实际上就是盐贩起义,这反映了朝廷和民众在盐问题上的尖锐矛盾。那么这个问题是怎么来的呢?

常言说,开门七件事,柴米油盐酱醋茶,这都是我们在生活中离不开的必需品。但是对于盐,其实我们并不了解。在古代,我国产盐的地方很多,盐的种类也很多。据沈括在《梦溪笔谈》的记载,大致说来,盐分四种。第一种叫末盐,也就是海盐,产于沿海一带;第二种叫颗盐,产在山西解州,这是一种未经炼制的粗盐,味道有点苦;第三种是井盐,是人们凿井开采出来的,分布在四川一带;最后一种叫崖盐,产于土崖之间,状如白矾,经过炼制可以食用,这种盐分布范围很窄。

宋朝施行的是国家专卖制度,其涉及的商品还有很多,如盐、茶酒、香、矾等,称为禁榷,禁榷收入是宋朝财政收入中重要的组成部分之一。盐是人民日常生活的必需品,因此在各项商品中,榷盐的收入又超过其他商品的禁榷,在政府的禁榷收入中占有最重要的地位。在北宋时期,国家通行解州的颗盐。到了南宋,由于解州丢失,朝廷不得不依靠海盐来增加财政收入。由于国家的榷盐制度存在很多问题,这就激化了政府和民众的矛盾,晏彪起义就是这么爆发的。

在宋慈的仕途生涯,也碰到过两次"盐的问题"。一次是他在长汀知县的任上,另一次是十年后他移任江西提点刑狱之时。宋慈是怎么解决的呢?

先说第一次"盐的问题"。

宋慈到了长汀以后,发现县内的盐政很有问题。长汀地处福建内地,并不产盐,当地的海盐是经过闽江运来的。由于地形崎岖,水路陆路均不通畅,一般要到第二年才能把海盐运来。这样,各个环节层层加价,导致长汀盐价昂贵,百姓不胜负担。以前的官吏们由于可以在中间捞取好处,所以也没有认真解决这个问题。高昂的盐价,激发了各种矛盾,导致境内社会动荡。宋慈经过调查发现,如果改变盐道,从广东潮州运盐,这样往返仅需3个月,既节省了时间,又降低了运费。所以宋慈上奏朝廷,改道潮州,很快就使长汀的盐价降了下来。老百姓得了好处,称赞宋慈的措施是惠民之举。盐的问题解决了,长汀的社会秩序也随之稳定,《民国长汀县志》上说,长汀"境内以治"。

嘉熙四年(1240年),宋慈移任江西提点刑狱,他第二次遇到了"盐的问题"。不过,与他在长汀任上所遇情况不同,上次他遇到的是盐的运输体制问题,这次他面临的是贩私问题。

江西、福建和广东三路交界处是淮盐、闽盐和广盐行销的交界地区,三盐的差价非常大,所以私贩盛行,"盐寇"活动猖獗。当时江西盐贩们,每到农闲的时候,就会到福建、广东贩私盐进入江西。他们携带兵器,武装走私,以对抗官府的巡逻禁卒。有些盐贩还在闽粤境内持械剽掠,地方上也不能把他们怎么样。这就直接影响了宋廷的榷盐收入,也扰乱了地方治安。

对于贩私问题,官府曾经治理过。一位名叫王楠的官员在主政赣州时,施行保伍法,加强户籍管理,控制人口流动。这个方法很有效,当年就使贩卖私盐得到基本控制。不久,王枏罢官,保伍法随之废弃。在其后的二十多年里,贩私问题一直得不到有效治理。

宋慈到任以后,决心解决这个问题。他通过调查研究,决定推行"鳞次保伍"法。这条措施是对王枏保伍法的改进,实质就是加强出入境检查。"鳞次保伍"开始施行时,人们议论纷纷,不以为然;而宋慈不为所动,坚持推行。不久,江西的贩私问题果真得到解决。宋慈的政绩受到了朝廷的表彰,他的"鳞次保伍"法还被推广到邻近地区。

长汀知县卸任以后,宋慈曾经担任邵武通判一职,后来又改任南剑州通判,不过他没有去。通判是"通判州事"或"知事通判"的简称。在宋代,通判一职是皇帝为加强对地方官员监察和控制所设,可视为知州的副职。

嘉熙三年(1239年)前后,浙西干旱歉收,造成饥荒。

宋慈奉命到这一带考察。他发现,当地的情况很糟糕:"饥民夺食于路";而"强宗巨室"却趁机屯积居奇,使得"斗米万钱"。宋慈深感事态严重,若不采取措施,祸患将会不期而至。他说:"强宗巨室,始去籍以避赋,终闭粜以邀利,吾当其谋尔。"但是官府没有那么多粮食来赈济灾民,那怎么去"谋"呢?

宋慈经过慎重思考,提出了一个"济粜法",即将人户分为五等:"上者半济半粜,次粜而不济,次济粜俱免,次半受济,下者全济之,全济之米从官给。"这里的"济"就是救济的意思,"粜"就是卖米的意思。谁卖米呢?就是强制"强宗巨室"把多余的米卖给国家,然后由国家来救济灾民。宋慈建议把人户按照经济情况分为五类,赤贫者接受完全救济,稍好者接受一半救济,中等以上者不受救济,富有者还要把自己家中的存粮拿出来卖给国家。

朝廷采纳了宋慈的建议,并命他执行。在济粜过程中,宋慈不徇私情,不惧豪强,"抚良善甚恩,临豪滑甚威",使得措施得到很好的贯彻,让灾民渡过了饥荒。

不过,这种强制征集余粮的做法,也是不得已而为之。灾情紧急,国家储备不够,就只能强制有财力的富户出粜粮食,以解燃眉之急。宋廷看似抑富救贫,实则是用权力剥夺富户财富,这必然激化国家和富民之间的矛盾。虽然宋慈把人户细化,尽量减轻对富户的剥夺,但是矛盾还是不可避免。富户们不敢和朝廷对抗,却把气撒在宋慈身上,不久就把他弄走了。

由于史料所限,我们只能看到宋慈这样一些"政绩"。但是,宋慈所到之处,皆有政声,说明他有能力、有作为,是位"能吏"。

宋慈有怎样的人脉关系?

我们再来看看宋慈的人脉关系。

南宋晚期有三位很有名的人物:真德秀、魏了翁和陈韡,他们和宋慈都有很密切的关系。我们简单说一下他们的情况。

真德秀本姓慎,本名应该叫慎德秀,因晚年曾在家乡的莫西山读书和著述,故人们又称其为西山先生。南宋孝宗叫赵昚(音慎),皇帝既然叫这个名字,就要避讳。一般来说,大家都避免用这个字或者这个音。但是真德秀有点倒霉,因为他姓慎,也必须得避讳,所以不得不改姓,把竖心旁去掉,改姓这个怪怪的"真"。

真德秀15岁丧父,母亲在穷困中坚持供他学习。小真德秀勤奋努力,所以学业上进步很快。他18岁便考上了举人,19岁考中进士,不久就做了太学正,也就是南宋最高学府——太学的"校长"。其后,他的仕途坦荡,最后拜参知政事,相当于现在的国务院副总理。

年轻的真德秀忧于国事,屡屡向宋宁宗进言,数年之间论奏达数千万言之多,其中许多意见非常中肯,因而受到了皇帝的敬重。由于他的奏议切中时弊,并且在很大程度上代表了一些正直的士大夫的心声,因此在朝廷内外引起很大反响,许多人甚至将他的论奏抄录出去,进行传播和诵咏,这就使真德秀成为名重一时的政论家。此外,真德秀还是继朱熹之后的理学正宗传人,当时的声名也很大。

南宋养士风气很盛,太学的人数多至七百人,其中相当数量的人后来在仕途都有很大的发展,作为太学正的真德秀可谓桃李满天下。宋慈在太学里读书非常用功,文章尤其写得好,真德秀"谓有源流出肺腑",盛赞他的文章都是从心灵深处发出来的,所以宋慈是真德秀很欣赏的一名学生。

再说魏了翁。

魏了翁号鹤山,他是和真德秀齐名的一位理学大家,有着极高的社会声望,所到之处都有读书人背着书前来求教。真、魏等人的努力,使得朱熹理学得到朝廷认可,成为官方的统治思想,所以后人说他们"从来西山鹤山并称,如鸟之双翼,车之双轮,不独举也"。

魏了翁还擅写诗词,留下不少作品,其中有一首词是这样的:

> 月落星稀露气香。烟销日出晓光凉。
> 天东扶木三千丈,一片丹心似许长。
> 淇以北,洛之阳。买花移竹且迷藏。
> 九重阊阖开黄道,未信低回两鬓霜。

这是一首言志词,以兴的笔法抒发自己的报国之心,其中"一片丹心似许长"一句写得荡气回肠,因而传诵一时。

魏了翁和真德秀是同年出生,同榜考中进士。不过,和真德秀不太一样,魏了翁的仕途有些坎坷,但是最后也做到了工部侍郎、礼部尚书、枢密使等职。

端平二年(1235年),枢密院知事曾从龙督视江淮军马,礼聘宋慈为幕僚,然而宋慈还没到曾从龙就病故了。朝廷让魏了翁兼领曾从龙的职务，于是宋慈就成了魏了翁的幕僚。

刘克庄在墓志铭中说："慈实主权甚，每日赖有此客尔。"说宋慈很有能力，魏了翁很依仗他，让他打理内外事务，于是他成了魏了翁的"办公室主任"。两人私交也很好，"宾主欢甚"。

陈韡，在上一讲介绍过，他是南宋末期军事方面的重臣。

"三峒煽乱"平定以后，宋慈被魏大有弹劾，不仅丢了官，还顶了一个侮辱上司的罪名。无奈之下，宋慈只得求助于恩师真德秀。真德秀写了一封举荐信，把他推荐给陈韡做幕僚。

两人深交之后，陈韡非常赏识宋慈。在他的帮助下，宋慈洗去先前魏大有的诬陷，官复原职。在镇压晏彪起义的过程中，陈韡大胆使用本是文职的宋慈。宋慈不负所望，率军攻取义军大本营潭飞磜，后来又平定了汀州兵变，战功卓著。在陈韡的举荐下，宋慈当上了长汀知县。

他们的缘分还不止于此。淳祐七年（1247年），宋慈提点湖南刑狱。当时陈韡为湖南安抚大使兼节制广西，他礼聘宋慈为参谋，事无大小，多与宋慈商量而后行。一次，南丹州（今广西南丹县）传来军报，说是蒙古大军逼近，请求朝廷派兵支援。当时金国已灭，蒙古开始入侵南宋版图，陈韡的部下认为应该出兵回击，陈韡就和宋慈商议。宋慈分析后认为，南丹地处偏远，战略位置也不是很重要，蒙古大军完全没有必要越过广大地区长途奔袭南丹。这么大的军事行动，别的地方都没有军报，南丹又怎么能知道呢？他判定这是一份假情报，建议陈韡拒绝。后来经过调查才知道，原来南丹和邻近的鬼国（今贵州境内）争夺金矿，南丹占不了便宜，就谎报军情，希望能借助朝廷大军夺取金矿。虽然宋慈并不知道内情，但是他的判断是完全正确的。

真德秀、魏了翁和陈韡这三位南宋晚期的著名人物，还有在太学时期的许多同学，这些都是宋慈的社交"富矿"，可以说，宋慈有着非常丰厚的人脉资源。宋慈在仕途生涯上虽然碰到过一个魏大有，但总的来说是没有"政敌"的，这在古代官场中倒也少见，可能与他的人脉有关，许多人会帮他化解矛盾。

宋慈既然既有政绩，又有人脉，为什么官职的升迁还是很慢呢？

宋慈的升迁问题，在一定程度上反映了宋政权冗官泛滥的情况。宋朝开国以后，为了防止官吏擅权，建立了一整套完善的体制，加强中央集权，这也使得官员的数量大大增加了。到了南宋，虽然国土面积大大缩小，但是庞大的官僚体制却沿袭了下来。这就使得南宋朝廷冗官泛滥、人浮于事，官吏的升迁，要论资排辈。从这一点来说，宋慈官职的升迁速度，倒也不是很慢了。但是,这种体制对于有能力,特别是有人脉关系的人,也是开放的。不过,从宋慈的仕途路线图来看,除了真德秀和陈韡帮他洗清一次冤屈之外,他从来就没有动用过自己丰厚的人脉资源。

不跑官,不要官,勤于事,有政声,这样的官都是值得赞颂的。

一个人有所为有所不为,取决于他的思想道德观念,也就是修养。

宋慈的修养是从哪儿来的?

我们得从南宋大思想家朱熹说起。

朱熹晚年在宋慈的家乡建阳创立了考亭书院。他在考亭书院授徒讲学八年,著述甚丰,完成了理学思想的最后体系。明代学者薛煊说:"自考亭以还,斯道已大明,无烦著作,直须躬行耳。"意思是说,后人只需要按照朱熹讲的去做就行了。

当时的考亭书院影响很大,四方学子不远千里负笈前来求学问道。朱熹培养出不少高徒,这些理学弟子在不同程度和范围内宣扬了朱熹的思想,将他的影响不断扩大与深化。

朱熹逝于庆元六年(1200年),这时候宋慈15岁,他是否得到朱熹亲炙不得而知。不过,他的老师是朱熹的学生吴雉,因此可以算是朱熹的再传弟子。此外,宋慈还曾经向朱熹的学生杨方、黄干、李方子、蔡渊和蔡沉等人求教,得到过他们的指点。

简单介绍一下朱熹的这几位学生。

有关吴雉的资料很少,我们只知道他是宋慈的同乡。据说,他曾经写过一篇《感秋赋》,朱熹称赞他写得好,对"朋友之道"(为人处世)阐释得很深刻。

杨方是福建长汀人,后来宋慈到他的家乡做了知县。朱熹门下著名弟子有三名姓杨的,号称"三杨",杨方就是其中之一。

黄干是朱熹的二女婿,深得他的器重。朱熹强调"居敬穷理",意思是保持谨慎敬重的态度,穷究万物的道理,是理学的核心命题之一。这在黄干那里得到了很好的继承,朱熹很满意。朱熹去世之前,把贴身衣物和自己的著作交给黄干,这有点传衣钵的意味。他对黄干说:"吾道之托在此,吾无憾矣。"对黄干寄予厚望。而黄干也不负所望,对理学的传承作出了很大贡献。

有意思的是,黄干也断过案子。据《宋史》记载,黄干在任安丰通判的时候,碰到一个疑难案件。他对犯人详加讯问,却一无所得。一天晚上,黄干做梦,梦见井中有人。第二天,他把犯人提出来,对他说:"你杀了人,然后弃尸井中,是吗?你可别骗我。"囚犯大惊伏罪。后来果然在井中发现尸体。黄干可能是通过对案件的调查,有了一些灵感,然后用"谲"(欺诈)

的方法,迫使犯人招供。理学家总给人一种不苟言笑、道貌岸然的印象,而黄干也能使诈,常常出人意料。

李方子是一个敦厚的人。《宋史》里记载了他这样一句话:"吾于问学虽未能周尽,然幸于大本有见处,此心常觉泰然,不为物欲所丢溃而。"李方子修身养性的功夫很到家,宋慈的晚年很像他。

蔡渊和蔡沉是兄弟二人,他们的父亲叫蔡元定。蔡元定打小就很聪明,他8岁能诗,还能日记数千言。长大以后,他的学问已经很不错了,却还不满足。蔡元定听说了朱熹的大名,就去建阳拜师。朱熹考他学问,大惊说:"此吾老友也,不当在弟子列。"他对蔡元定另眼相看,专门给他开小灶,经常讲到深夜。各地来考亭书院求学的,朱熹让蔡元定对他们进行考核;朱熹写的书,也让蔡元定来校订,由此可见朱熹对蔡元定的看重。因此,蔡渊和蔡沉也深受朱熹赏识。朱熹晚年曾想写一本《书传》,不过他没时间,就把这个任务交给了蔡沉,可以看出他对蔡沉学识的认可。

吴雉等人作为朱熹的学生,耳提面命之下,他们深得理学旨趣,是理学思想的嫡传。而宋慈又师事这些人,可以说,他是理学的正宗传人。由于耳濡目染的都是理学思想,无疑对少年宋慈世界观、人生观的形成产生了深刻的影响。

20岁以后,宋慈进入当时的最高学府——太学继续深造。

宋代的太学生是从八品以下官员子弟和平民的优秀子弟中招收的。宋慈的父亲曾任广州节度推官,算是官宦子弟;加之常年跟随朱熹的弟子们研习学问,因此在入学资格和成绩上都是没有问题的。在这里,他遇到了赏识他的真德秀。

真德秀是继朱熹之后的一代大师,对理学的发展作出了重要贡献。而宋慈在他的培养下,理学修为自不待言。

宋慈一路学习的老师均出自朱熹、真德秀那样大师的门下。因此,宋慈的思想不可避免打上了理学的烙印,这就奠定了他一生尊儒、重德、守礼、求实的基本人生观。

宋慈对金钱和地位没有奢求,也不贪图享受。所以他虽然有广泛的人脉,却不跑官,也不要官。宋慈为官清廉,不收受礼物。他穿着也很简单,没有什么贵重衣物。但是宋慈对他人非常宽厚,只要发现别人有一点长处,就会对其进行夸赞、提携。

不过,宋慈在工作上很较真。例如在断案过程中,他要求官吏"躬亲诣尸首地头",进行实地勘察,以求得事实真相,反对验尸时"遥望而弗亲,掩鼻而不屑"。对案情的判断,要求"审之又审",若发现疑点,"必反复深思"。

所以,宋慈把理学思想与修身、为政有机地结合起来了,成为一位理学的实践主义者。

理学是对传统儒学的一个重大发展,也是南宋末年以后官方的统治思想。清朝中后期,理学的负面效应表现了出来，它桎梏人们的思想，束缚人们的手脚，成为社会发展的阻碍。当代人对理学印象很差也源于此。不过，理学在统领中国社会600年的历程中，在促进人们的理论思维、教育人们知书识理、陶冶人们的情操，以及维护社会稳定、推动历史进步等方面，也是发挥了积极作用的。此外，理学还造就了一大批社会精英，而宋慈正是其中一位代表人物。

现代人称宋慈为"法医鼻祖"，这个尊荣宋慈本人可能未必乐于接受。对他来说，他一生都在践行理学，法医学方面不过是他践行理学的一个成果而已。所以，如果我们送宋慈一顶"理学家"的帽子，他反倒更有可能笑纳。

端平二年（1235年），宋慈50岁的时候，他和另一位理学大师魏了翁有了交往。

魏了翁是与真德秀齐名的理学大家，不过他有点另类，因为他一面提倡理学，另一面却反对朱熹。在魏了翁、真德秀的时代，朱熹的著作"满天飞"，士人们争相购买。四川地区的版本，还是魏了翁从朱熹门人那里得到并刊印的。人们读朱熹的书，把他的话奉为圭臬，这让魏了翁很不满意。他认为，朱熹虽然很伟大，但他也只不过是一家之言，所以人们要想学好儒学，还是应该去读儒家的经典，然后再参照朱熹的话来理解。理学的精髓，在魏了翁看来就是思想解放，它本于古代的经典，但又敢于创新，这才使儒学有了新发展。

魏了翁的思想对宋慈影响很大。嘉熙四年（1240年），宋慈开始担任提刑官。当时社会上有一些法医学方面的书籍，宋慈研读以后，对他断案很有帮助。不过，这些书要么在著述体例方面与实际脱节，不适合指导法医实践；要么在内容方面有所欠缺，让官吏们无所依从；要么在细节方面存在疏漏，使法医检验出现失误。能不能有一本更好的指导用书呢？看来没有，宋慈只好自己去写。他摘录了相关书籍的内容，融入自己的实践经验，根据法医工作的实际情况写了一本《洗冤集录》。这本书本于古书，又敢于创新，从而开创了法医学这门崭新的学科。

为什么说宋慈是个"循吏"？

陆心源在写《宋史翼》的时候，把宋慈列入《循吏传》。

这是一种什么"传"呢？

循吏入传是司马迁所创。他在写《史记》的时候，专门写了一篇《循吏传》，记载了孙叔敖等5位他认为的循吏的事迹。司马迁开创的这一体例，被后世的史学家们承袭，成为一种固定的模式。后来一直到《清史稿》，都有一篇专门的《循吏传》。据统计，在中国两千多年的封建社会中，史学家们在二十五史中一共记载了552位循吏。

究竟什么样的官才能称为"循吏"呢？

司马迁在《史记》里面说：法令是用来引导民众向善的，而"刑罚所以禁奸也"。即便是法令和刑罚不完备的时候，善良的百姓依然会心存戒惧地自我约束，这是因为居官者行为端正、以身作则的缘故。因此，只要官吏奉公守法按原则行事，就可以治理好天下。所以司马迁认为的循吏标准，关键就是奉公守法。当时汉武帝任用酷吏，任其肆虐为害，司马迁特意写《循吏传》，这就有点讥讽时弊的味道了。

后来班固撰写《汉书》，也用这个体例写了几位"循吏"。不过和司马迁不同，他更注重这些官吏的"治绩"。例如，他在书中记载了这样两个人：黄霸和龚遂。

年轻的黄霸曾经和一个看相人同车出游，遇到一位少女。看相人看了一下少女，对黄霸说："这女子有富贵命，不然的话，相书就要作废。"黄霸听了，赶忙去少女家求亲，娶她做妻子。可能这女子真有"旺夫命"，后来黄霸做到了颍川太守。

汉宣帝颁行了很多惠民措施，但是很多地方官吏阳奉阴违，并不认真推行。然而黄霸却专门选拔了优秀的下属，让他们到各处去公告皇帝的诏令，还制定了一些奖惩细则，劝说百姓严防奸盗、安心生产、节约资财、种树养畜等。这些措施，使颍川的社会风气大为改观，"奸盗"只好跑到其他郡去了。

黄霸还让小吏们都养上鸡和猪，来赡养鳏寡贫穷的人。这些生活困难的人死了之后，下面的人报上来，黄霸就会告诉他们：某处有棵大树可以做棺材，某个官吏养的猪可以做祭祀之用。人们去取用的时候，发现和黄霸讲的分毫不差。黄霸了解情况细致到这样的程度，所以"咸称神明"。

有一次，黄霸派一个小吏去调查一件事，告诉他要保密。小吏依言出发，途中易服微行，也不敢住在驿亭，饿了便躲在路边悄悄地吃些食物。他正吃的时候，忽然有一只乌鸦扑下来抢走了他手里拿的肉，小吏没得吃了，连叫晦气。小吏回到官衙，黄霸迎上前慰劳他，说："太辛苦了！在路上吃饭还被乌鸦抢走了肉。"小吏大惊，以为黄霸对他外出的所作所为都了如指掌，也不敢隐瞒，就把自己所调查的情况一五一十做了汇报。黄霸是怎么知道的呢？原来有个人到郡府来办事，黄霸向他详细了解民情。那人回想起自己在路上看到的这件趣事，就告诉了黄霸，黄霸一推断，肯定就是那个小吏。

颍川经过黄霸的治理，社会稳定、经济繁荣、人口增加，"治为天下第一"。宣帝很高兴，在诏书里大大夸赞了他一番："颍川太守霸，宣布诏令，百姓向化，孝子悌弟贞妇顺孙日以众多，田者让畔，道不拾遗，养视鳏寡，赡助贫穷，狱或八年亡重罪囚，吏民向于教化，兴于行谊，可谓贤人君子矣。"这一段溢美之词描述了一个太平盛世的景象。我们现在说的成语"道不拾遗"，就是由黄霸治理而来的。

龚遂起初是昌邑王刘贺的郎中令，他为人忠厚，刚强果断，在大节上从不含糊。刘贺身为皇族,却缺乏教养,行为怪诞,龚遂常常当面指出刘贺的不是,让他下不来台。刘贺也不敢拿龚遂怎么样,实在听不下去了,就掩着耳朵起身走掉,说:"郎中令真会让人羞愧。"

汉昭帝去世以后,因为没有儿子,辅政大臣霍光就从皇族中挑选刘贺即位。临走的时候,龚遂对刘贺的随从们说:"大王现在一天天骄横起来了,行止失度,你们一定要直言规劝。"但是这些随从哪能做到龚遂那样犯言直谏呢?刘贺只做了27天皇帝,就因为"淫乱"被废,霍光另立刘询为帝,这就是为汉宣帝。原来辅佐刘贺的官吏们,因为纵容刘贺不道,被处死两百多人。龚遂因为多次劝谏刘贺,尽到了一定的职责,所以免去死罪,处以髡刑,罚做筑城苦役。

过了几年,渤海郡(今河北仓县东)及其附近地区发生灾荒,农民起义并起,朝廷多次派兵镇压而不能平息。有人向皇帝推荐了龚遂,宣帝召见了他。龚遂这时已经七十多岁了,他身体短小,相貌平庸,宣帝一见,顿生轻蔑之意。但龚遂陈述有力,诸多计策正中皇帝心思,宣帝非常高兴,欣然采纳他"唯缓之,然后可治"以及安抚教化的主张,并启用他为渤海太守。

龚遂来到渤海郡界,郡中听说新太守到了,就派出军队前往迎接,以保护他的安全。龚遂却叫军士统统回去,随即发出第一道命令,即所属各县把所有追捕盗贼的官吏一律撤回。并且说,凡是拿锄头、镰刀等农具的全部算是良民,官府不得再追究,只有那些拿兵器的才算盗贼。布告发出后,官民对峙局面迅速缓和。随后,他单车独自赴任,路上竟也非常安全。

龚遂的胆识和宽容赢得了信任,郡中上下一致拥护他。成群结队闹事的饥民纷纷解散,起义军中的许多人扔掉兵器,改拿镰锄,渤海郡的社会治安彻底扭转。然后龚遂开仓廪、济贫民、选良吏、施教化、劝农桑,施行了一系列稳定和发展的措施。

有些措施很有意思。例如,龚遂让老百姓每人种一株榆树、一百棵薤、五十棵葱、一畦韭菜,每家养两只母猪、五只鸡。他巡视途中,如果发现百姓有带刀佩剑的,就要他们卖剑买牛、卖刀买犊,说:"为什么把牛和犊佩在身上?"春夏两季,龚遂命官府劝百姓到田野耕作,到了秋冬就督促他们收割,还让家家户户多储果实、菱角、芡实之类的作物。

这些措施简单易行、具体有效,所以几年之后,渤海郡就出现了一派升平殷富的景象。老百姓有吃有穿,诉讼案件也大为减少。

由于黄霸和龚遂两人的"治绩",后人就把他们作为循吏的代表,称为"龚黄"。

班固在《汉书》中写的循吏,个性鲜明,事迹感人,给后代史学家们留下了一个范本,后来各朝各代的断代史中记载的循吏,大体遵循这样的模式。

那么,究竟什么样的官才算是"循吏"呢?

我们来看《汉书》里记载的汉宣帝的一句话:"庶民所以安其田里而亡叹息愁恨之心者,政平讼理也。与我共此者,其唯良二千石乎!"这话的意思是说,老百姓之所以能够安心农业生产、消除忧虑怨恨之心,是因为政治清平、法律能够主持正义,而能够这样做到的人,只有那些好的郡守。这就概括了循吏的特点:他们是地方官吏,而且能够重农富民、宣教施政、恤民理讼,并且颇有政绩。这样的官,说白了就是好官。他们是中国传统的政治实践与司法实践的楷模,属于帝制中国官僚群体中的正面典范。

做成"循吏"这样的好官,其受百姓爱戴的程度也是让人羡慕和感动的。班固在他的《循吏传》中提到一位循吏,他叫倪宽,是汉武帝时期的名臣。倪宽在任左内史时,征收税赋看百姓的经济情形来决定征缴时间,这样,不免有许多税赋常常被拖欠。一次,武帝调动军队,急需钱粮。但是从各地税赋的收缴情况看,倪宽的最少。按规定,倪宽要受到免职的处罚。当地百姓听到这个消息,唯恐失去这位好官,于是他们大家族用牛车拉,小家庭用担挑,争先恐后来交粮食,交税的队伍排起了长龙。最后一算,收缴上来的钱粮反是倪宽的最多——当官当到这个分上,真可称绝。

那么,"循吏"是怎么炼成的呢?

原因很多。最主要的原因,是他们和宋慈一样,把个人修养和出仕为官有机地结合起来,这才能成就一代循吏。《论语》里面有这样两句话:"樊迟问仁。子曰:'爱人'。子曰:'仁远乎哉? 吾欲仁,斯仁至矣!'"其实,只要有一颗真诚的爱民之心,什么样的美政不能实现呢? 又有什么样的官不能成为"循吏"呢?

我们从宋慈的修养、政绩来看,他完全符合"循吏"的标准,所以陆心源才会把他列入《循吏传》。不仅如此,宋慈还在"恤民理讼"方面有重大突破。他撰写的《洗冤集录》构建了后代的法医检验体系,影响后世达六百年以上。所以,宋慈不仅是位循吏,而且是其中的佼佼者,堪称"循吏楷模"。

这一讲,我们介绍了宋慈是如何"苦熬十多年"的。他虽然有很好的政绩、广泛的人脉,但是他不跑官、不要官,所以在宋代的体制下,官职升迁缓慢。因为宋慈的修养和政绩,所以被列入《循吏传》。他不仅是位循吏,而且是循吏中的佼佼者,是"循吏楷模"。那么,这位"楷模"是如何成为我们现在所熟知的"大宋提刑官"的呢?

请看下一讲"四任提刑"。

古案辨讲

井中伏气

平江峨眉桥叶姓有一枯井,偶所蓄猫堕入,遂与浚井夫钱,俾下取猫。其子入井,久不出,父继入,亦不出。叶惶恐,系索于腰,令家人次第放索,将及井底,亟呼救命。比拽起,下体已僵而气息奄奄,乡里救活之。

【按语】

深坑或枯井,年深月久,树枝、树叶、杂草、死狗、烂猫等都会集存在井底,发生腐烂,释放出有毒气体,如常见的硫化氢、甲烷、一氧化碳等。另外,新鲜的枝条、树叶及菜叶落入井内,也会进行一定的呼吸作用,消耗氧气,放出二氧化碳,或者因为有一定的氧化酶存在,使这些有机物氧化分解亦可放出二氧化碳。以上这些气体增加,使井内氧的含量有所降低,造成低氧环境。

曾有报告说,在关闭半年以上的2米深的枯井内,测出二氧化碳达11.7%,不饱和烃0.2%,氧只有1%。人在低氧环境和充满着各种毒气的环境中,就会出现胸闷、气短、肌肉痉挛、呼吸困难,进而出现昏迷、呼吸停止,最后因窒息而死亡。

虽然枯井无盖,与上述情况有所不同,但天长日久,毒气集聚在较深的枯井中,人落入井底,也会造成中毒死亡。

我国对枯井中的有毒气体认识较早,早在1500多年前的晋代,葛洪就知道井中有"毒气",他曾用羽毛来测定枯井内是否有毒气。羽毛下落缓慢,这是由于二氧化碳比重比空气重,浮力和阻力大的缘故;反之,则羽毛下降就快。

验骨辨诬

死者李光曾(若干岁),验的仰面,面色黄,两眼闭,上下牙齿咬紧,口微开,致命咽喉下刃伤一处,自右耳后至咽喉,长一寸四分,宽一分,皮肉开,深透食气嗓。起手处重,收手处轻。食气嗓断,左胳膊软,可以弯曲,系左手持刀自刎死……惟死父李钺据称被黄宝树鸡奸不遂杀死,赴京控告,行提尸棺来省,委员开棺验视,李光曾尸身皮肉腐化，小指脱落，李钺口称"小指被刀削去，必系黄宝树用刀破李光曾咽喉，李光曾用左手迎护"，即可将黄宝树治罪，不肯蒸检。委员们细加看视，实系腐烂脱落，并非刀削。复从棺内检出李光曾左右手十指，骨节俱全，并非短少，又无刀痕迹，又检看咽喉骨腐烂无存，随令仵作如法一一蒸检，检周身骨殖具黄白色，毫无伤痕，旋将李钺照诬告治罪奏结。

【按语】

一般来说，切颈致死，多见于自杀。

本案中死者李光曾有刀伤一处，自右耳后至咽喉，虽然切口不长，但较深。由于创口在右耳后至咽喉，死者左胳膊可以弯曲，断定死者左手自刎是说得通的。

若死者果真因拒绝被侵犯而被黄宝树杀死，那么死前必有激烈搏斗，身上多少总会留下伤痕，因此，用蒸骨法检验死者身上有无痕迹，他杀自杀即可分辨。所谓蒸骨法，在宋朝已经盛行。即是当天气晴朗，"先以净水洗骨，用麻穿定形骸次第，以箪盛定，却锄开地窑一穴，长五尺，阔三尺，深一尺，多以柴炭烧煅，以地红为度。除去火，即以好酒二升，酸醋五升，泼地窑内，乘热气扛骨入穴内，以藁荐遮定，蒸骨一两时，俟地冷取出荐，扛出骨殖，向平朋处，将红油伞遮尸骨殖。"如骨上有血荫和损折，即是他伤。本案中的死者蒸验后，"骨殖具黄白色，毫无伤痕"，加之手指亦无刀削伤迹，所以断李钺为诬告罪是恰当的。

瞎婢脱死

昔有人瞎一婢而脱者，敛时启所盖被，异香四发，此因服房药多，麝脐通透之品故也。梦中脱死者，男则阳不衰，女则阴必泄，尸俱有笑容。

【按语】

在男女进行不正当的两性关系时，由于过度兴奋和紧张，会使体力消耗过甚，往往会引起虚脱而死。近据国外的调查报道，心脏病患者在发生不正当的性关系时，很容易猝然死亡。

本案中的死者与婢女交媾，系不正当的两性关系，因心情紧张、过度兴奋及壮阳药（李时珍《本草纲目》中载，麝香可作为壮阳药的成分）的综合作用，体力消耗过度而虚脱致死；也许此人还患有心脏病，因房劳过度，诱发心脏病发作而死。

殴跌水坑

乾隆四十一年,山东省沂水县民许珍殴跌马选醉后落水,闭厥身死一案,马选吃醉烧酒,被殴跌落水坑,衣裤尽湿,较之过饮冷水更甚,其为热毒内遏,闭厥身死无疑。许珍拳殴马选腮颊,虽不致命,但因落水闭厥身死,实由殴跌所致,拟绞抵。

【按语】

醉酒是酒精中毒的症状之一,长期大量饮酒,会使人体生理机能失调,严重的酒精中毒还会引起死亡。因为过量饮酒,酒精很快被胃肠吸收,并通过血液输送到全身。酒精作用到大脑后,会使大脑的正常机能受到抑制,然后抑制延脑的血管运动中枢和呼吸中枢,造成循环和呼吸机能障碍,导致虚脱,最后人可因呼吸中枢麻痹而死。

本案中的马选死亡,醉酒是因素之一,但不是直接原因,直接原因是"落水"。因酒精会使外周血管扩张,体温下降,此时经冷水浸泡,加速了体温下降,造成昏迷。由于昏迷缺乏自制力,冷水灌入消化道、呼吸道及肺中,酒精无法散发,形成呼吸道阻塞,从而使马选丧失呼吸机能,最终窒息死亡。

落水冻死

乾隆四十三年,山东莱阳县民王四殴推贾发才落水受冻身死一案。查王四推跌贾发才,擦伤额、头颅、额角,虽属致命,但究属擦伤。原验仅云浮皮伤甚轻浅,不至于死。贾发才爬起,尚能叫骂,并与王四揪头,后被王四推落水湾。爬起屋边,旋即蹲立寒颤,经王四扶回,用水拷救,渐次气微殒命。原验尸身面色痿黄,微有笑容,口有涎沫流出,两手紧抱胸前,与冻死情形相符,其为落水受冻身死无疑。

【按语】

一个人在长时间受冷的条件下会导致死亡。因为周围环境严寒,使人的体温下降。当体温下降到30℃以下时,中枢神经系统功能即产生紊乱,体温调节发生障碍,机体进入抑制状态。这时,寒战会逐渐停止,肌肉出现僵直,外围血管收缩,皮肤苍白,神经、循环、呼吸和代谢诸方面的生理机能减退和紊乱。同时,由于中枢神经系统,特别是大脑细胞对体温下降很敏感,脑动脉血管强烈收缩,血流量降低,供氧不足,继续发展下去,会因大脑缺氧和心脏传导机能障碍而引起心室颤动死亡。

本案中的贾发才被殴后落水,因受伤和长时间冷冻,已近于冻僵状态,心脏及大脑功能已衰竭,这时突然逼近火烤,环境温度骤然上升,会使皮肤血管迅速扩张,大量血液进入表皮,更加重脑缺氧、冠状血管缺血,从而引起大脑细胞受损和机体缺氧而死亡。死者两手紧抱胸前,似有胸闷气闭之状。因此,贾发才的死,确系王四所引起。

延伸阅读

一、孝廉制度

"循吏"之名最早见于《史记》的《循吏列传》,后为《汉书》《后汉书》直至《清史稿》所承袭,成为正史中记述那些重农宣教、清正廉洁、所居民富、所去见思的州县级地方官的固定体例。除正史中有"循吏""良吏"的概念外,到元杂剧中又有了"清官"乃至民间的"青天大老爷"的称谓。循吏之称始于汉朝,这就要聊聊汉朝著名的孝廉制度。

古人信奉:行孝修身,传承孝道,福满人生。"举孝廉"制度即为传承孝道的历史见证。"举孝廉"最早的来历,是传说中的"大舜至孝"故事。

《二十四孝》中记载:"虞舜,瞽瞍之子。性至孝。父顽,母嚚,弟象傲。舜耕于历山,有象为之耕,鸟为之耘。其孝感如此。帝尧闻之,事以九男,妻以二女,遂以天下让焉。诗赞:队队春耕象,纷纷耘草禽。嗣尧登宝位,孝感动天心。"

"举孝廉"萌芽于春秋战国时代。《管子·小匡》载:"每年正月之朝,君主令乡长举居处为义、好学、聪明、质仁、慈孝于父母。"齐桓公认可了管仲的建议,采取了一系列"作内政而寓军令焉"的措施。齐桓公也注重推行教育,以"居处为义好学、聪明质仁、慈孝于父母、长弟闻于乡"为标准选拔和考核人才,对于能够修养德行,推举贤人的乡长,桓公则亲自见接见,并授予其官职。

公元前134年,西汉正式确立"举孝廉"制度,成就了"以孝治天下"的治国思想。

《汉书·武帝纪》载:"令郡国举孝、廉各一人。"孝,是指笃于礼义,孝顺父母;廉,主要是指品德清正。《汉旧仪》曰:"高后选孝悌为郎。"说明早在吕后执政时期,已经有这种因德行出众而进入仕途的选拔方式。

汉代以"孝悌"为取士的最重要的标准,便是根据"欲治其国者,先齐其家"的逻辑出来的。从汉初开始对"孝"的重视及褒扬。汉代的皇帝多以"孝"为谥。颜师古说:"孝子善述父之志,故汉家之谥,自惠帝以下皆称孝也。"汉文帝说:"孝悌,天下之大顺也。""孝悌"是治理天下的根本所在。到汉武帝年间,汉初功臣以及他们的子孙所起到的辅佐作用越来越小。从"孝悌"到"举孝廉"随着功臣及其子弟逐渐淡出历史舞台而出现的政治空间如何填补,成为考验政权的执政能力能否可持续发展的重要问题。通过"举孝廉"制度选拔人才来填补政治空间,成为武帝时代的必然之选。

武帝即位之初即颁布诏书:"民年九十以上,已有受鬻法,为复子若孙,令得身帅妻妾遂其供养之事。"孝廉制度的正式确立,则通过董仲舒的提议而被武帝采纳。《汉书·武帝纪》记载:"夫长吏多出于郎中、中郎,吏二千石子弟选郎吏,又以富訾,未必贤也……臣愚以为使诸列侯、郡守、二千石各择其吏民之贤者,岁贡各二人以给宿卫,且以观大臣之能;所贡贤者有赏,所贡不肖者有罚。夫如是,诸侯、吏二千石皆尽心于求贤,天下之士可得而官使也。"又云,"不举孝,不奉诏,当以不敬论;不察廉,不胜任,当免"。地方官害怕追究责任,岁举孝廉的政策才得以真正贯彻执行。"举孝廉"的逐渐推广对汉帝国政治所产生的影响,如严耕望所论,"遂使汉代政治本质起重大变化"。

通过孝廉选举出来的人才不需要再经过考试就直接被政府任用,没有官职的给予小官,已有官职的则给予升迁,在为政中起到一种导向性作用,由此形成一种良性循环。汉武帝正式实行举孝廉的选官制度,并不断完善,朝堂官员有不少都是孝廉出身。

《汉书·王吉传》载:"少年好学,以孝廉补授若卢县右丞,不久升任云阳县令。汉昭帝时,举贤良充任昌邑王中尉。"在察举制度的推行下,社会出现了"在家为孝子,出仕做廉吏"舆论氛围。汉代的许多官吏都是通过"举孝廉"而进入仕途的。他们通过"举孝廉"参与到国家政权,在国家政治生活中发挥作用;而在他们施政的过程中,又必然会褒奖孝行,不论是对社会风气还是人才储备,都起到正面积极的引导作用。

西汉刘向曾说:"廉士不妄取"。为官者不能贪国之财,夺民之利,在物质利益面前,取或不取,其标准要看它是否符合道德。否则,夺民之利则为不孝,贪国之财则为不忠,不仅要受到道德的谴责,还要受到法律的制裁。

孝廉制的推行对于国家的发展起到了一定的积极作用,但是后期很多选举出来的孝廉之士有吹捧虚假的,也有的成为了王朝的掘墓利器。桓灵帝时,有一首很有意思的童谣也可以直观地反映汉朝孝廉制度消极的一面:

举秀才,不知书。举孝廉,父别居。
寒素清白浊如泥,高第良将怯如鸡。

可见地方官员向朝廷举荐的秀才根本不懂四书五经这些儒家经典,向朝廷举荐的品德高尚因孝顺而闻名的人,真实的情况是父母长辈被赶出家门,无所依靠,所谓的寒门、清正廉洁的人更是品德败坏,道德低下如污泥一样令人厌恶,被举荐的公门子弟称为人才,实际上却怯懦不敢担当,胆子如鸡一样小。

"举孝廉"制度在两汉及魏晋时期发展鼎盛,隋唐时期曾中断,宋元明清时代有所复兴,随着"唯才是举"的科举制度兴起,过度注重人品的"举孝廉"制度最终还是走向了没落。

二、"丁忧"制度

宋慈的仕途一波三折,在他去浙江鄞县任县尉(掌一县治安)之际,恰逢父亲宋巩病重,并于两年之后病故,所以宋慈居家服丧,并未赴鄞县就任。这里,我们来看一下影响宋慈未去赴任的服丧礼仪。

"丁忧"制度是儒家"孝道"的重要体现,是指遭逢父母之丧者尤其是遭丧官员应当遵循的礼制。儒家认为,孝应有始有终,对待生、死二事,同等重视。《礼记》曰:"敬其所尊,爱其所亲,事死如事生,事亡如事存,孝之至也。"《荀子·礼论》亦云:"丧礼者,以生者饰死者也。大象其生以送其死也。故如死如生,如亡如存,终始一也。礼者,谨于治生死者也。生,人之始也;死,人之终也。终始俱善,人道毕矣,故君子敬始而慎终。"

儒家主张以孝治天下,提倡"慎终追远,民德归厚矣"。"慎终",即守丧;"追远",即祭祀。儒家认为,以德、孝等核心观念来治理天下,使民能做到慎终追远,则必然会导致'德厚',而'德厚'更说明了'孝'观念不仅要存在于事生的过程中,亦存在于'终''远'等丧葬祭方面的事死过程中。以儒家"孝治"思想为支撑的守丧礼制,在其历史演变进程中与封建君主专制政治相结合,逐渐成为构成"三纲五常"伦理的重要支柱。

汉代以后,"丁忧"制度逐渐被纳入封建法律,"丁忧"服丧由儒家表达孝心的礼制规定,逐渐演化为封建王朝实施"孝治"政策的礼法制度。自汉朝"罢黜百家独尊儒术"后,儒家思想成为统治阶级执政的主流思想,而儒家讲究"百善孝为先",丁忧逐渐从一个道德上的约束,转变为管理官员的一种行政手段。西汉时期一度提倡短丧,汉文帝甚至曾下令葬后服大功十五日、小功十四日、纤七日,然后除服。西汉晚期,父死不奔丧已属于违法行为。

到了唐朝,服丧三年已经成为一种强制手段,在《唐律·职制律》中就有记载:"诸闻父母若夫之丧,匿不举哀者,流二千里。丧制未终,释服从吉,若忘哀作乐,徒三年","父母之丧,法合二十七月,二十五月内是正丧,若释服求仕,即当不孝,合徒三年"。

明朝朱元璋基本延续了之前的丁忧制度,丁忧时限依然为 27 个月,不过在服丧范围上,他规定"除父母及祖父母承重者丁忧外,其余期年服制不许奔丧",至于原因,朱元璋解释说"祖父母、伯叔、兄弟皆系期年服,若俱令奔丧守制,或一人连遭五六期丧,或道路数千里,则居官日少,更易繁数,旷官废事"。说白了,就是官员频繁奔丧守制导致无人处理政务了。

可以看出,明朝基本延续了汉唐时期的丁忧制度,只不过在具体细节上,朱元璋又进行了调整,但本质上并没有任何改变。这主要是明朝统治阶级推崇的思想与汉唐时期一致,他们都把"孝"放在"忠"前,希望通过"孝"来强化"忠",进而巩固自己的统治地位。

就官员"丁忧"而言,如果人人都严格遵守"丁忧"制度而闻丧解官,则势必会影响到国家事务的正常处理,从而造成"忠孝不能两全"的矛盾与冲突。所谓"夺情"就是为国家夺去了孝亲之情,可不必去职,以素服办公,不参加吉礼,是统治阶级"亏孝以全忠"的政治选择,也是丁忧制度性与灵活性相统一的重要体现。

明朝首辅大臣张居正的"夺情"事件是很有名的例子。万历五年(1577年)九月,张居正的父亲张文明在老家江陵去世,按照明代的礼制,张居正应辞官回乡守制三年。万历皇帝等从国家政治需要的立场出发,主张张居正夺情。而朝中大部分官员则从维护礼治的立场出发,主张张居正回乡守制。作为先帝托孤的内阁首辅大臣,五年来,张居正兢兢业业,未曾离开皇宫一步。同样,万历皇帝对张居正"深切依赖"。但张居正几次请奏,但都接到万历皇帝主张夺情的圣旨,张居正看到万历皇帝不可能让他回去守制,要求守制的口气并不是十分强硬和坚决,他甚至认为人之大伦各有所重,应该视大义,《张太岳集乞恩守制疏》中载:"循于匹夫小节,而拘于常理之内"。"忠孝难以并重,则宜权其尤重者而行之"。"今臣处君臣、父子两伦相值,而不容并尽之时,正宜称量而审处之者也"。

因此作为这场风波的当事人张居正,则从最初的执意要求回乡守制转变为后来的态度不明朗,再到最终顺应万历皇帝的意愿,选择夺情。

清制规定丁忧守孝为27个月,即三年守孝。但旗人(满洲、蒙古和汉军)例外,实际离职丁忧仅百日,丁忧百日后到京城署职领俸,等到27个月后再正式铨选任职。清代武官丁忧假制实行较晚。清初,由于武将离职于皇权不利,而且离职丁忧产生的停薪也不是动乱时代安定武人的良策,所以大约在康熙平定"三藩"之后,才开始实行武将丁忧制度。

到了清后期,官员以各种借口对丁忧守制熟视无睹,屡次违例行事,朝廷对他们也无可奈何,这和清后期的社会状况不无关系。

道光七年(1827年)十一月甲寅,给事中程德润奏请饬令丁忧官员遵例回籍守制一折:

近日丁忧官员,多不回籍守制,每借口营葬无资,向督抚大吏干谒求助,各省皆然。而有洋商盐商地方尤甚,非授意属吏,即勒派商人,纷至沓来,争先恐后,实有关于人心风俗。更或于丁忧后投效河工军营者,尤属违例,均应一体查禁,着直省各督抚查明现在丁忧官员,无故不即回籍,逗留他省,俱着饬令回籍守制。有不遵功令者,即据实查奏。倘相率徇隐,别经发觉,必当将该督抚一并交部严议示惩,以崇孝治而维风化。

丁忧制度最终在历朝历代的变迁中走向了灭亡,总体来说,丁忧制度在我国历史上传承两千余年,历史影响深远。我们了解丁忧制度,意在继续弘扬它的孝文化和积极精神,但也要摒弃它的不足之处。

三、欲说还休酷吏

在宋慈服丧结束后,经过十多年最基层官吏的历练,最后成为一代循吏的楷模,楷模中的佼佼者。谈及循吏,古代还有酷吏,思及"酷",也不见得就是坏的,我们要辩证的来看待。

酷吏是一个历史概念。它的本质是以封建专制皇帝为核心的人治,违背"以德治国"的主导方向和践踏人的生存权,干扰和偏离"以德治国,以法辅德"的传统。华夏国家萌芽同时也萌生了世卿世禄制,各级官职由部落贵族世袭。一直延续到西周。春秋战国,"礼崩乐坏",世卿世禄制逐渐被官僚政治代替,官僚制度形成。古代把管理国家事务,统治平民百姓的人叫吏,听命于君主的吏叫官,官吏的群体叫僚,《尚书·皋陶谟》称"百僚师师",即此。

司马迁作《史记》,首次将统治手段严酷的官吏列入《酷吏列传》,到《金史》为止,二十四史中有九部编列《酷吏传》。《史记·酷吏列传》收酷吏十二人,武帝朝占其九,《汉书·酷吏传》收酷史十三人,加上另立传的张汤、杜周,共十五人,武帝朝占其十。这一批官僚,在西汉巩固封建专制制度的关键时期,基本起了正面的作用。班固说这些人"虽酷,称其位矣"。

2002年版《辞海》说酷吏"指滥用刑罚,残害人民的官吏",只以"酷"字的原义为本,过于笼统,说"后世史书因之",也不够严谨。两千多年来一贯被批判和否定,对酷吏的批判彰显了中华民族传统对人权的维护与"以德治国,以法辅德"的遵循。

而在我们的认识中酷吏的形象更可能像是唐朝时期的人物,如来俊臣、周兴等,他们主要是以负面形象为主。

来俊臣的《罗织经》是中国历史上臭名昭著的书籍之一,其成书的目的就是为了给他人罗织罪名。虽然这本书名声不好,但不得不说这是一部伟大的书籍,它对人性与手段的研究堪称一绝。它的思想不仅适用于官场政治,更适用普通职场,也适用于所有的人际关系,只是因为它的思想一切都来源于对人性的研究与分析。《罗织经·阅人卷第一》中:"民之畏惩,吏之惧祸,或以敛行;但有机变,孰难料也。"

由此可见,人心都是随时变换的,更是道出了人都是害怕惩罚的,更害怕灾祸。如果没有惩罚,人心可能更丑陋,就会活得如动物一般,那每天估计真的是活在水深火热中,每天都是江湖,就如金庸小说世界一样,刀光剑影。就是因为有惩罚,有正义的审判,人才会克制自己各种丑陋的欲望,才知道做人该怎么去做,才会有好人,有好人心。

酷吏其实最早出现在汉武帝时期,汉武帝朝廷里最不缺的就是酷吏,一抓一大把。而此时期酷吏多是正面典型代表。

在汉武帝时期,有一位举足轻重的能臣,作为政治家,他锐意改革,清廉执政;作为法律家,他制定律令,执法如山;他又是理财专家,开源节流,富国强民。他是汉武帝的左臂右膀,是"汉武盛世"当之无愧的功臣,他就是后世被称为西汉第一酷吏的张汤。一向公正的司马迁,也把他列入酷吏的行列之中。

张汤作为酷吏时期,汉宫里发生一件真相莫测的"巫蛊"案,矛头直指被汉武帝冷落已久的陈皇后。汉武帝命酷吏张汤查案。《资治通鉴》记载:

女巫楚服等教陈皇后祠祭厌胜,挟妇人媚道;事觉,上使御史张汤穷治之。汤深竟党与,相连及诛者三百馀人,楚服枭首于市。乙巳,赐皇后册,收其玺绶,罢退,居长门宫。窦太主惭惧,稽颡谢上。上曰:"皇后所为不轨于大义,不得不废。主当信道以自慰,勿受妄言以生嫌惧。后虽废,供奉如法,长门无异上宫也。"

上以张汤为太中大夫,与赵禹共定诸律令,务在深文。拘守职之吏,作见知法,吏传相监司。用法益刻自此始。

陈皇后在因巫蛊之术被幽禁于长门宫,愁闷悲伤之际,她听说司马相如撰文冠绝天下,遂用重金求一赋,表达自己眷恋思念的情感,以期能够重新得到武帝的宠爱,便有了《长门赋》的写作缘由。

但司马相如所作的《长门赋》此赋并未如阿娇预期般使皇帝回心转意,却是为后世留下了一篇抒情佳作,吟唱至今,其文如下:

孝武皇帝陈皇后,时得幸,颇妒。别在长门宫,愁闷悲思。闻蜀郡成都司马相如天下工为文,奉黄金百斤,为相如、文君取酒,因于解悲愁之辞。而相如为文以悟主上,陈皇后复得亲幸。其辞曰:

夫何一佳人兮,步逍遥以自虞。魂逾佚而不反兮,形枯槁而独居。言我朝往而暮来兮,饮食乐而忘人。心慊移而不省故兮,交得意而相亲。

伊予志之慢愚兮,怀贞悫之懽心。愿赐问而自进兮,得尚君之玉音。奉虚言而望诚兮,期城南之离宫。修薄具而自设兮,君曾不肯乎幸临。廓独潜而专精兮,天漂漂而疾风。登兰台而遥望兮,神怳怳而外淫。浮云郁而四塞兮,天窈窈而昼阴。雷殷殷而响起兮,声象君之车音。飘风回而起闺兮,举帷幄之襜襜。桂树交而相纷兮,芳酷烈之訚訚。孔雀集而相存兮,玄猨啸而长吟。翡翠胁翼而来萃兮,鸾凤翔而北南。

心凭噫而不舒兮,邪气壮而攻中。下兰台而周览兮,步从容于深宫。正殿块以造天兮,郁并起而穹崇。间徙倚于东厢兮,观夫靡靡而无穷。挤玉户以撼金铺兮,声噌吰而似钟音。

刻木兰以为榱兮,饰文杏以为梁。罗丰茸之游树兮,离楼梧而相撑。施瑰木之欂栌兮,委参差以槺梁。时仿佛以物类兮,象积石之将将。五色炫以相曜兮,烂耀耀而成光。致错石之瓴甓兮,象瑇瑁之文章。张罗绮之幔帷兮,垂楚组之连纲。

抚柱楣以从容兮,览曲台之央央。白鹤嗷以哀号兮,孤雌跱于枯杨。日黄昏而望绝兮,怅独托于空堂。悬明月以自照兮,徂清夜于洞房。援雅琴以变调兮,奏愁思之不可长。案流徵以却转兮,声幼妙而复扬。贯历览其中操兮,意慷慨而自卬。左右悲而垂泪兮,涕流离而从横。舒息悒而增欷兮,蹝履起而彷徨。揄长袂以自翳兮,数昔日之䞇殃。无面目之可显兮,遂颓思而就床。抟芬若以为枕兮,席荃兰而茝香。

忽寝寐而梦想兮,魄若君之在旁。惕寤觉而无见兮,魂迋迋若有亡。众鸡鸣而愁予兮,起视月之精光。观众星之行列兮,毕昴出于东方。望中庭之蔼蔼兮,若季秋之降霜。夜曼曼其若岁兮,怀郁郁其不可再更。澹偃蹇而待曙兮,荒亭亭而复明。妾人窃自悲兮,究年岁而不敢忘。

这篇赋虽写得绝妙非常,皇上也大加赞赏,最终却未能唤回当时已经转宠卫子夫的武帝,阿娇也只能忧愁郁闷至死。

陈皇后最初也是有汉武帝极致的宠爱。从"金屋藏娇"到被废打入冷宫,原本有着一个鲜花着锦、烈火烹油的盛大开局,却最终以长门孤守、一人终老的惨淡局面告终,其悬殊的人生轨迹,揭示了封建社会中妇女以色事人、色衰而爱弛的悲剧命运,也给后人留下了无尽的感慨和遗憾。

张汤审理了陈皇后"巫蛊"一案后,开始真正得到汉武帝的赏识和重用。作为西汉的封建官吏,汉武帝的能臣,他理狱理财壮大了汉政权的社会稳定和经济发展。他依法治国,执法如山,打击豪强权贵也未免株连过多,显得十分残暴,"酷吏"之称由此而来。

但他廉洁奉公,死后全家家产不过五百金,且都是他的俸禄和武帝的赏赐,《汉书·张汤传》有载:"载以牛车,有棺而无椁。"连司马迁也称赞他:"时数便当否,国家赖其便。"

我们可以这样来看张汤,他是一位能臣、一位清官、一位酷吏,是西汉王朝不可多得的一位人才,确实为巩固西汉统一的中央集权国家作出了不朽的贡献。

谈酷吏会令人因其字面之意毛骨悚然,但并不是所有被称作"酷吏"的都是坏人,这个定义是不对的。就比如张汤和义纵,并没有做伤害老百姓的事,为了国家的安定严惩恶人,对一位历史人物要客观地去评价,不能仅仅因为他们在历史上戴着的一项有色帽子,就给他们整个人做好了定位。每个人都是立体的,对他的定位也应该是全面的。张汤之所以能为后世记住,并不是因为他头上的帽子,更多的人记住的是他的廉洁,他执政时候的公正严苛。他在自己的职业生涯中实现了自己的价值,他的功绩也会被后来的我们传唱。而此后的来俊臣和周兴等人,他们的为官之道是需要警惕的,也是我们通常理解的字面意义上的酷吏。要想真正了解酷吏,我们需要回归其本源,了解其本真,运用辩证的眼光来看待酷吏这个群体。

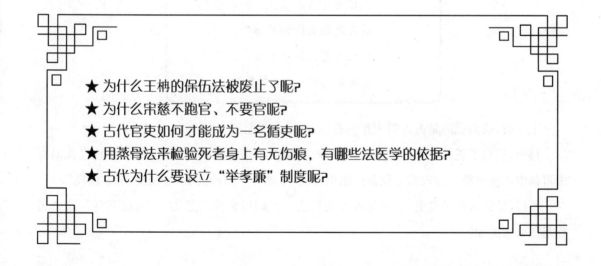

★ 为什么王栴的保伍法被废止了呢?
★ 为什么宋慈不跑官、不要官呢?
★ 古代官吏如何才能成为一名循吏呢?
★ 用蒸骨法来检验死者身上有无伤痕,有哪些法医学的依据?
★ 古代为什么要设立"举孝廉"制度呢?

第三讲 四任提刑

> 提要：提刑是怎样的一个机构？
> 宋朝为什么设置提刑一职呢？
> 县官为什么不准武松的状子？
> 到底是谁来检验尸体呢？
> 古人是怎么验尸的？
> 宋慈是怎样一位"青天"？

上一讲，我们说的是古人对宋慈的看法：他是一位循吏。

循吏，说白了就是好官，他们是古代的政治实践与司法实践的楷模，是帝制时代我国官僚群体中正面形象。而宋慈不仅是位循吏，并且是循吏中的佼佼者，是楷模中的"楷模"。

不过，认为宋慈是循吏，那可是古人的看法。我们现在称宋慈为"大宋提刑官"，这个名称是怎么来的呢？

提刑是怎样的一个机构？

嘉熙三年（1239年），年过半百的宋慈迎来了仕途的转机。这一年，他擢升为广东提点刑狱公事，后来又辗转江西、广西、湖南的提点刑狱公事。宋慈在《洗冤集录》里面说，自己"四叨臬寄"就是这个意思。

这个"提点刑狱公事"是干什么的呢？

在宋代，地方上有"路"一级行政单位。路相当于现在的省，其辖区有州、县两级。一路少说也要管几个州，多的有管十几个州的，而每个州下又各管辖几个县。各路都有一个很特殊的机构，叫作"提点刑狱司"。这是宋代特有的官职，由秦代的监察御史及汉代的州刺史转型而来，从宋太宗年间开始设置，俗称"宪司"，简称"提点刑狱"或"提刑"，这个机构的一把手就叫作"提点刑狱公事"。

提刑的职权很大，据《宋史·职官志》记载，提刑官的主要职责是复核所属下级州县案件的判断、巡视监狱、稽查州县积压的案件，以及检举地方各级官吏"禁系淹延而不决，盗窃逋窜而不获"等违法失职行为。后来，还要兼管保甲、军器、河渠等事务。不过，提刑官主要还是负责当地（本路）司法和刑狱的，因此，提刑司成为地方诉讼案件的最高审理机构，而宋慈这个"提刑官"就相当于现在的高级人民法院、人民检察院的院长。

需要说明的是，古代并没有专任的法官和检察官，所以"提刑"这个官职还会有其他一些职责，甚至还可能带兵打仗。南宋有一位著名的诗人叫戴复古，他曾经写过这样一首诗：

> 千兵喝赏黄金尽，六月临戎白刃寒。
> 慷慨丈夫为事别，太平人物济时难。
> 谁言江左无王谢，今喜军中有范韩。
> 汉节梅花留不住，借君一剑斩楼兰。

这首诗写得慷慨激昂，颂扬的是一位名叫彭仲节的提刑带兵平叛的事迹，诗名就叫作《提刑彭仲节平叛卒》。

我们知道的很多南宋名人都做过这样的官职。比如辛弃疾，他做过福建提刑官；朱熹做过江西提刑官。上文说过的魏了翁，在四川任过提刑官；陈韡则曾在淮东提点刑狱。不过在宋代，因提刑官而闻名于世的，则莫过于宋慈这位"大宋提刑官"了。

担任"提点刑狱公事"，标志着宋慈职业生涯的一个重大转折，他开始走上专业的刑事勘验之路，进而开创了古代司法鉴定的历史。在此之前，宋慈做官也或多或少地接触过断案，积累了一些办案经验。担任提刑官之后，他更是听讼清明，雪冤除暴。

当时南宋朝廷委派地方的官吏，往往是一些经验欠缺的人，这就造成他们在审理案件的时候，会感到无处入手，加上："仵作之欺伪，吏胥之奸巧，虚幻变化，茫不可诘。"造成冤案累累。怎么办呢？宋慈就"博采近世所传诸书"，写了一本办案大全，这就是《洗冤集录》。"示我同寅，使得参验互考"，以提高办案的准确率。

这本书宋慈写了三年，于淳祐七年（1247年）刊印。他没有想到的是，这本办案大全写得太好了,广受欢迎;不仅如此,宋理宗还下令刊行,推广到全国。宋慈就这样迎来了他事业的辉煌时期,在当了八年的提刑官之后,宋慈升任广东经略安抚使(掌管一路之军事行政)。

那么,宋朝为什么会设立"提点刑狱司"这样一个机构呢?

宋朝为什么设置提刑一职呢?

宋代设置"提刑"一职,加强了皇帝对地方司法权的控制,这是显而易见的。不过,这一机构的设置也和宋朝社会的法律思想有关。宋代是中华法系的定型时期,它基本形成了以儒家学说中"仁"为核心的法律体系,在司法实践中则体现出"恤刑""慎狱"的特点。

史载宋太祖曾经对大臣们说:"五代诸侯跋扈有枉法杀人者,朝廷置而不问。人命至重,姑息藩镇,当如是邪!自今诸州决大辟,录案闻奏,付刑部详覆之。"从宋太祖开始,朝廷就加强了对司法的控制,以达到"慎刑"的目的。而他的弟弟太宗,就连民间细事也亲自听断。淳化四年(993年)十月,汴梁有个老百姓叫牟晖的击鼓鸣冤,说是自己的一个家奴不小心丢了一只猪崽,请求官府帮他找回来。这件小事得到了太宗的重视,猪崽是找不回来了,怎么办呢?太宗下诏,赐牟晖千钱,补偿他的损失。后来他对大臣说:"似此细并悉诉于朕,亦为听决,大可笑也。然推此心以临天下,可以无冤民矣。"这则趣事说明,宋朝的统治者认识到,如果百姓无处伸冤,就会影响社会的稳定,长此以往,就会动摇国本。

统治者以身作则,大臣们也是这样。

北宋仁宗年间,有一位叫王延禧的大臣,《折狱龟鉴》在卷末记载了他这样一件事。王延禧在做沅江县令的时候,遇上荒年,盗贼四起。王延禧亲手抓捕了十几个偷盗的人,从赃物的数量来看,他们都会被判处死刑,而王延禧也可以因此升职。但是王延禧叹息说:"这些原本都是安分守己的百姓,是因为走投无路才沦为盗贼。我作为县令,没有办法让他们安居乐业,却在他们的死刑上获利,我怎么能忍心做这种事请呢?"于是告诉那些盗贼,让他们少报赃物的数量,这些人因此免于死刑。

《折狱龟鉴》是中国古代一部著名的法律案例汇编,作者郑克在编著的时候,把这个案例放在全书的最后,他说:"恻隐之心,人皆有之,为物所迁,斯失之矣。故有利人之死为己之功者,或文致于大辟,或诬入于极典,宁复能存不忍之心,以贷应死之命乎?故著此事矜谨篇末,庶几览者有所警焉。"这段话在感叹,本来恻隐之心人皆有之,但是现在有人凭借多杀人来为个人建功立业,或者利用法律条文给人定杀头的罪,或者诬陷别人以致处以极刑,哪里还有存不忍之心,设法宽宥那些死刑犯的人呢?所以作者把王延禧的案例放在最后,希望对读者能够有所警示。

我们从这些例子可以看出,"刑狱为生民之命"是当时的一种社会共识。而设置对案件督查的机构"提刑",监督地方案件审理,就是为了显示统治者的"恤狱"精神。

那么,提刑官究竟是如何履行职责的呢?

县官为什么不准武松的状子?

为了说明这个问题,我们有必要把古代的诉讼程序、要点简单说明一下。

以《水浒传》武松状告"亲兄武大被西门庆与嫂通奸,下毒药谋杀性命"一案来说明。

武松在景阳冈打死了吊睛白额的大虫,为地方上除了害,被知县看重,做了阳谷县的都头。后来,武松为知县干了趟私活,把这个知县在任上赚的不清不楚的钱财,押送到其在汴京的家中。

而就在武松出差的当儿,家中却出了事。本县的财主西门庆,看上了武松的嫂子潘金莲,在王婆的帮助下,两人勾搭成奸。这件事被郓哥告诉了武大,武大前去捉奸,被西门庆一脚踢伤。为了"长做夫妻",在狠毒的王婆的撺掇之下,西门庆买来砒霜,由潘金莲下在武大喝的伤药里,毒杀了武大。然后西门庆找到地保何九,给了他一锭十两银子,由他在场见证,把武大的遗体火化了。不过何九也留了个心眼,偷偷藏下了武大的两块骨头。武大的骨殖酥黑,是中毒身死的证明。

武松出差回来,只见到哥哥的灵位。问嫂子缘由,潘金莲说武大是"害急心疼",也就是心脏病死的。尸体呢?潘金莲说已经火化了。武松明白,事有蹊跷,他就找到了何九。何九为了撇清关系,就把武大的遗骨,西门庆给的十两银子,和记有送丧情况的一张纸给了武松。武松又找到了郓哥,了解了武大"捉奸反被打伤"的前后情况。然后,他带着何九和郓哥这两位证人,来到县衙,请求知县为他做主。

《水浒传》里并没有说武松是怎么起诉的。按照规定,他应该"击鼓鸣冤"。

我们常常在影视片中看到古人在衙门口击鼓鸣冤的场面,他们所击的大鼓就是登闻鼓。相传在尧舜的时候就有"敢谏之鼓",想进谏或者有冤屈的人都可以去挝鼓。周代的时候,周王悬鼓于路门之外,称为"路鼓",由太仆主管,御仆守护。碰到老百姓击鼓声冤,御仆就马上报告太仆,太仆再呈报周王。这"路鼓"就逐渐演化成后来的"登闻鼓"。到宋朝的时候,普通百姓都可以击鼓鸣冤,或者向朝廷提建议等。但是到了宋朝以后,击登闻鼓的条件日趋苛刻。清朝规定击登闻鼓者,先廷杖三十,以防止刁民恶意上访;还规定"必关军国大务,大贪大恶,奇冤异惨"的事才可以击鼓,违者重罪。普通百姓哪有如此"大""冤"之事呢,何况还要先挨板子?所以登闻鼓在清代是名存实亡的。

武松击登闻鼓后,县令升堂问案。

知县是一个很有心计的人,他收了武松的状子,暗地里却给西门庆放风,西门庆自然有大把的银子孝敬。得了实惠,知县就开始拿搪了。次日早晨,武松在厅上告禀,催促知县拿人。谁想县令拿出武松提供的证物,对他说:"武松,你休听外人挑拨你和西门庆做对头。这件事不明白,难以对理。不可一时造次。"拒绝索拿西门庆。一旁的狱吏还振振有词,帮衬着说:"都头,但凡人命之事,须要尸、伤、病、物、踪五件事全,方可推问得。"

这话是什么意思呢?

"尸、伤、病、物、踪"是古代官府处理人命案件的"五大要件",也就是五个方面的证据。不过,这只是一项断案原则,并没有写进宋代的法典《宋刑统》里面。在这五大要件中,"尸"指的是尸体,"伤"指的是致命伤痕,"病"指的是致死疾病,"物"指的是凶器,"踪"指的是犯罪情节。很显然,"尸"是"五大要件"中的核心证据,没有"尸",其他的要件要么根本不成立,要么就是证明力不过硬。西门庆火化了武大的尸体,其实就是要毁灭这个核心证据。所以从这点来讲,县令拿搪,倒是也有点"法律依据"。

依据"尸、伤、病、物、踪"这五大要件审理案情,叫作"众证定罪",这是司法断案的一个进步。宋代以前,官府一直把口供作为定罪量刑的主要依据;到了宋代,司法审判则广泛使用了物证,这就提高了断案的准确性。在宋代,即使犯罪嫌疑人已经招认,也必须查取证物来验证口供,否则官吏就要承担法律责任。比如,对盗窃案的审判,即便是盗窃犯已经有了口供,但官吏如果不能查出窝藏的赃物和地点,就要受到徒二年的处罚,追查不尽者,也要徒一年。

《洗冤集录》中记载了这样一个案子。

在广西某地,一个凶犯抢劫并杀害了一个少年。等到抓获凶犯时,离他行凶的日子已经很久了。凶犯供称:"抢劫时将少年推进水中。"县尉领人在河的下游打捞到一具皮肉腐烂、仅剩骨架的尸骸,已经无法辨认。本来县令可以就此断案了,但是他怀疑这可能是另外一具尸体,不敢贸然结案。后来,他翻阅案卷,看到被害人哥哥的供词,说弟弟是龟胸。龟胸,俗称鸡胸,也就是佝偻病,这是很明显的特征。于是县令就叫人去复检,果然是龟胸,这才敢判决。

由此可见宋代对物证的重视。不过,物证灭失了怎么办呢?难道就任由凶犯逍遥法外?当然不是这样。西门庆虽然火化了武大的尸体,但是如果能找到其他的物证和人证,形成完整的证据链,证明犯罪事实,同样可以定西门庆的罪。

但是县令拒绝审理这个案件,武松该怎么办呢?

古人有个很有趣的方式,叫"拦轿喊冤"。

在戏曲和古典小说中,我们常常可以看到这样一段情节:老百姓含冤负屈,这时正好一位清官经过,于是这位百姓冲到轿前,把状纸高高举起:"青天大老爷在上,为小民做主!"这位"青天大老爷"接过状纸,顿时怒火填膺,马上升堂理案,最终冤情得以昭雪,民愤得以平复。武松也可以采用这样的方式。

不过,古代官吏大都是坐轿子的,不易辨认,在很多情况下,拦轿喊冤都会找错人。清朝的时候,有个妇人拦轿喊冤。官吏问她有什么冤情,那妇人说是要状告老公养情妇。但是那官吏是个盐官,管不了这事,不过他很风趣,对那妇人说:"我是朝廷卖盐官,不管人间的吃醋事。"言毕扬长而去。

在古代,拦轿喊冤类似于越级上诉,不过朝廷并不支持,因为这样冲撞了仪仗,藐视了皇权。所以,官府对拦轿喊冤的人往往会苛以刑责,加以处罚。但是,对于下级不予申理及断决不平的案件,则允许越级上诉。在《宋刑统》里面,有这方面的明确规定。武松的这个案件,是属于可以越级上诉的。此外,提刑官也会经常到地方巡查,如果此时正好到了阳谷县,武松也可以找他申诉。

但是,提刑官没有来;武松也没有去越级上诉,因为这样太麻烦。武松是一个血性的汉子,决定自己找门路,他要找到当事人,要他们的口供,自己来证明西门庆的罪行。

武松是怎么做的呢?

武松回到哥哥家中,摆下酒席,要"相谢众邻"。等到四家邻舍、王婆和嫂嫂六人都坐下,武松便叫士兵把前后门关了。把脸一拉,掣出刀来,逼问口供。打虎英雄翻了脸,谁不怕?潘金莲惊得魂魄都没了,只得从实招说,王婆也只得招认了。武松让一个会写字的邻居,录下两人的口供,让两人都点指画了字,还叫四家邻舍书了名,也画了字。这样,证据链已经形成,犯罪事实也很清楚了,即便没有西门庆的口供,这个案子也落实了。

接下来武松该怎么办呢?

知县大人先是收了状子,然后又百般推脱。为什么呢?傻子都知道,一定是西门庆使了钱了。一旦把西门庆问罪收监,他再使钱上下打点,这场官司最后就会不了了之,哥哥的血海冤仇就不会洗雪。武松是个"义气烈汉",他决心自己来解决这个问题。于是,他先是杀了潘金莲,又当街杀了西门庆,然后押着王婆,提了两颗人头,前去投案自首。

到底是谁来检验尸体呢?

武松连伤二命,这是重案,官府自然要到现场检验尸体。我们有一个疑问:在古代,到底是谁来进行尸检呢?

会是宋慈这些官吏吗?如果这么说,那么对宋慈来说,不是尊敬,而是一种侮辱。因为在任何一种古代文明中,接触尸体几乎都是一件犯忌讳的事情,在中国古代更是如此,人们甚至认为翻弄死者尸体有伤阴德。因此官府派出去检验尸体的官员,实际上只是主持尸检,而他们是绝对不会亲自动手翻弄尸体的,还会远离尸体几丈开外。只有到了实际检验人员发现致命伤的时候,官员们才会上前看上一眼,确认一下,然后进行分析判断。

在古代,真正翻弄尸体的人,被称为"仵作"。"仵"字,有一种"逆"的、违背社会常俗的涵义。用这样一个字来标明一种工作,其社会含义不言自明。所以仵作在古代属于社会的最下层,是"小人";翻检尸体的工作,也属于"贱役"。

我们现在所理解的"仵作"这个行当,在历史上有一个演变过程。

在战国的时候,官府有一些从事勤杂工作的奴隶,叫作"隶臣妾"。这是一个合称,其中男奴称为"牢隶臣",女奴则称为"牢隶妾"。他们跟随官吏到现场,负责翻动和检视尸体,官府还会在检验笔录上记录下他们的姓名。

1975年,湖北云梦睡虎地秦墓出土了一批竹简,其中有秦国的《封诊式》,里面记载了这样一件事。一次,地方上报告说有人被杀死了,官员就带着一个牢隶臣某某前去检验。这个奴隶翻检尸体后发现,死者身上有三处伤,一处在额头,两处在背部。这三处创口都是中间陷下,类似斧砍的痕迹,因此造成严重损伤,血流满地,头上创处连脑髓都流了出来。通过检验尸体,牢隶臣还发现死者有两处旧伤疤,应该是死者以前生病,用艾草烧灼进行灸疗所致。官员把尸检的情况都写进了"爰书"(司法笔录),这成为世界上现存最早的一例尸检报告,而进行尸检的人的就是这个叫"某某"的奴隶。

隶臣妾的最初来源,是连坐受罚被"收"入官府的罪犯家属,战场上主动投降的战俘,以及隶臣妾的后代们,等等。到了西汉,文帝进行改革,废除了将罪犯家属"收孥"的法律,把劳役刑设定了服刑期。这样,隶臣妾就成为刑罚的一种,罪犯们为官府服劳役,有时也负责尸检,时间一般在一两年左右。到了东汉,"隶臣妾"这种刑罚就逐步被取消了。

《折狱龟鉴》记载了一个五代时期的一个案例。

有人外出经商,回到家中却发现妻子被人杀死,连头也被割走了。他既悲伤又害怕,赶忙告知了妻子的族人。族人们却认为人是这个商人杀的,就把他扭送官府。官府严刑讯问,商人受不了拷打,只得承认是自己杀了妻子,这样就可以结案了。但是,一位官员却对此表示怀疑,他请求太守让他重新审理,太守答应了。这个官员把仵作们找来,追问他们最近为人埋葬尸棺的地方,并且问:"颇有举事可疑者乎?"意思是说,在举办丧事的时候,有没有非常可疑的事情?一个仵作答道:"有一个富人举办丧事,说是死了一个奶妈。不过棺材非常轻,好像里面没装尸体。"官员就叫人随着仵作到墓地,把棺材挖了出来,打开一看,却是一个女子的头颅。官员让商人辨认,商人说头颅不是他妻子的。官员于是把富人抓来讯问,这才了解实情。原来那富人与商人的妻子通奸,为了做长久夫妻,富人杀死了奶妈,把她的头割了下来,把她的身体假作商人妻子的身体放到商人家中。这个移花接木的诡计,如果不是仵作提出了疑点,差点瞒天过海。

据考证,这可能是对"仵作"一词的最早记载。不过这时候的仵作,和我们现在的理解可不一样,他们是从事丧葬行业的,称为"仵作行",专门负责给死者洗身、换衣、入殓,一直到埋葬的全部过程。

在古代,官府对手工业者按"行"进行管理。每行指定一户作为"行首",行首对官府负责,处理行内大小事务,不仅要协助政府征税,还要定期安排行内人去官府服劳役。那些被派去服役的,称为"行人";仵作行的人如果服劳役,他们就会换一个马甲,称为"仵作行人",主要工作就是替官府义务翻检尸体。

在宋慈所处的宋朝,检验尸体用的就是这样一些"非专业人士"。不过,这些行人好歹还是殡葬行业,处理尸体还有些经验,工作比较容易上手。元朝的时候,南方一些省份甚至征调屠户来翻检尸体,这就比较令人啼笑皆非了。元朝的仵作行人出现了专业化的趋势,开始有行人专门为官府检验尸体,仵作逐渐成为一种专门的工作。这种工作当然是出力不讨好,不过可以领到一份工钱,有时还可能获得意外之财,所以还是有人愿意去做的。

直到明清两代,仵作才彻底脱离了临时征招的状态,成为官府的固定属员。清朝的仵作是有固定编制的,一般大县三人,中县二人,小县一人。此外,官府还会招募一、二人,跟随学习,随时替补。这些人都可以拿到固定的工资,叫作"工食银"。官府还为仵作配置了两名皂隶,负责搬动尸体、清洗尸垢。可以说,清朝的仵作有点类似今天的法医了。

官府还对仵作进行培训和考试,用的统编教材就是《洗冤集录》。官府给每名仵作配发一本《洗冤集录》,还在衙门里专门找书吏给他们详细讲解,讲的人、听的人都要造册备案。每年官府都对仵作进行抽考,让他们讲解一段《洗冤集录》。如果讲得好,当堂给予奖励;讲得不好,就要责罚;实在讲不出的,革去工食,予以辞退。不仅如此,长官要记过,讲解的书吏也会受到处罚。不过,仵作们大都是文盲,让他们讲"好"《洗冤集录》恐怕很难。所以朝廷的政策只能是形式上的,各地在具体执行的时候,免不了大打折扣。

不过,仵作所操持的还是一份"贱役",他们本身的身份也还是"贱民"。贱民在古代的社会地位很低,清政府就明文规定:贱民本人及其三代子孙,不准参加科举考试,也不准出钱捐官,甚至不准和良民通婚。因为仵作从服劳役发展而来,所以他们从官府领到的工食银,实际上只是伙食补贴,仅够糊口而已。为了生活,仵作免不了会干些违法的事情。

我们以《红楼梦》中的一个案子为例。

《红楼梦》里的薛蟠,是个有名的呆霸王。他带着蒋玉函去酒店喝酒,不想酒保张三老是拿眼睛瞟蒋玉函,这让薛蟠很不满。第二天,他去酒店找茬,和张三争吵了起来。薛蟠拿起酒碗照张三打去,谁想这张三也是个泼皮,还把头伸过来叫薛蟠打。呆霸王一时性起,就把碗砸向张三的脑袋,张三的头一下子就冒血了,躺在地下很快断了气。在这起命案中,双方都在斗气,因此也可以说是误伤,但薛蟠被官府逮住后,居然招供说是"斗杀",这一来案情就严重了。

后来,薛姨妈求贾政托人向当地知县说情,还花了几千银子买通官府上下和一干证人。结果在知县升堂断案的时候,发生了戏剧性的一幕:所有证人都改了口,要么说没看见,要么说是"酒碗失手,碰在脑袋上的",就连薛蟠自己也改口说是"误碰"。而收了银子的仵作则说了这样一段话:"前日验得张三尸身无伤,惟囟门有磁器伤,长一寸七分,深五分,皮开,囟门骨脆,裂破三分。实系磕碰伤。"

其实,仵作平时在《洗冤集录》上学的,应该是这样一句话:"诸以身去就物谓之'磕',虽着无破处,其痕方圆,虽破亦不至深。"这句话的意思是说:身体碰撞到物体的叫作"磕"。一般磕碰伤不致皮肤破裂,就是裂伤也不会太深,而张三囟门的伤口"长一寸七分,深五分,皮开",连囟门骨也"裂破三分",怎么可能还是磕碰伤呢?

但是,仵作验尸的证据"确凿",又有人证,案子被定为误伤。薛家花了点烧埋银子,终于了事。

古人是怎么验尸的?

我们回到阳谷县县衙。

武松杀人,轰动全县。知县大人也是骇然,他不得不全力来审理这个案子。他问讯了王婆和证人们的口供,然后派了一名官吏,让他带着仵作,前去验尸。

这里面有一个细节,古人是怎么验尸的呢?

古人验尸是有一套完整程序的。早在战国时期,一切非正常死亡的、无名尸体或者是发生纠纷而造成人身伤害的,都要进行官方的检验,而且还要写下"爰书",记录存档,作为定罪量刑的依据。前面提到的《封诊式》,上面就有法医检验的明确规定。《封诊式》这个怪怪的名字中的几个字要分开来理解,"封"是查封的意思,"诊"是勘查、检验的意思,"式"是指执行政务的标准程序,"封诊式"合起来就是检验程序的意思。秦国的这些制度后来被汉朝沿用,以后历朝承续,一直到了宋代,形成一套完备的程序。

按照宋代的司法程序,验尸要经过"初检"和"复检"(也叫覆检)两个环节。也就是说,阳谷县令在派员验尸进行初检的同时,要发公文到最临近的县,请他们派员复检。我们先说"初检"。

阳谷县令派谁去验尸呢?

被派去主持验尸的人,称为"监当官"(负责该项事务的意思)。按照规定,县令一般会派县尉前去。这个县尉相当于现在的县公安局长，负责一县治安。如果县尉不在，也可以委派其他官吏。如果县衙里的官吏都不在，或者县令觉得案件重要，他也可以亲自去验尸。阳谷县令究竟派谁去的，《水浒传》里并没有言明，反正不是县令自己去的。

监当官的工作，虽然不是什么好差事，却很风光，也很轻松。他带着仵作，还有门子（随身服侍官员的少年衙役）、皂隶（充当官员随行及护卫），以及轿夫和为长官出行开道的吹鼓手等等一帮人，前呼后拥，好不气派。

官吏到达现场，早已有人搭好了一座棚子，作为临时公堂。在这个临时公堂里，会摆上公案，上面铺着毡条桌布，再放上文房四宝，官员坐的椅子上还铺着褥子，还会点上香，以驱逐尸臭。然后官吏端坐在公案后，主持检验。

仵作向监当官叩头请示，长官吩咐一声"开检"，验尸工作才真正开始。西门庆被杀不久，尸体尚未腐败，也没有什么尸臭。如果是腐尸，在验尸开始前，衙役们会在在距离尸体两三步远的地方，烧起一堆皂角、苍术之类的药性植物，来冲淡现场的尸臭。仵作先对西门庆的尸体就地进行干检；再把尸体用门板抬到明亮的地方，脱去西门庆的衣物，用水把尸体冲洗一遍，然后进行细检。

按照《洗冤集录》的记载，仵作会按照前后左右的顺序检验尸体的表面，这称为"四缝"。仵作逐一"喝报"每一个部位有伤、无伤；如果"有伤"，还要报伤痕的性质、尺寸和颜色；如果是致命伤痕，要请监当官上前亲自查看。这些检验情况，刑房书吏也要逐一记录。

西门庆身上有哪些伤痕呢？《水浒传》里面说，他先是和武松搏斗过，然后被武松倒提着从狮子楼摔到街心，又被一刀割去头颅。所以，西门庆身上有搏斗伤、摔伤和致命伤，可谓"伤痕累累"，这样整个检验会花去不少时间。

仵作检验结束，刑房书吏的记录也完毕。刑房书吏对尸检情况进行整理，还画上"四缝"伤情的示意图，制作好一份验尸文件，然后在场的被告、尸亲、地邻、证人等一一画押。仵作也要画押，还要在一份"保结"上画押，保证自己是如实检验，否则甘愿受罚。最后，由专门负责保护官印的随从，请出官印，在验尸文件上盖章。

《水浒传》所提到的北宋年间，当时验尸的文件只有一份，叫作"验状"，类似于现在的鉴定书。交到阳谷县令手上的，就是这份验状。不过，验状只是记载了验尸现场的一些情况，至于官府出检是否及时，中间有无"违制"（违反规定）等都无法反映；刑房书吏画的"四缝"图也是千差万别，没有统一格式。这种情况在南宋有了改变，出现了第二份和第三份验尸文件。

在宋慈出生前12年，出现了第二份验尸文件。浙西提刑郑兴裔创制了一种"验尸格目"，在孝宗淳熙元年（1174年）推广全国。这个文件要求把验尸的过程、内容等详细地记载下来，从而制约官吏徇私舞弊，防止官员漫漶于案件。

第三份验尸文件出现的时候，宋慈大概还在太学读书。嘉定四年（1211年）江西提刑徐似道发明了"检验正背人形图"，然后被推广到全国。这是一张尸图，它是预先印制好的人体图，在尸检后，检验官用红笔在上面标注受伤部位，在场的人无异议后签字画押。以图像标出身体部位，具有逼真和直观的特点，即使是不识字的人，也能一目了然，这有利于文化水平较低的人共同进行监督，达到"吏奸难行，愚民易晓"的目的。可以说，检验正背人形图的推广是司法检验史上一个意义深远的举措。

在宋慈当提刑官的时候，关于法医检验的法律文件已经非常成熟了，这对检验质量的提高有着很重要的促进作用。法医学的创立，也正是在这个基础上完成的。

前面我们讲的是初检的整个流程。至于复检，在流程上和初检差不多，只是检验人员是由邻县或上级机关派来的而已。他们也对尸体进行检验，也要填写验尸报告。官府用复检的报告，对初检进行监督。像武松这样的杀人案件，属于重大案件，是必须复检的。

这种监督体系，有时真能发挥作用。北宋有个叫余良肱的官员，就是通过复检发现疑点，从而找出真凶的。

余良肱进士及第后，被任命为荆南司理参军，这个职务是负责司法审判的。有一次，下属的一个县呈报了一个杀人案件，并说已经捕获凶犯，而且凶犯业已认罪。余良肱在阅读卷宗的时候，就有些疑惑。后来他又参加了复检，还把凶器和死者的伤口进行比对，然后提出疑问："岂有刃盈尺伤不及寸乎？"凶器刀有一尺多长，可是伤口却连一寸都不到，这怎么可能呢？所以这个案子一定有问题。后来才知道，认罪的人是被县里屈打成招的。余良肱自告奋勇，请求长官让他来办理这个案子，果然擒住了真凶。

在封建年代，随着检尸，会有很多"奸巧"的事情。明代小说家凌濛初在《二刻拍案惊奇》里总结说："官府一准简尸，地方上搭厂的就要搭厂钱，跟官、门、皂、轿夫、吹手多要酒饭钱，忤作人要开手钱、洗手钱，至于官面前桌上要烧香钱、朱墨钱、笔砚钱，毡条坐褥俱被告人所备。还有不肖佐贰要摆案酒，要折盘盏，各项名色甚多，不可尽述。"这些额外的花销，都被强加在老百姓身上。老百姓不胜其苦，甚至出现卖儿鬻女的惨剧。

清代的时候，徐州的睢宁县有这样一个不成文的规矩：有路毙者，相验时地主出钱八千送官，便可结案。意思是说，如果哪家的房宅或土地附近有人死了，而官府检验不属于他杀，主人只要送给办案人员八贯钱，就可以结案。

有一次村里来报，说在河边发现了一具无名尸体。这时县令正好不在，代理县令钱某就带人去验尸。检验的结果，死者不是他杀，所以钱某就命令把尸体掩埋，了结此案。

回到府衙，刑房书吏送上八贯钱，说是"常例钱"。钱某也知道这个规矩，一定是发现尸体现场附近的某位房主交的,就收下了。不过他看到穿钱的绳子有点特别,一般穿钱的是麻绳,可是这几串钱却是用红绳穿起来的。钱某感到奇怪,就问书吏。书吏说,这家房主太穷,拿不出常例钱,只好把女儿卖给别人做妾,得了24贯钱,因为是"喜钱",所以就用红绳穿钱。

钱某动了恻隐之心,下令把买妾的那个人叫来,对他说:"我逼别人卖女儿得了这笔钱,这是不仁;你乘人之危买人家的女儿做妾,这是不义。不仁不义的事情咱们不能做,我决不要这笔钱,你也赶紧把那女孩送回去。"那人答应了。

钱某又叫房主把钱退回去。但是那人却说,剩下的18贯钱已经被衙门里的书吏、衙役用作"差使钱"了。钱某有些震惊,就在衙门里追缴,可是那些书吏、衙役推说已经赌博、喝酒花完了。钱某只有好事做到底,自己掏出18贯钱垫上,替那家房主还了债。

这样借验尸勒索的事,在古代衙门并不少见,所以凌濛初感叹说:"官府动笔判个'简'字,何等容易!道人命事应得的,岂知有此等害人不小的事?"他说的"简",就是尸检的意思。

不过,这样的事,在宋慈那儿肯定不会发生,因为宋慈是一位循吏。宋慈这位循吏,可以说是"断案如神",他都断了哪些案子呢?

宋慈是怎样一位"青天"?

嘉熙三年(1239年),宋慈累迁广东提点刑狱公事。当时,广东的官吏多不奉公守法,司法腐败混乱,有的案子拖了几年也没有结案。宋慈一到任,就着手解决,他"下条约,立期程,阅八月,决辟囚二百余"。宋慈不仅下了公文督促办案,还给了时限,这样用了八个月时间,就处理了两百多个案子。算一算,宋慈是平均一天处理一个案子,真称得上是"神断"了。

他是怎么做到的呢?我们根据刘克庄写的《宋经略墓志铭》总结了一下,大概有三点。第一点是调查现场,验证材料,这是断案的基础。宋代广东的自然条件差,环境恶劣,而宋慈不畏艰苦,"虽恶弱处,所辙迹必至"。连穷乡僻壤也要实地访查,这样得勤奋踏实,是一般官吏做不到的。第二点是听诉清明,决事刚果,这是断案的方式。只有不先入为主,才能认真倾听当事双方的陈述,了解案情的真实情况。而一旦明了案情,就要决事果断,执法如山,才能达到"雪冤禁暴"的目的。第三点是不畏权贵,体恤百姓,这是断案的条件。刘克庄说宋慈"抚善良甚恩,临豪猾甚威"。这一点的关键是以民为本,不过对于宋慈这位循吏来说,倒是不难做到。

其实这三点做起来并不难,只是真正去做的官吏很少而已。宋慈认真做了,于是就成为神断,受到了百姓的拥戴。刘克庄说,当时"属部官吏以至穷闾委巷、深山幽谷之民,咸若有一宋提刑之临其前"。这话意思是说,当时不仅是下属,就连穷乡僻野、深山幽谷的草民都知道宋提刑的大名。刘克庄的话有点吹捧的味道,不过就宋慈的所作所为来看,他应当是深受百姓爱戴的一位"青天大老爷"。

宋慈究竟断了哪些案子呢?刘克庄没有举例。至于宋慈自己写的《洗冤集录》,基本上都是他提炼的那些带有规律性的检验方法与技术。他在总结前人断案经验的时候,删去了具体案例的情节,也没有给我们提供更多的线索,所以这位大宋提刑官究竟断了哪些案子,除了一两件之外,我们就不得而知了。

这样的事情,在别的"清官"身上也有。

例如狄仁杰,这位中国历史上真实版的"第一清官"。《旧唐书》记载:"仪凤中为大理丞,周岁断滞狱一万七千人,无冤诉者。"一年断了一万七千人的案子,即便狄大人没有节假日,平均每天就是接近五十人,居然没有一人喊冤,可谓"神断"。至于他是怎么断案的,因为史书没有记载,我们就不知道了。

而传说中的"第一清官"包拯,他是怎么断案的?《宋史》只记载了他的一件案子。

包拯到天长任知县。有个农民哭着到县衙告状,说有坏人割了他家牛的舌头,请求捉拿罪犯,给他申冤。包拯详细询问之后,认为这是一件仇人报复案件。可是谁是罪犯,怎么抓住罪犯呢?包拯经过一番思考,想出一个"金钩钓鱼计",他对告状的农民说:"牛舌被割,这头牛必死,你回去杀掉卖肉赚钱吧。只是不要声张,更不能说是本县叫你杀的牛,这样案子就能破了。"

那农民一听,吓了一跳,说:"包大人,牛舌虽无,但还未死。杀耕牛可是违法的。"

包拯说:"本县给你做主。"

那农民只得回家杀牛卖肉。

果然包拯神算。罪犯见到农民宰杀耕牛,认为有机可乘,立即就到县衙告状了。

包拯升堂,一拍惊堂木,怒喝道:"大胆狂徒,为何先割牛舌,又来告人家私宰耕牛?如此可恶,还不从实招来。"

罪犯一听,以为事情败露,十分惊恐,又怕刑杖之苦,只好招供认罪。

这是包青天所破的,有据可查的唯一一件真实的案子。

而宋慈呢,他正史无传,所断案件则更是无从稽考,我们现代人只能是慨然而叹了。

这一讲,我们介绍了宋慈所任的"提刑"这一官职。宋慈曾经四任提刑,"雪冤禁暴",是为百姓称颂的"青天大老爷"。那么,宋慈是怎么写《洗冤集录》的呢?

请看下一讲"著述集录"。

古案辨讲

检胸立案

广右有凶徒谋死小童,行而夺其所赍。发觉,距行凶日已远。囚已招伏:"打夺就推入水中"。尉司打捞已得尸于下流,肉已溃尽,仅留骸骨,不可辨验,终未免疑其假合,未敢处断。后因阅案卷,见初验体究官缴到血属所供,称其弟元是龟胸而矮小。遂差官复验,其胸果然,方敢定刑。

【按语】

龟胸,俗称鸡胸,是佝偻病的一种表现,往往是由于缺乏维生素 D 而引起的。它的特点是胸骨突起如龟背或鸡胸;肋骨和肋软骨交界的地方肿大,宛如串珠状,两侧的串珠可压迫其下面的肺脏,从而使肺受压而出现萎缩、下陷。这种胸廓与常人不同,容易加以区别。

本案罪犯招供"打夺就推入水中",尉司只打捞起一副骸骨。但未敢贸然断定骸骨即是被害小童,而是"疑其假合",直到发现死者亲属曾供称被害人是"龟胸",经检验该尸确是龟胸时,才结案定罪。古代法医的这种认真负责的精神是难能可贵的。

冒尸顶替

昔有叔侄两人私争,侄仆因被叔赶打后,侄深藏其仆,却诬叔以赶逐落水致死,发觉于官。无尸可验,其仆右手原有六指,适江流中有死尸,右手亦六指,遂认为己仆,官亦凭此检验,却有伤痕。叔无以自明,在狱诬服。将出案间,叔之家人偶探知侄所藏原仆处所,侄亦知叔家知之,遂又将所藏之仆置之水中,后叔家人闻官,侄竟服罪。

【按语】

宋慈在《洗冤集录》的序文中,开首就指出:"狱事莫重于大辟,大辟莫重于初情,初情莫重于检验。盖死生出入之权舆,直枉屈伸之机括,于是乎决法中。所以通差令佐理掾者,谨之至也。"尸体的检验是人命案件现场勘查的重要组成部分,是刑事案件立案的主要客体,是一件需要慎之又慎的事情,切不可委派那些轻率不负责任的人员办理。本案中叔的"在狱诬服",全因验尸官员的草率,张冠李戴,将江流中的死尸误认为侄仆之尸,并"凭此检验",拟草草定案所致。要不是后来发现仆人并未死亡,叔真是"无以自明"了。

殴前缢后

乾隆三十一年,湖南安仁县邓步青,报伊妹曹邓氏被夫曹泽金打伤身死。曹泽金以邓氏系被伊斥骂自缢。据件作陈贤验得邓氏咽喉无缢痕致命,左乳有棒伤,脑后有木器伤,左后肋有棒伤,实系殴毙。曹泽金旋认旋翻。嗣据后任会同委员检得邓氏尸骨,上下牙齿,左右手腕骨、十指尖骨俱赤色,系自缢血瘀;左右耳根八字痕不现,系用阔布自缢,故无痕迹;左胑肘骨一伤青紫色,斜长一寸三分,宽三分;均系木器伤,余无别故,委系殴后自缢身死。诘之原件作,自认因左乳、脑后发变,误认为伤。经巡抚奏明另办,并参前安仁县革职。

【按语】

在我国封建社会,官吏视平民百姓往往如同草芥,民间出了人命案,官吏常交给一些新入选的、毫无实际经验的人员去处理,结果常常出差错,造成冤狱。本案中的件作陈贤就是一个缺乏经验的检验人员,他竟将尸体死后变化的部位误认为伤,因而做出了错误的结论,而原县令又不亲赴现场验看,全凭陈贤的报告草草具狱。后任县令较认真,他不仅亲到现场,而且还特地委派有经验的检验人员同去复查,终于使案情水落石出。

作出邓氏是被殴打后自缢的判断,是基于弄清了死者是用阔布自缢的,同时验明了尸骨上有几处血瘀,为自缢找到了佐证。

缢死或勒死的尸体牙齿变红,但死者牙齿为何会变红,尚未完全明了,可能由于缢死者的颈静脉压闭,而颈部的颈动脉和椎动脉压闭不全,引起头部血管高度充血,出现瘀血,血液流进齿髓或红细胞渗入牙质小管所致。至于邓氏的两手腕骨及十指尖骨出现红色(即骨荫),可能是因缢后悬空,血液堕积于上下肢,造成上下肢瘀血,渗入腕骨和十指尖骨之故。

误报骨损

乾隆四十八年,浙江富阳县民何盛荣妻蒋氏,被何加凤推跌。原验尾蛆骨活动。覆检妇人缀脊处不似男子有凹有尖瓣钳住,实因脊缀平直,从外撅捏,骨尖活动,误报损伤。

【按语】

尾骨,是由四至五块退化的尾椎连结或愈合而成的。男女的尾骨是不同的。男子的尾骨向前弯曲较固定;女子则平直,又因生育等生理特点,是活动的,有利于顺利分娩胎儿。一些缺乏经验的检验人员,往往因不了解男女尾骨的特点而误认骨损。本案即是一例。

凶器比对

道光五年,山东省荷泽县兵役马得山等赴直隶东明县缉匪,扎伤民人李庚身死一案;原验该尸两眼脆闭,口微开,致命肚腹扎伤三处,又相连扎伤二处。经东明县以被扎身死报案。东抚叠提兵役研讯,佥称李庚实系自戕毙命,与东明县原报两歧。复委员会同开验尸身,稍有发变,两胳膊软,可弯曲,余与原验相符。该委员等以李庚肚腹连受伤较多,两手自应护痛,今两手无伤,似非被扎,且眼闭口开,胳膊软而弯曲,与《洗冤集录》自戕情形吻合,执定自戕无疑。嗣东明县复案,请改委复讯。饬取李庚自戕凶刀比对,图注伤口均不符合,查图注肚腹两伤俱上尖下圆,直长相并;查验起获兵役名器械,惟马得山所执之二齿铁钩,比较图注两伤分寸,毫发无遗。究出李庚实被马得山致伤殒命,拟议奏结。此案两胳膊软而可弯曲,想因死逾两月,春气发动所致,惟两眼闭系是自戕情形,设非查出铁钩两伤,几度漏网甚矣!相验之不可不详审也。

【按语】

《洗冤集录·检验总论》云:"……至受伤已死人命,更须即日相验,尸未变动腐烂,伤之轻重分寸,易于执定填格。迟久尸溃肉化,恐防捏假湎真。此人命之第一关键也。"本案中开始验尸时,是被害人刚死不久。"尸未变动腐烂",说明检验结论是正确的。第二次检验时,尸身已"稍有发变,两胳膊软,可弯曲",而得出"自戕无疑"的错误结论。最后以凶器和伤口比对,才否定了自杀的错误结论,因死者肚腹处两个伤口都是上尖下圆,即内口尖、外口圆,这两个伤口,查明是二齿铁钩所伤,才使真凶伏法。这个案例,说明凶器与伤口比对的重要,不能等闲视之。这对现代检验刀伤案件也有参考价值。

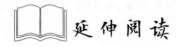 延伸阅读

一、漫话保甲制度

　　自古以来,华夏都以农耕文明为主导,因此,农民群体占据了人口绝大多数。乡村的治理是社会治理的基础。但是自从西周诸侯分封开始,天下的概念广为流传,再加上"皇权不下县"的光荣传统,那么该如何统治和管理占人口绝大多数的农民阶层呢?

　　在历史的传承中,保甲制度功不可没。如果不局限于"保甲"二字而就其实质内容来说,这个制度至少可以追溯到春秋战国时期。一直到20世纪前半叶,南京国民政府时期以及日本侵占下的华北、东北、台湾,仍在实施保甲制度。

　　保甲制度持续时间之长,世所罕见。保甲制度是中国封建王朝时代长期延续的一种社会统治手段,它的最本质特征是以"户"(家庭)为社会组织的基本单位。

　　下面探讨一下这个制度产生的背景原因。

　　最初国家与乡村之间是相互隔离开的,例如国家想要清点国内的人口户数,如果像现代人口普查一样,挨家挨户敲门填表,这对于当时的社会来说成本太高。对于各地方官来说,最有效的方式是联系各个部族或者村落的负责人,让他们报个具体数字,然后地方官再报告给上级。

　　商鞅变法规定:五家为伍,设伍长,十家为什,设什长;什伍之内,实行连坐。

　　到了秦朝,推行的郡县制构成了乡村的基本管理模式,乡村的组织开始成建制化,《汉书·百官公卿表》中云:"大率十里一亭,亭有亭长,十亭一乡,乡有三老"。

　　汉魏继承了商鞅的什伍制度。《后汉书·百官志》记载:"里有里魁,民有什伍,善恶以告"。汉代《户律》规定:"自大夫以下,比地为伍,以辨券为信。居处相察,出入相司。有为盗贼及亡者,辄谒吏、典"。政府以法律的形式明确规定同什伍之家严禁窝藏罪犯,承担互相监视并自觉告发的治安责任,知情不报,则会受到严厉制裁。

　　隋朝(581年—618年)建立伊始,其乡村治理制度是族、闾、保三级制。《隋书·食货志》载:"颁新令,制人五家为保,保有长。保五为闾,闾四为族,皆有正。畿外置里正,比闾正,党

长比族正,以相检察焉。"这是第一次以"保"来命名基层组织。唐代在隋保闾族的基础上,制定了"伍保制"。规定:四家为邻,五邻为保,保有长,以相禁约;保内成年男丁都有防范盗贼、报告奸宄的责任,否则施以连坐。

从商鞅的什伍制度到唐代的伍保制,一个总的特点就是:统治者通过编制户籍和实施连坐,将治安责任交于基层民众。这与王安石所创建的保甲制度,实质上没有区别,无保甲之名,而有保甲之实。

到了宋朝时,王安石推行变法,建立了保甲制度。宋神宗熙宁三年(1070年),诏令:中书言,司农寺定畿县保甲条制:"凡十家为一保,选主户有才干、心力者一人为保长;五十家为一大保,选主户最有心力及物产最高者一人为大保长;十大保为一都保,仍选主户有行止、材勇为众所伏者二人为都、副保正。"

那么,王安石推行保甲法的目的是什么呢?

"今所以为保甲,足以除盗。然非特除盗也,固可渐习其为兵,既人人能射,又为旗鼓,变其耳目,(且)与约免税上番,代巡检下兵士。又今都、副保正能捕贼者奖之,或使为官,则人竞劝。然后使与募兵相参,则可以消募兵骄志,省养兵财费。事渐可以复古,此宗庙长久计,非小事也"。由此可知,王安石推行保甲法的主要目的有三个:一是"除盗",二是"与募兵相参",部分恢复征兵制,三是"省养兵财费"。

另外,保甲法规定一系列烦苛的制度,依靠当保正和保长的乡村上户,以加强基层政权的镇压职能,强迫农民充当保丁,保护地主的财产免遭"寇劫"保正和保长可因"捕贼"而受奖,甚至做官,而农民却因此增加很多负担。如在开封陈留县,官府强迫保丁买弓箭,"无者有刑","买弓一张至千五百,箭十只六、七百","穷下客丁如何出办",另有"筑射垛""起铺屋""置鼓"等种种烦费。

保甲制度与连坐制在古代是相辅相成的。

连坐制始于周朝,主要是指因他人犯罪而使与犯罪者有一定关系的人连带受刑的制度,直到清末法律变革运动才废除。由于实行暴虐的连坐法,正如苏轼诗中所描绘的那样:追胥连保罪及孥,百日愁叹一日娱。

宋代有很多描述保甲的诗句。如宋代苏辙写的《送排保甲陈佑甫》:

> 我生本西南,为学慕齐鲁。
> 从事东诸侯,结绶济南府。
> 谁言到官舍,旱气裂后土。
> 饥馑费困仓,剽夺惊桴鼓。
> 缅焉礼义邦,忧作流亡聚。

> 君来正此时,王事最勤苦。
> 驱驰黄尘中,劝说野田父。
> 穰穰百万家,一一连什伍。
> 政令当及期,田间贵安堵。
> 归乘忽言西,劬劳共谁语。

到了元明时期,保甲制被进一步发扬光大,王阳明甚至创造了"十家牌法",十家牌法规定每十家为一牌,牌上注明各家的丁口、籍贯、职业,轮流巡查。一家隐匿盗贼,其余九家连坐。如有人口变动,需向官府申报,不然被认定为"黑户"。通过细密的规则使保甲制度逐渐走向成熟和完善。

清朝中后期,保甲制逐渐衰落,百姓实际上生活在水深火热之中,他们从心底里反感抗拒在这种体制下,府衙官吏奉行无力,从而产生的一系列勒索威胁的生活状态。

民国成立之初,由于受西方以个人为社会组织单位的政治观的影响,废弃了保甲制度。但地方实力派在自己所控制的地区内,仍实行着相类似的制度,如广东的"牌、甲制",广西的"村、甲制"、云南的"团、甲制",北方不少省份的"闾、邻制"等。南京国民政府成立后,在《县组织法》中规定区以下每百户为乡(镇),乡镇以下每25户为闾,闾以下每5户为邻。

抗战期间,在华北沦陷区"治安强化运动"中也曾经广泛实行,系宋代以后封建旧制。1932年8月蒋介石颁布《剿匪区内各县编查保甲户口条例》后,正式开始在豫鄂皖三省红军革命根据地周围地区施行。后来先后扩大到陕西、江苏、甘肃、宁夏、湖南、绥远、福建、浙江、山东、江西、四川等地及北平(今北京)、南京。1937年2月由公布修正《保甲条例》,推行全国。

抗战时期,冯玉祥居住在重庆市郊的歌乐山,当地多为高级军政长官的住宅,普通老百姓不敢担任保长,遂自荐当了保长。因他热心服务,颇得居民好评。

有一天,某部队一连士兵进驻该地,连长来找保长办官差,借用民房,借桌椅用具,因不满意而横加指责。

保长身穿蓝粗布裤褂,头上缠一块白布,这是四川农民的标准装束,他见连长发火,便弯腰深深一鞠躬,道:"大人,辛苦了!这个地方住了许多当官的,差事实在不好办,临时驻防,将就一点就是了。"

连长一听,大怒道:"要你来教训我!你这个保长架子可不小!"

保长微笑回答:"不敢,我从前也当过兵,从来不愿打扰老百姓。"

连长问:"你还干过什么?"

保长答:"排长、连长也干过,营长、团长也干过。"

那位连长起立,略显客气地说:"你还干过什么?"

冯不慌不忙,仍然微笑说:"师长、军长也干过,还干过几天总司令。"

连长细看这个大块头,突然如梦初醒,双脚一并:"你是冯副委员长?部下该死,请副委员长处分!"

冯玉祥再一鞠躬:"大人请坐!在军委会我是副委员长,在这里我是保长,理应侍候大人。"几句话说得这位连长诚惶诚恐无地自容,匆匆退出。

直到,保甲制度才相继废除。

但是保甲文化还是能体现在一些地方,比如孔城老街。孔城老街坐落于安徽省桐城市孔城镇境内,距桐城市市区12千米,已有1800多年历史。明清期,孔城老街作为连接巢湖地区和长江地区的重要水运码头,日益繁荣,太平天国时期,孔城遭到破坏,但不久即恢复,现有老街即太平天国以后建设的。老街绵延数里,分为十甲。每甲之间有闸门隔挡。孔城老街不仅是江北地区保存最完整的一条老街,其规模也是首屈一指。孔城老街绵延数里,格局非常特别,是保甲文化的活化石。

甲首先是区域概念,即一个地域范围的意思,每甲相对独立,具备防御功能,夜晚栅门紧闭,互不通行,是一个独立的城堡。其次是功能概念,每甲有每甲的独特功能,这在全国老街中实属罕见。例如一甲是传统手工艺,二甲是布匹、药材经营,三甲是书院文化、商贾大户,四甲是政治、经济中心,五甲是小吃、京货,六甲是米行、酒坊,七甲是柴市、猪集,八甲是鱼行、菜市,九甲是茶楼、货运(九甲东头就是码头,为挑夫通道),十甲是客栈、旅馆。

二、大理寺

大理寺是古代重要的一个官署名,专门负责刑狱案件的审理,它相当于现在的最高人民法院,是全国最高的法律机构。

大理寺在我国古代,早在秦汉时期就已经有了。那个时候,被称之为廷尉,审核各地刑狱重案。长官名为大理寺卿,位九卿之列。九卿通常指都察院、大理寺、太常寺、光禄寺、鸿胪寺、太仆寺、通政使司、宗人府、銮仪卫的长官。

那么,大理寺在古代官职体系中居于何种地位呢?

就拿最初的秦汉来说,众所周知,秦汉时期,朝廷实行"三公九卿制",其中三公的官署称为"府",九卿的官署称为"寺",因而有"三府九寺之称",三府把握大政方针,九寺则分管具体事务,级别相当于今天的国家部委。某些情况下,"府"和"寺"也是可以并称的,如汉代的御史府,又称御史大夫寺。在秦汉,皇帝之下是"三公",即太尉,丞相和御史大夫。"三公"之下是"九卿"。

秦汉为廷尉,北齐为大理寺,历代因之,唐代为九寺之一,九寺也就是九卿之官署。明清时期与刑部、都察院并称为"三法司"。清末新政改称为大理院,民国初年北洋军阀政府亦袭此名,为当时的最高审判机关。

那么大理寺这个名称从何而来呢?

很多时候,人们听到"寺",就知道这肯定是寺庙,比如少林寺,白马寺等,而这些地方一般住的都是和尚,供奉的也是各种佛陀菩萨。然而,古代最高法律机构叫"大理寺",难道审案子的都是和尚吗?

其实不然,在汉景帝时期专门成立了一个部门,名叫"大理","理"为中国古代对法官的称呼。到了北齐的时候,将这个部门改名为"大理寺",至于为什么叫大理寺,在《汉书·元帝纪》中:"凡府廷所在,皆谓之寺"。"寺"在古代并不单指寺庙,还有一些国家机构的称呼,如鸿胪寺、太常寺等。

说到这里,为何称为大理寺也就不言而喻了。

另外,大理寺还是古代"三司会审"的重要机构。

何为"三司会审"?"三司会审"其实是中国古代的一种审判制度,是中国古代三个主要的中央司法机关。源于战国时期的太尉、司空、司徒三法官,后世也称三法司。汉代的三法司是廷尉、御史中丞和司隶校尉;唐代以刑部尚书、御史大夫、大理寺评事为三司使;明清两代以刑部、大理寺、都察院为三法司。

作为中国戏曲中广为流传的剧目之一,《玉堂春》也展现了三司会审的文化底蕴。

在《玉堂春》话本中,苏三与王金龙的故事令人唏嘘,二人一见钟情。但在封建社会,苏三被卖身与妓院,王金龙身为官宦子弟,二人地位天差地别,他们的爱情为世俗所不容。但王金龙不畏世俗眼光,毅然与苏三相爱。不过在妓院老鸨的诈骗下,王金龙为与苏三相聚而散尽家财,甚至被老鸨赶出门外,苏三不忍相爱之人如此落魄,便私授王金龙钱财,助其返回南京并誓言不再从人。但不久苏三就被卖给了洪洞马贩沈燕林做妾。沈燕林长期经商在外,其妻皮氏与邻里赵昂私通设计毒害沈燕林,嫁祸于苏三。

在案件审理过程中,赵昂以一千两白银贿赂知县,对苏三进行严刑逼供,最终屈打成招,判处死刑。而后解差崇公道提解苏三自洪洞去太原复审,就有了《苏三起解》的感人情节。话本中苏三的故事终以大团圆结局,王金龙回到老家后发奋读书,两次进京考中进士,被朝廷封为山西巡按,探知苏三冤情之后,三堂会审,终使冤案得以昭雪,有情人终成眷属。

历史上著名的"乌台诗案"曾经也经由大理寺审判。

"乌台诗案"发生于元丰二年（1079年），时御史何正臣上表弹劾苏轼，奏苏轼移知湖州到任后谢恩的上表中，用语暗藏讥刺朝政，御史李定也曾指出苏轼四大可废之罪。

这案件先由监察御史告发，后在御史台狱受审。所谓"乌台"，即御史台，因官署内遍植柏树，又称"柏台"。柏树上常有乌鸦栖息筑巢，乃称乌台。所以此案称为"乌台诗案"。

诗案在审判过程中经历了四个环节，御史台审讯，大理寺初判，御史台反对大理寺，审刑院支持大理寺。有关大理寺的判词，《续资治通鉴长编》则将其要点概括为："当徒二年，会赦当原。"换言之，大理寺官员通过检法程序，判定苏轼所犯的罪应该得到"徒二年"的惩罚，但因目前朝廷发出的"赦令"，他的罪应被赦免，那也就不必惩罚。

大理寺在中国古代对于维护皇权起到重要作用，同时对中国法制的发展有着举足轻重的影响。

三、古代的火葬

火葬，即用火焚化死人遗体，将骨灰装入容器，然后埋葬或保存，是古代葬法之一。早在春秋战国时期我国某些地区就有火葬习俗。

中国"火葬"之俗，最早见于《墨子·节葬》篇："秦之西义渠国者，其亲戚死，聚柴薪而焚之"。焚后又如何？未说。可由1982年，宁县城南山一出土的文物作补充：一农户修庄园，挖出大小不等的许多陶罐，皆装有半罐骨灰。陶罐纵横排列有序，像当今"神主厅"牌位的样子。这便是周代以前义渠人的葬俗。

那么，火葬是怎样流传下去的呢？佛教在其中也发挥了不小的作用。

在东汉初年的时候，佛教传入中国，依照教规，和尚死了是要火葬的，佛教称火葬为"荼毗"。南梁僧人慧皎所撰的《高僧传》中，就有佛教僧人焚身的记载。

后来，实行火葬已经不限于和尚这个范围了，逐步扩大至民间，甚至皇室成员也有火葬的。据《新五代史》第十七卷记载："儿皇帝"石敬瑭建立的后晋王朝灭亡后，他的老婆李氏和儿子出帝都当了契丹的俘虏，被迁到建州软禁起来，李氏病死，出帝只好"焚其骨，穿地而葬焉"。

到了宋朝和元朝时期，实行火葬的人就更多了，地域也更加广泛了。很多地方出现了专门的焚烧尸体的场所，名曰化人亭、焚化院等。尸体火化有其独特的形式，从文献记载来看，一些富裕人家在为亲人焚尸时，通常要"具威仪"，请僧道两教做水陆道场，念经超度，为死者祈福，以助其超度往生。

具体的仪式通过下面两则史料应该可窥一斑。

《马可波罗行纪》记载了杭州城富人火化的过程:

富贵人死,一切亲属男女,皆衣粗服,随遗体赴焚尸之所。行时作乐,高声祷告偶像,及至,掷不少纸绘之仆婢、马驼、金银、布帛于火焚之。彼等自信以为用此方法,死者在彼世可获人畜、金银、绸绢。焚尸既毕,复作乐,诸人皆唱言,死者灵魂受偶像接待,重生彼世。

元人熊梦祥《析津志》载:

城市人家不祠祖祢,但有丧孝,请僧诵经,喧鼓钹彻宵。买到棺木,不令入丧家,止于门檐下。候一二日即舁尸出,就檐下入棺。抬上丧车,即孝子扶辕,亲属友人挽送而去,至门外某寺中。孝子家眷止就寺中少坐,一从丧夫烧毁。寺中亲戚饮酒食肉,尽礼而去。烧毕,或收骨而葬于累累之侧者不一。孝子归家,一哭而止。家中亦不立神主。若望东烧,则以水、泗饭望东洒之;望西烧,亦如上法。初一、月半,洒酒饭于黄昏之后。

上面提到火化的地点以及具体仪式,那么,尸体火化后,骨灰该如何处理呢?

一般的处理方式通常有三种。第一种是将骨灰放到陶罐或木盒,然后葬入地下,这种处理骨灰的方式往往为富人所采用;第二种是将骨灰存在寺院或者漏泽园中,也有存放于家中,以便随时祭拜,选择此类处理方式的丧家通常是一般的家庭;第三种是将骨灰丢弃在荒野中或者撒入水中,这种处理骨灰的方式多为极度贫困之家所采用。

除了上述佛教传入中国后对火葬的推广起到一定的作用以外,火葬在中国古代为什么会如此盛行呢?

这是因为火葬有它独特的优势。

主要原因有三个:首先是人多地狭。根据《宋史·礼志》的记载,河东(今天的山西地区)因"地狭人众,虽至亲之丧,悉皆焚弃。"其次是卫生。如景定年间,建安"谢六解妻周氏,六月无疾暴亡"。当时正值酷暑盛夏,如果定要土葬,势必旷日持久,尸体将臭不可闻。于是,"其家谓死非其时,是晚便行火厝",水乡气候潮湿,疾病易于流传。还有一点是节俭。火葬被宋人称为"省便之计",人们"以火化为便"。当时人"避于葬费而焚弃"。

另外,由于封建统治者的禁止,火葬在明朝、清朝逐渐衰落,但也从未绝迹。

在深刻反映封建王朝末世之象的著名古典小说《红楼梦》中就有"心比天高,命比纸薄"的丫头晴雯,当她被逐出大观园,含恨而死之后,王夫人闻信传命:"即刻送到外头焚化罢了。"

那么,为什么统治者要严禁火葬呢?

其实在古代,一开始是土葬居多,土葬起源于原始社会,那时就有这个风俗,例如半坡文明,还有后来的夏,殷等朝代都是采用土葬。汉族土葬有几千年的历史,古时讲究入土为安,因《周礼》规定"众生必死,死必归土",厚葬才是孝顺。另外,古代主流思想代表儒家伦理思想也是向来主张厚葬的,而且认为自己的身体发肤,受之父母,不敢毁伤。

因此,封建统治者为了维护儒家伦理观念,是反对火葬的。例如,《大清律》后来规定:"其从尊长遗言,将尸体烧化或置水中,杖一百";"若私自火葬或水葬父母,按杀人罪论死刑";"旗人、蒙古丧葬,概不许火化"。

然而,无论古代的统治阶级如何看待火葬,这一趋势都是不可逆转的。直至现在国家出台的殡葬条例及相关文化倡导火化。大清最后一位皇帝溥仪的遗体也是依据中华人民共和国的有关法规火化,骨灰安放在北京八宝山革命公墓。

思考题

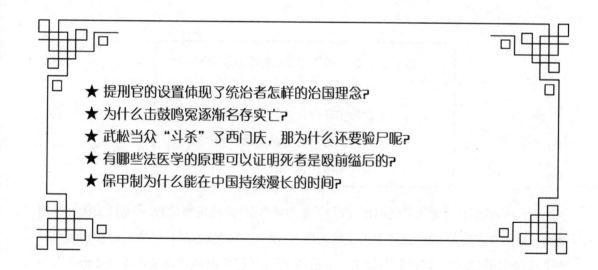

★ 提刑官的设置体现了统治者怎样的治国理念?
★ 为什么击鼓鸣冤逐渐名存实亡?
★ 武松当众"斗杀"了西门庆,那为什么还要验尸呢?
★ 有哪些法医学的原理可以证明死者是殴前缢后的?
★ 保甲制为什么能在中国持续漫长的时间?

第四讲　著述集录

> 提要：宋慈是怎么著述《洗冤集录》的？
> 神断究竟是怎么回事？
> 古代官府为什么会刑讯逼供？
> 古代官吏是怎么使用物证的？
> 宋慈要洗什么"冤"？

上一讲，我们在介绍宋慈的时候，说到了他为什么要写《洗冤集录》。宋朝廷委派一些刚刚通过科举考试的人为官，这些人由于埋头读书，没有实际经验，所以办案的时候感到无从下手，加上仵作"欺伪"，以致冤案累累。于是，宋慈花了三年时间，"博采近世所传诸书"，写了一本办案大全，给同僚们作为参考。

宋慈究竟是怎么写这本书的呢？

宋慈是怎么著述《洗冤集录》的？

宋慈在《洗冤集录》的序言里，说了这样一段话："每念狱情之失，多起于发端之差；定验之误，皆原于历试之浅。遂博采近世所传诸书，自《内恕录》以下，凡数家，会而粹之，厘而正之，增以己见，总为一编，名曰《洗冤集录》。"

这段话讲了三层意思。第一层意思是宋慈写书的目的。他在断案的实践中感到，如果案情有误，大多是在办案初期就出了差错；如果判断失误，大多是因为官员们办案经验太少。这样的话，这些官员们就需要一本好的办案指导用书。第二层意思是说宋慈怎么写书的。他汇集了当时比较流行的一些书籍，考订校正，然后再融入自己的见解，汇编而成。第三层意思是讲书名的由来。宋慈写的这本书，他自己定了一个名字，叫《洗冤集录》。这表明宋慈是尊重知识产权的，他的书里辑录了不少古籍，他一定要把这个事情说清楚，这既是自己严谨的态度，也是对古人劳动成果的尊重。

受电视剧的影响，很多人认为宋慈写书是受到了他父亲宋巩的影响，实际上这是一种误解。

宋慈的祖上，大概是因为唐末五代的动乱，由河北的邢州迁到了浙江睦州一带。后来，他的一位叫宋世卿的先人，担任了建阳县丞，宋氏一族才开始定居建阳。

宋慈的父亲宋巩很有才，20岁就考上了进士，后来做了广州节度推官。节度推官掌管刑狱，大致相当于现在中级人民法院院长。宋巩对儿子宋慈的人生道路是否产生了某些微妙的影响呢？

其实，真实情况并不是这样。

宋巩73岁的时候，逝于节度推官的任上。他勤于政事，可能还写了一点判案心得，不过这对宋慈倒没有什么影响。因为古代的官吏，其职务一般是变动的。宋巩就是先当承事郎的散官，后来才升职为节度推官的。而宋慈也是先当了江西信丰县的主簿，然后一级一级升到提刑官。晚年的宋慈，又升为广东经略安抚使，主管一路军政、民政，从断案转为抓全面工作。所以，父子俩在职场中的一点巧合，并没有影响到宋慈，也没有什么承继关系。

如果宋巩真的写了一点断案心得，那么对宋慈写《洗冤集录》肯定是会有影响的，不过，宋慈在《洗冤集录》的序言中并没有提及此事。在古代，人们对"家传之学"很重视，如果是家学，后辈一定会在书中写清楚，以表达对长者的尊崇。因此我们可以断定，宋慈写《洗冤集录》和他的父亲没有什么关系。

宋慈都集录了哪些古籍呢？

宋慈在序言中提到了《内恕录》，这可能是他写作《洗冤集录》的主要参考书。这本书应该是世界上最早的法医学著作，不过现在已经亡佚了，谁写的、内容怎样，我们都不大清楚了。

那么，宋慈还有没有参考其他书籍呢？

据现在的研究，当时比较流行而且流传到现在的有三本书：《疑狱集》《折狱龟鉴》和《棠阴比事》。这三本书宋慈在写作的时候，都进行了"会粹"和"厘正"。

《疑狱集》是五代后晋和凝、和㠓父子俩写的，他们选取了汉至五代疑难案例一百余篇,然后逐一分析,汇编而成。这是我国现存最早的案例选编,其中就有一些司法检验方面的经验介绍。到了南宋初年,一个叫郑克的人以《疑狱集》的全部案例为基础,逐条增补,然后分类整理,汇编成《折狱龟鉴》一书。这本书对后世的影响很大,宋慈在写书的时候多有借鉴。

我们可以举个例子。《疑狱集》写了一个案子叫"张举烧猪",《折狱龟鉴》对这个案子进行了法医分析。

案情是这样的:一次,有人报案说,一个女人谋杀了她的丈夫。但这个女人却说,丈夫是在家被火烧死的。女人言之凿凿,但是县令张举就很怀疑。他叫人弄来两只猪,杀死其中一只,然后让人把两只猪都扔进火里。等到火灭了,他让人掰开猪嘴,发现被杀死的猪,嘴中没有烟灰;而被烧死的猪,嘴中却有烟灰。《折狱龟鉴》分析说,这是因为活猪在火中挣扎,所以嘴里就吸进了烟灰。张举让人检查死者的嘴,口中并无烟灰,因此断定死者是先被杀,然后才被扔进火中的。

宋慈在集录这个案子的时候,还加上了自己的经验:"凡生前被火烧死者,其尸口、鼻内有烟灰,两手脚皆拳缩。缘其人未死前,被火逼奔争,口开气脉往来,故呼吸烟灰入口鼻内。若死后烧者,其人虽手、足拳缩,口内即无烟灰。若不烧着两肘骨及膝骨,手、脚亦不拳缩。"宋慈说,如果死者是被火烧死的,不仅口中有烟灰,他还会因为挣扎,手脚蜷曲;而死后被烧的,则没有这种情况。

《棠阴比事》是南宋一个叫桂万荣的人写的,刊于1213年,据宋慈第一次担任提刑官之职26年。这本书的书名现在的人不容易理解。"棠阴"就是"甘棠树荫"的意思,这是一个典故,取自《诗经·召南·甘棠》,原诗是这样的:

> 蔽芾甘棠,勿翦勿伐,召伯所茇。
> 蔽芾甘棠,勿翦勿败,召伯所憩。
> 蔽芾甘棠,勿翦勿拜,召伯所说。

这首诗一咏三叹,感情真挚,表达了百姓的感激之情。原来周武王的弟弟召公奭南巡,他所到之处不占用民房,只在甘棠树下停车驻马、听讼决狱、搭棚过夜。召公逝后,人们就吟诵这首诗来怀念他。"比"的意思是"参照""借鉴"。"棠阴比事"的意思是说,为官吏们提供一些可以借鉴、参照的事例,让他们可以推行德政、泽被万民。

这本书的内容,主要还是来自《疑狱集》和《折狱龟鉴》。例如,书中记录了这样一个案子。

王臻是宋仁宗年间的名臣,他在任福州知府的时候,碰到一个人命案子。王臻觉得死者的伤不是在致命的部位，就问："这样的伤能致死吗？"属下回答说："这种伤不会很重，也不可能致命。"王臻心中有数了，就讯问死者的家属，得到了实情。原来死者想要向伤人者寻仇，就先吃了野葛然后和他争斗。在打斗中，死者毒发身死，看起来就像是被打死的一样。家属趁机诬告，想要致伤人者死地。这起著名的自杀诬人案，如果不是王臻有点法医知识，觉得死者伤情有疑点，差点被蒙骗。

宋慈在写《洗冤集录》的时候，也注意到了当时福建人的这种自杀诬人的风俗，还把野葛这种毒药的性状写进书中，提示读者注意。那么，服食野葛后死的人是什么样子？宋慈说："砒霜、野葛毒，得一伏时，遍身发小疱，作青黑色，眼睛耸出，舌上生小刺疱绽出，口唇破裂，两耳胀大，腹肚膨胀，粪门胀绽，十指甲青黑。"这段话的意思是说，服食野葛后，一顿饭工夫就会毒发身亡。死者全身上下出现许多小疱，尸体呈青黑色，眼睛突出，舌上有小刺疱、绽裂，口唇裂开，两耳肿大，腹部膨胀，肛门胀裂，指甲呈青黑色。这么看来，死者的体表特征还是比较明显的。所以读了《洗冤集录》，再有人想服食野葛自杀诬人可就没那么容易了。

牛顿说过这样一句话："如果说我比别人看得更远些，那是因为我站在了巨人的肩上。"这话对宋慈同样适用，他是因为总结了古人长期积累下来的法医经验，再加以创新，才成为"法医鼻祖"的。

宋慈把书名定为"洗冤"也是有讲究的。

"洗"者，洗雪之义。宋朝在诉讼程序上有一种"理雪"制度，也就是被告不服，允许申诉，由上一级官府进行审理。如果案件真的有错误，被纠正了，对于被告来说，这就叫"洗冤"了；当然官府复查案件，主动纠正失误，也叫"洗冤"。

宋慈所说的"冤"，也不是简单地指"错误"，而是指"屈枉""冤枉"。这一点在他的序言里讲得很清楚："盖死生出入之权舆，幽枉屈伸之机括，于是乎决。"宋慈认为，法医检验是判断嫌疑人生、死和罪行有无、轻重的开端，是冤屈或伸雪的关键所在。而用好了这本《洗冤集录》，"则其洗冤泽物，当与起死回生同一功用矣"。宋慈甚至把能否洗"冤"，提到可以让嫌疑人起死回生的高度。

宋慈的这个定义很有意义，自他以后，"洗冤"就成为法医检验的符号、代名词了。

《洗冤集录》取得了巨大的成功，在以后的漫长岁月里，这本书成为官府进行法医检验的必备用书。而宋慈所辑录的古籍，除了少数几本，大都亡佚了。这样看来，称为"集录"就没有多大意思了，所以后人有时也把宋慈写的书称为《洗冤录》。特别是到了清朝康熙年间，律例馆（相当于现在的全国人大宪法和法律委员会）把宋慈的书重新编辑校正，定名为《律例馆校正洗冤录》，以国家的名义向全国推广，这就加深了人们认为宋慈写的书叫《洗冤录》的印象。

那么，中国古代为什么会出现这样一本法医学著作呢？

神断究竟是怎么回事？

《洗冤集录》是我们古人探索用科学的手段和方法揭示案情真相的重要成果。

司法所追求的，是社会的公平和正义。其实这一点古人早已认识到了，甚至他们在造"法"这个字的时候，就已经把这个意思表达了出来。法的繁体字写作"灋"，《说文解字》上讲："法，刑也。平之如水，从水。"就是要求法官在处理诉讼案件时，要一碗水端平，主持公道。而要主持公道，首先要对案件的事实进行认定。

但是因为人类自身发展的限制，所以对于古人来说，查明案情真相可不是一件容易的事情。人类是经过漫长的摸索，再借助于科学技术的发展，才具有了现今的认知能力的。这个认知发展过程，我们一般把它划分为神证、人证和物证三个阶段，物证是高级阶段，《洗冤集录》就出现在这个阶段。

什么是"神证"呢？

所谓神证，通俗地讲，就是让"神"来帮助法官认定案件事实。这是生产力水平极为低下的情况下，人类一种无奈的选择。

世界上很多国家都出现过神证，例如古代印度有一部《摩奴法典》，里面就规定了八种神明裁判的方法，其中一种叫"圣谷审"。怎么用"圣谷"来"审"呢？一个案子，如果法官无法查明真相，他就会把当事人带到寺庙里，让他们吃供奉在那里的谷物。当事人吃下谷物后，法官就看他们的反应，如果当事人身体状况良好，就说明他是清白的；反之，就是有罪的。古代印度的人认为，寺庙里供奉谷物是圣物，带有神的意志，因此吃下这种谷物，神就通过当事人的肚子来审判。这种方式其实也有一定的科学道理。因为寺庙里的"圣谷"一般都供奉了很长时间，可能略有变质，吃下去后会令人略感不适；加上古人迷信，理屈的一方会感觉恐惧和不安，这种心理会放大身体的不适，法官借此查明真相。

类似的方法在法国也有。古代法国有一种"面包奶酪审"，法官要求当事人在一定时间内吞下大约一盎司（约28.35克）的大麦面包和同样质量的奶酪，并且不能喝水。如果当事人毫无困难地吞下了，就说明他无罪；如果他吞不下，或者呕吐了，就说明他有罪。大麦面包是粗纤维的，吞咽干奶酪也是很困难的，这都需要口腔分泌唾液。而人在恐惧和不安的情况下，唾液分泌就会减少，会感到口干舌燥，当然也就吃不下这样的面包和奶酪。

还有一种"水审法"。在古巴比伦，法官经过宗教仪式，然后把当事人扔进河里，如果他沉入水中，就说明有罪；如果他浮在水面上，则说明无罪。这个方法有点不靠谱，因为当事人如果会游泳，那他即便理屈，也不会沉下去。

此外，还有火审法、称审法、毒审法、圣水审、热油审、抽签审、动物审，甚至是决斗审，等等。这些"神证"方法，有的在中国古代也曾出现过。不过严格地说，中国古代的神明裁判很不发达，方法上也要少很多。

在中国古代最有名的一种神证方法，是"动物审"。和其他古代国家的动物审不太一样，那些国家选用的动物，多是比较凶猛的，而古代中国所选用的动物则要温顺许多，它是一只"羊"。

这只"羊"长得很奇怪，它只有一只角，但是很神异，能分辨曲直、确认罪犯。法官断案感到有疑惑的时候，就会把这只羊放出来。羊来到当事人面前，如果他有罪，羊就会用那只独角顶他；如果无罪，就不顶他，法官据此断案。法的繁体字"灋"，里包含了"廌"字，《说文解字》上的解释是"古者决讼，令触不直"，指的就是这只羊。

这只羊有一个很奇怪的名字，叫獬豸。它的主人，叫作皋陶。宠物长得怪，主人皋陶长得也挺令人震惊。他的脸是青绿色的，像西瓜一样，嘴也长得像鸟喙一样；当然这只是传说。不过，这种长相在古代是有特殊意义的，它是至诚的象征，表明皋陶能够明白决狱、洞察人情。

传说皋陶在舜的时候被任命为大理官，也就是国家最高司法长官，他创刑、造狱，为后世司法奠定了坚实的基础，因此被称为圣臣。由于他的贡献大、声望高，所以禹曾一度打算把王位禅让给他。不过皋陶可能是因为操劳过度，先于大禹去世，所以没有继承这个王位。

这位大名鼎鼎的"司法之祖"后来成为狱神。据王充的《论衡·是应》记载，至少在东汉的时候，衙门里就供奉皋陶像、装饰獬豸图。古代的狱官上任后的第一件事就是参拜狱神；新关进监狱的人也要参拜狱神，他们被释放的时候还要再拜；甚至死刑犯在临刑前，也要朝拜狱神，然后才被正法。

皋陶制定了法律，开启了司法审判的新阶段，但是他在遇到疑难问题的时候，也会用獬豸来神断。这说明，中国古代在公元前22世纪左右，就开始了由神证向人证阶段的过渡。在欧洲，大概是在12、13世纪神明裁判的方法才逐渐退出司法证明的历史舞台，比中国要晚三千多年。

那么，什么叫"人证"呢？

古代官府为什么会刑讯逼供？

人证的"人"是广义的，包括证人、当事人，法官根据他们的陈述，查明案情，并对案件进行判决。在历史上，人证其实很早就已经出现在断案中。不过，在神明裁判占据主导地位的时候，人证只能发挥次要的、辅助的作用；而当神明裁判退出历史舞台之后，人证才成为司法证明的主角。

在人证阶段,世界各国都曾经把当事人的陈述,特别是刑事案件中被告人的供述,当作最可靠、最完整的证据,称为"证据之王"。在我国也有着这样非常重视被告人口供的司法传统,古代的官吏们,无论是循吏清官,还是酷吏贪官,他们在断案的时候,都必须拿到被告人的口供,否则不能定罪。

这种做法当然有着历史的进步性,不过怎么才能拿到真实的口供呢?这就是对官吏们智慧和能力的考量了。

古人在这方面总结出很多经验。《周礼》提出了"以五声听狱讼,求民情"的办法:"一曰辞听,二曰色听,三曰气听,四曰耳听,五曰目听。"这五法怎么用呢?《折狱龟鉴》是这么解释的:"一曰辞听,观其言出,不直则烦;二曰色听,观其颜色,不直则赧;三曰气听,观其气息,不直则喘;四曰耳听,观其听聆,不直则惑;五曰目听,观其顾视,不直则毛。"意思是说,一要观察言辞,理屈一方必定说话啰嗦;二要观察神色,理屈一方一定羞愧脸红;三要观察呼吸,理屈一方会呼吸急促;四要观察聆听,理屈一方常常装聋作哑;五要观察眼睛,理屈一方常常游目四顾。也就是说,官员在审理案件时,要注意观察当事人的现场表现,进而查知案情真相。

这种做法是有科学道理的。我们知道,语言、脸色、呼吸、听力和眼睛等外部表现,反映的是人的内心世界。一个人是否理屈,其心态是不一样的。理直的一方,心地坦然,即便是有些气愤、紧张,也不会张皇失措;理屈的一方,免不了恐惧、惊慌、疑虑,这种心态会通过肢体语言不自觉地表现出来。因此,察言观色,窥伺当事人的内心世界,不失为断案的一种重要手段。

"五声听狱讼"是一种比较简单的方法。面对千奇百怪的案件、形形色色的当事人,官吏们还必须运用自己的智慧,来查明案情的真相。

据沈括的《梦溪笔谈》记载,张升在做润州知府的时候,碰到一个案子。

当地有个妇人的丈夫外出很多天,一直没有回家。一天,有人说在菜园的井里发现了一具尸体,那妇人立即赶过去,对着井里号啕大哭,说:"这是我的丈夫呀!"人们将这件事报告了官府。张升让属下集合乡邻到井边,辨认死者是否是那妇人的丈夫。可是大家都说井很深,里面看不清楚,请求打捞出尸体再辨认。张升一听,立马发现问题:"众皆不能辨,妇人独何以知其为夫?"既然大家都无法辨认,怎么这个妇人偏偏就能知道井里的死人是她丈夫呢?于是张升叫人抓住妇人讯问。原来是那妇人的情夫杀了丈夫,然后把尸体扔进井里。这个事情妇人早就知道,所以当有人说井里有尸体时,妇人情不自禁就说出那是自己丈夫的尸体,露了底。

张升是用推理的方法,查知案情真相的。

有时候，官员们在审案时，也会采用一些技巧，查出疑犯。

《不用刑审判书》记载了这样一个案子。

有人偷鸡被抓，县令叫人把左邻右舍被偷的人都找来，当堂指认，但是疑犯死不认账。县令实在没法，但是为这点小事就刑讯逼供，他又觉得于心不忍，于是就变换了一种审讯方法。他让这些当事人都跪在一边，自己审理别的案子。过了许久，县令假作很疲倦的样子对这些人说："今天不审了，你们先回去。"大家依言站起，准备离去。这时候县令突然一拍惊堂木，大喝一声："偷鸡贼也敢站起来？"偷鸡贼吓了一跳，不觉双膝一软，又跪了下去。县令马上审问他。这时候偷鸡贼的心理防线已经彻底崩溃，不得不认罪招供。

有时候，官吏为了查明真相，还会"微服私访"。这些微服私访的古代官吏，他们不畏劳苦，潜入闹市陋巷或者乡村田舍，勘查民情、侦破疑案，许多故事至今仍为我们津津乐道。

但是，我国古代像这样的法官可不多。多数官员断案智慧不高，破案也能力也不强，再加上案情复杂，于是就采用了一种简单的方式：讯问当事人。如果当事人特别是被告不说，或者被认为是说了假话，官吏们就会用刑讯来逼供。

刑讯逼供在世界各国司法发展史上都出现过。在中国古代，这种方式称为"笞掠"，被认为是取得证据最有效的方式，也是成本最低、最简单、最直接的办法。

据考证，中国的刑讯可能滥觞于周，其后就成为官府查询案情的重要手段。官员们为了得到口供，在刑讯的方法上做足了文章，残忍折磨被讯人，逼迫他们招供。成语"请君入瓮"就是这种现象的一个反映。

《新唐书》记载了这样一件事。

武则天为了镇压反对她的人，任用了一批酷吏，其中两个极为狠毒——周兴和邱神勣。他们利用诬陷、控告和惨无人道的刑法，冤杀了许多官吏和百姓。有一回，一封告密信送到武则天手里，内容竟是告发周兴与邱神勣等人联络谋反。武则天大吃一惊，立刻下密旨给另一个酷吏来俊臣，叫他负责审理这个案件。说巧也巧，太监把密旨送到来俊臣家时，来俊臣正跟周兴在一起喝酒。看完密旨，来俊臣不动声色，把密旨往袖子里一放，仍旧回过头来跟周兴谈话。他对周兴说："兄弟我平日办案，常遇到一些犯人死不认罪，不知老兄有何办法？"借着酒劲，周兴就说："这还不容易！我最近就想出一个新办法，拿一个大瓮放在炭火上。谁不肯招认，就把他放在大瓮里烤。还怕他不招？"来俊臣连连点头称是，随即命人抬来一口大瓮，按周兴说的那样，在四周点上炭火，然后回头对周兴说："我接到密旨，说有人告发周兄谋反，命我严查。你如果不老实招供，那只好请你自己进这个瓮了。"周兴一听，吓得魂飞天外，连忙跪在地上，表示愿意招认。来俊臣根据周兴的口供，定了他死罪，上报武则天。这就是"请君入瓮"的故事。

对于周兴的供词，武则天多少有点怀疑；再说周兴毕竟为她干了不少事，于是就赦免了周兴的死罪，把他革职流放到岭南去了。但是周兴坏事做得实在太多，仇人满天下，这些仇人半路上就把周兴暗杀了。

处理周兴的来俊臣也是一个狠角色。他的酷刑很多，光是给犯人带的枷，他就发明了"定百脉、喘不得、突地吼、著即臣、失魂胆、实同反、反是实、死猪愁、求即死、求破家"十种类型。审问的时候，不论犯人身份贵贱，他先让人把枷棒放在地上，然后对他们说："这就是刑具！"见到刑具的人无不魂飞魄散，"皆自诬服"（无不自己诬陷自己）。

后来，来俊臣被下令斩于西市，人们拍手称快，都说："今得背著床瞑矣！"意思是说，大家从此以后，就不必担心受到迫害，可以背靠着床安心睡觉了。他们争相去挖尸首的眼，摘他的肝，剐他的肉，很快就把肉割净了，还有人用马践踏尸骨，后来连骨头渣子都没剩下。来俊臣的万贯家财，也被官府抄没。

到了宋代，虽然司法证明已经发展到以物证为主，但是由于种种原因，用刑讯方式逼问当事人口供在官府断案过程中却一直长期存在，甚至还有所发展。

我们以宋慈生活的宋理宗时期为例。

这位理宗皇帝来自民间，"具知刑狱之弊"，刚当皇帝，"即诏天下恤刑"，"而天下之狱不胜其酷"。怎么一个"不胜其酷"呢？据《宋史》记载，理宗时，"擅置狱具，非法残民，或断薪为杖，掊击手足，名曰：'掉柴'；或木索并施，夹两胫，名曰'夹帮'；或缠绳于首，加以木楔，名曰'脑箍'；或反缚跪地，短竖坚木，交辨两股，令狱卒跳跃于上，谓之'超棍'，痛深骨髓，几于殒命。"很难想象，这样酷烈的刑具会出现在宋朝。刑讯逼供之下，还能不冤案重重？

那么，什么是"物证"呢？

古代官吏是怎么使用物证的？

中国古代司法有着非常注重物证的传统。拿法医检验来说，相关的制度，可能在周朝就已经建立并付诸实施了。《礼记》有这样一段话："（孟秋之月）命理瞻伤、察创、视折、审断，决狱讼。"这段话里的伤、创、折、断，是不同的伤损情况，说明古人对其已经有非常明确的认识了。当时政府规定，要在"孟秋之月"集中进行案件审理。自此以后，法医检验制度逐步成为国家法律体系的一个组成部分。到了宋代，为了体现统治者的"恤狱"的思想，国家对物证更加重视，并有一系列的法律规定保证物证在审判过程中发挥作用，物证成为司法证明的主导。《洗冤集录》就是在这样的背景下出现的。

有人也许会有疑问：古代的物证包括哪些呢？难道只有法医方面吗？其实，古代的物证包括了现今司法过程中所用物证的大部分内容，所含范围相当广泛。我们之所以把法医方面特别提出来，是因为它是一个杰出代表，不仅在中国，甚至在世界法律史上都有重要的位置。

我们来举个例子。中国是刑侦的发源地，早在秦汉时期，出现案情后，官府往往会对现场进行勘验，求取物证，侦破案件。《封诊式》有一篇"穴盗"的法律文书，记载了这样一个办案过程。

一次，有人报案，说自己晚上在正房睡觉，第二天早上发现放在侧房的一件绵裙衣被盗。官府立刻派一个官吏带人去现场勘验。

这个官吏是从三个方向完成这次刑侦的。

首先，他让人查看现场。胥吏发现侧房的墙中央有个新挖的洞，旁边有散落的泥土。从痕迹来看，这个洞应该是用一种宽刃的凿挖的。洞上窄下宽，人可以钻进来。在洞的两边还发现膝部和手的印痕各六处，证实确实有人钻过这个洞。在现场还发现脚印，所穿的鞋是秦国通行的样式，而且可以断定是一双旧鞋。

第二，他向报案人调查。报案的那个人说自己的绵裙刚做不久，用帛做的里子，里面絮了棉花，绵裙衣还做了一个镶边。这个官吏接着询问四邻，邻居证实，报案人确实做了一件绵裙衣，也有镶边，不过不知道衣服里子是用帛做的。

第三，他让人追查现场留下的足迹。胥吏顺着足迹勘验，发现报案人家中的院墙有一处不大的新缺口，缺口附近好像有人脚翻墙的痕迹。但是到了墙外，因为地面坚硬，再也看不到足迹，足痕就此中断。

回来以后，这个官吏把勘验结果写进爰书，向上级汇报。

两千年以后，我们再看这份法律文书，其实一点也不会感觉这是古代的一份刑侦报告。它的勘验方法和思路，和现今的公安侦查并没有多大不同，完全可以作为一个典型案例写进公安大学的教科书。

缜密的勘验，往往会帮助官员们破案，《折狱龟鉴》记载了这样一个案子。

钱冶做潮州海阳县令的时候，州中一个大姓人家家中起火。官府经过现场勘验，发现火源来自邻居某家，就将其逮捕审讯。某家喊冤不服。太守说："看来这个案子只有钱冶能破了。"便将此案交给钱冶审理。钱冶重新勘验，发现作为引火之物的一只木头床脚可能是大姓的仇家之物，就带人去了仇家，将床脚进行比对。在事实面前，仇家供认，是自己纵火并栽赃某家，为的是逃避罪责。

由此可见我国古代的现场勘验水平已经十分高超。

官府在断案时，对物证也会进行审查，辨明真伪。《折狱龟鉴》还记载了这样一个案子。

章频担任彭州九龙县知县的时候，眉州大姓孙延世伪造地契，霸占他人田地。这场纠纷一直得不到解决,转运使便将此案交给章频审理。章频对地契进行了仔细鉴定,说:"地契上的墨迹是浮在印迹之上的,这是先盗用了印,然后再写字的。"从而认定地契是伪造的,孙延世伏罪。

不过,才智过人的章频有点倒霉。孙延世伏罪后,章频并没有及时结案上报。孙延世的家人不服,又向转运使申诉。转运使把这个案子交给另一个县令黄梦松审理。黄梦松的结论与章频一样,不过他及时结案上报。结果,黄梦松被升为监察御史,章频反被降为庆州监酒(监督造酒的官吏)。

关于章频,还有一则故事。多年以后,他出使辽国。据《梦溪笔谈》记载,章频在辽国病逝了。草原民族没有棺材,结果章频的遗体一直送回大宋境内才入殓。打那以后,每当有宋使入境,辽国就备好几口棺材,装上车,跟着宋使的队伍走,以免出现意外。这种滑稽的外交礼仪一直在宋辽之间延续了多年。

《洗冤集录》就是古代物证技术发展的一个结果。不过,《洗冤集录》不仅仅表征着一种技术手段,它还表征着法律观念的进步,即对于官员断案中"有罪推定"的修正。

所谓"有罪推定",就是法官在主观上从一开始就认定被告是有罪的,所以审案过程无非是想尽办法让被告承认犯了罪。在这种情况下,即便是被告"屈打成招",也会被认为是极其合理的,是案件的圆满审结。西方资产阶级革命初期,针对宗教法庭、封建法官的武断与专横,提出了"无罪推定",即在刑事诉讼中,被告人未经法庭终审判决之前,应被视为无罪的原则。西方世界由"有罪推定"转为"无罪推定",来源于体制之外革命的压力。在中国,大致从周朝开始,就有了对"有罪推定"原则的修正。这种修正,是通过司法检验体系的逐步建立、完善和科学化而实现的。特别是《洗冤集录》,它鲜明地主张重勘验实断讼,要求与教诲官员应该通过细致的检验、确凿的证据来论证罪名,达到惩处犯罪元凶、洗清不白之冤的目的,体现了"居官,以民命为重"的人本理念,确是难能可贵。

不过,我们有个疑问:宋慈究竟要洗"冤"、能洗什么"冤"呢?

宋慈要洗什么"冤"?

在中国古代,冤案是很多的。

远的不说,宋慈所处的南宋,就有多起冤案,其中最有名的是名将岳飞之死。

权相秦桧在高宗的支持下,将岳飞逮捕入狱,但却没有定罪的证据。韩世忠曾经叱问秦桧:罪证何在?秦桧说:"莫须有。"韩世忠问:"'莫须有'三字,何以服天下?"但是秦桧还是以这个"莫须有"的罪名将岳飞秘密杀害。

这样的冤案,即便宋慈生于当时,也是不可能"洗"的。

而到了宋慈的祖师爷朱熹,也有一起冤案。

淳熙九年(1182年),发生了一桩轰动朝野的案件。时任浙东常平茶盐公事的朱熹,连续六次上疏,弹劾前台州知府唐仲友,指斥他嫖宿娼妓等多宗罪行,措辞激烈,举证繁杂。而唐仲友也不甘示弱,他驰奏辩白,并反过来指责朱熹弄虚作假、执法违法。此事朝野议论,惊动宋孝宗,他一时也难辨是非,就询问宰相王淮。王淮说:"此乃秀才争闲气耳。"既然这样,也没必要那么认真,所以孝宗就把朱熹调任了事。

但是这起案件经过后来小说家的渲染,成了一桩离奇公案。

朱熹指斥唐仲友嫖宿的娼妓,是个官妓,名叫严蕊。

据说严蕊这个女子,自幼被卖入妓院,长大后,不仅容貌出众,而且多才多艺,能诗擅赋,博古通今。唐仲友任台州知府时,十分欣赏严蕊的才智,同情她的身世。每遇官府招待宴会,他常把严蕊请来陪饮、歌舞,还时常与严蕊诗词唱和,两人遂为知己。

这个唐仲友也算是个理学家,不过在学术见解上和朱熹分歧很大,有时还针锋相对。唐平时恃才轻视朱熹,朱熹对他也心存嫌隙。后来朱熹巡视台州,就有意伺机报复。

朱熹到达台州,唐仲友偏偏又出迎怠慢,朱熹心中更加不快。于是朱熹就搜集唐仲友的种种越轨和不法行为,接连上章弹奏,其中一条罪名就是指控唐欢娱官妓严蕊,常有不轨行为。宋代对官吏狎妓管束较严,官吏可以招官妓歌舞陪酒,但是不能留宿,所以朱熹的指控对唐仲友来说,是一项严重的罪行。

朱熹下令把严蕊关进大牢,严刑逼供。不料严蕊受尽酷刑,却决不招认。回到牢中,狱官问严蕊:"上司加你刑罚,不过要你招认,你何不早招认了?这罪是有分限的。女人家犯淫,极重不过是杖罪,何苦舍着身子,熬这等苦楚?"严蕊说:"我只是一个妓女,即便是和太守欢好,也不会有死罪。招认了,也没什么大不了。可是天下的事,真就是真,假就是假,怎么能信口雌黄呢?我宁可被打死,但是要我诬陷别人,断然不成!"两月之间,严蕊多次受刑,但始终坚贞不屈。

后来孝宗轻描淡写地处理了这起案件,还把朱熹调职。接替朱熹的,是岳飞的一个儿子,叫岳霖。

岳霖很同情严蕊的遭遇,就把她从牢中放了出来,对她说:"我听说你会填词,你不妨把自己的心事填一首词告诉我。"严蕊随即口占一首《卜算子》:

不是爱风尘,似被前缘误。花落花开自有时,总赖东君主。
去也终须去,住又如何住?若得山花插满头,莫问奴归处!

这首词填得情真意切,充分表达了被侮辱被损害者的心声,和脱离官妓生活,去做"山花插满头"的良家农妇愿望。岳霖非常感动,当即判令严蕊落去妓籍。

这起被小说家极力渲染的故事,当然是一起冤案。而像这样的"冤案",就连宋慈也是"洗"不了的。

根据现在的研究,朱熹弹劾唐仲友的全部罪行属实,而所谓"严蕊冤案"则是杜撰的。现实中的唐仲友,违法虐民、贪污腐化;而严蕊也是招供的,她承认多次与唐仲友发生不正当关系。也就是说,严蕊一案的事实和故事里的截然相反。因此对于朱熹来说,这是一件"历史的冤案"。

这起案件中有一个关键人物,就是宰相王淮,他的一句"秀才争闲气",改变了案件的性质,使得唐仲友免去了罪责。他为什么这么做呢?因为他和唐仲友不仅是同乡,而且是姻亲,而朱熹甚至连这个人物也得罪了。原因是唐仲友案的前一年,朱熹曾直言批评王淮,说他为官不够清正,这种道德评价令王淮接受不了。唐仲友案结束后,王淮就指使亲信上书孝宗,说朱熹是欺世盗名的假道学家,给朱熹戴上了一顶"虚伪"的帽子。十多年后的庆元二年(1196年),有人借这顶帽子,诬陷朱学为"伪学",请求朝廷禁绝;还列举了朱熹的十大罪状,请求斩朱熹之首,以绝朱学。这件事后来演变成著名的"庆元党禁",朱学被禁了15年之久。对朱熹来说,这是一桩"现实的冤案"。

无论是历史的还是现实的"冤案",宋慈都是不可能"洗"去他祖师爷的这个"冤"的。

那么宋慈究竟能洗什么"冤"呢?

在《洗冤集录》的序言里,有这样一段话:"慈四叨臬寄,他无寸长,独於狱案,审之又审,不敢萌一毫慢易心。若灼然知其为欺,则亟与驳下;或疑信未决,必反覆深思,惟恐率然而行,死者虚被涝漉。"

这段话的意思是说:我曾四任提刑官,别的本事没有,惟独在断案上非常认真,必定要理了再理,不敢有一丝一毫的马虎。如果发现案情中存在欺诈情节,必然厉言驳斥矫正,决不留情;如果有谜团难以解开,也一定要反复思考找出答案,生怕独断专行、让死者死不瞑目。

这就表明,宋慈是审理具体案件的,他要洗的,是这样一些一般刑事案件的冤屈。其他的"冤案",他既不想洗,也没有能力去洗。

这一讲,我们说的是宋慈"博采近世所传诸书",写了一本办案大全,这就是《洗冤集录》,这是古人探索用科学的手段和方法揭示案情真相的重要成果。那么,在《洗冤集录》里,究竟都记载了哪些科学的手段和方法呢?

请看下一讲"死因之断"。

古案辨讲

焚猪验尸

张举,吴人也,为句章令。有妻杀夫,因放火烧舍,称火烧夫死。夫家疑之,诉于官,妻不服。举乃取猪二口,一杀之,一活之,而积薪烧之。活者口中有灰,杀者口中无灰。因验尸,口果无灰也。鞫之服罪。

【按语】

鉴别一个人是被活活烧死,还是死后被投入火中焚烧,用猪来做实验,这在科学尚不发达的古代,是行之有效的,也是具有一定的科学道理的。

活猪被投入火中,由于灼伤疼痛,必然死命挣扎,大口喘气,柴火的灰末、碎屑就被其吸入鼻孔和口腔,甚至达于呼吸道。所以,被活活烧死的猪的口鼻中必然留有灰末和碎屑。死猪被焚烧则无此情况,因为已死的猪肌肉已经僵死,鼻子不能呼吸,口腔紧闭,灰末和碎屑无由进入。烧猪之状,可借证于人。所以宋慈在《洗冤录》里指出:"凡生前被火焚死者,其尸口鼻内有烟灰","若死后火烧者,口内无烟灰"。

尸体口鼻中有烟灰,虽然基本上可以确定是被火烧死,但也不完全如此。如一人被人谋杀,在其即将断气时被投入火中,尸体的口鼻里也会有烟灰,如果完全以有无烟灰判断,则不一定正确。因此,除了检查尸体的口鼻之外,还应检验身上有无缢痕、伤口,胃中有无毒物,等等。被活活烧死的人,皮肤上会出现红斑、水泡、痂皮血管网(碳化部分除外),判断时可以作为参考。

随着科学技术的发展,当代的法医已能用检查被烧死者的血液,来确定死者究系生前被焚,还是死后被烧。柴火在燃烧(特别是燃烧得不彻底)时,能放出大量的一氧化碳。一氧化碳与人体血液中的血红蛋白结合的能力,要比氧与血红蛋白的结合能力大 200 至 250 倍,活着被烧死的死者,由于吸进了柴火燃烧时放出的一氧化碳,血液中会出现大量的碳氧血红蛋白,造成一氧化碳中毒症状。因此,如果在死者的血液中发现有大量的碳氧血红蛋白,那么死者无疑是被活活烧死的,反之,就是死后被焚的。

焚尸灭迹

山东民妇有外遇,久之为夫所觉,尚隐忍未发也。妇微窥其意,告于所私,谋毙之。一夕,其夫醉卧,遽以帛勒其项,已气绝矣!复恐迹彰,自焚其舍,尸通身焦黑,颈项模糊,方喜得计,报官验视。妇抢地哀号泣诉。官曰:"尔非与夫同室耶?"曰:"然。""然则曷为夫死而尔生?"曰:"火起时因其醉卧,推之不醒,及焰炽,不得已舍之出走,故免于难。"官曰:"是无难辨。视尔夫死两手握拳,如果焚在生前,虽醉人亦必以手护痛。今紧握其掌,其为死后不能运动可知。如不吐实,不汝宥也。"一面饬殓,仍带妇至署,严鞫之,妇不能隐,遂并逮奸夫正其罪。

【按语】

《洗冤汇编》云:"烧死尸,皮焦肉烂,手足拳缩。"本案的验尸官正是根据这一特征,判断死者是死后被烧的,这个判断是符合科学的。

一个人刚死不久,其肌肉还具有一定的弹性和神经的"活力",这时如被抛到火里焚烧,肌肉组织因受高温作用而缩短,两臂会出现微曲,略上举,两手握拳,下肢也会呈微曲状。而活着被烧,必然会"拼命挣扎,双手护胸,十指伸张"。"手足拳缩"与"十指伸张"是鉴别生前或死后焚烧的依据之一。

但光凭这一点有时也不一定能正确判断。《洗冤集录》指出:"凡人之一身,皆以筋为脉络,而筋更为联骨之主。每见烧尸者,多覆而烧之。若或仰烧,其筋着火急时,尸即坐而起,最易惊人,是盖筋缩故也。故两手拳缩,未足为生前死后被烧之证。"因此,鉴别死者系生前或死后焚烧,还应检验口嘴有无烟灰、尸体颜色、有无伤痕等,只有综合起来分析,才能正确判断。

自伤诬人

钱惟济留后,知绛州,民有条桑者,盗强夺之不能得,乃自斫其右臂,诬以杀人。官司莫能辨。惟济引问,面给以食,而盗以左手举匕箸,因语之曰:"他人行刃,则上重下轻;今下重上轻,正用左手伤右臂也。"诬者引伏。

【按语】

《洗冤集录》指出,检验刀伤一须仔细验看伤者或"死人使左手使右手"。一般而论,若是为他人所伤,创口是进刀重而出刀轻,因为凶手杀人,总是想置人死地,进刀必重,出刀时相对地就轻;而自伤,总是不忍下手,即使是自刎,也会有所犹豫,进刀时用力就轻,刀入皮肉,必然疼痛,势必用力拔出,所以出刀时就重了。

本案中强盗伤在右臂,钱惟济从创口"上重下轻"推断是自伤,为了证明是左手自伤,他"面给以食",发现强盗是"以左手举匙箸"的之后,就肯定强盗是"用左手伤右臂"的,并且讲出了道理,诬陷人的强盗当然就无法再狡辩了。

观察进刀出刀的轻重程度,我国古代具有丰富经验的验尸人员多是据此断案的,但在今天,这一方法已经失去了实用价值,因为现代的法医检验方法已比这种古老的方法科学得多。

粪毒攻心

雍正十三年,高平魏庄有豫民张敏等贩猪为业,因小猪误落粪坑,二客下坑捞救,皆中粪毒殒命。验其牙根骨青黑色,上下唇吻发青。

【按语】

据近代科学分析,贮粪中的有机肥料在腐败分解的过程中,能产生硫化氢,这是一种味臭、无色、透明的有毒气体。它的毒性很强,大部分是通过呼吸道进入体内的,小部分通过皮肤缓慢吸收。当空气中的硫化氢浓度达1000毫克/立方米时,人置其中便发生急性中毒,明显症状是先呼吸加快,后呼吸麻痹而窒息,出现一种所谓"电击样"死亡。本案中死者牙根骨(实指牙龈)和嘴唇发青,就是最明显的中毒窒息身亡的症状。

鼠莽中毒

乾隆元年,婺源县民李欢与俞氏通奸,口角,俞氏潜往山坞采服鼠莽草越三日殒命。验止唇吻青色,起疱,无唇裂,齿龈青黑、出血诸状。经部驳覆勘,历经究审,实系中毒。

【按语】

鼠莽草,即莽草,八角属植物,其皮呈红褐色,果8至12个为一轮、种子扁形或扁球形,带黄色,有光泽。主要分布在江西中部和北部丘陵地带。山民们常用来毒鼠,故也称鼠莽草。

江西药科学校编著的《中草药学》中说:"莽草果实有剧毒,绝不可食用和内服。"莽草中有毒的成分是"倍半萜内酯",其中包括莽草素和新莽草素。

莽草中毒性物质进入人体后,可通过消化道吸收,作用于神经系统,造成心血管系统的中毒症状。本案例中俞氏采服莽草后口唇青色,齿龈青黑有血斑就是中毒症状,可能是中毒后黏膜和浆膜出血的结果。

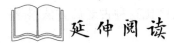
延伸阅读

一、古代"慎刑恤狱"的思想

宋代是一个注重法律的王朝,同时也是中国传统法律指导思想发展的过渡阶段。经历了两宋士大夫的争论和阐述,德主刑辅、慎刑的法律思维在宋代的法律思想中占有了不可撼动的地位。

宋朝开国皇帝太祖认为,司法审判事关国家兴亡,国家的兴衰又与百姓生活的质量有关系,所以,非常重视百姓的刑狱。

宋太宗曾说过:"朕庶政之中狱讼为切钦恤之意,何尝暂忘。"这说明了太宗时期的国家,应该将"狱讼"作为国家的首要任务,这是宋代帝王与士大夫的共同认识。太宗在位时,时常亲自审理案件。"在京狱有疑者,多临决之,每能烛见隐微。"

宋仁宗审判案件也以宽厚、仁慈为主。如:"隆安县民诬平民五人为劫盗,尉悉执之,一人掠死,四人遂引服。其家辩于州,州不为理,悉论死。未几,秦州捕得真盗,陈州吏当坐法而会赦,帝怒,特贬知州孙济为雷州参军,余皆除名流岭南。赐钱柔五家,复其役兰年。因下招戒款州县。广州司理参军陈仲约误入人死,有司当仲约公罪,应赎。帝谓审刑院张揆曰:'死者不可复生,而狱吏虽废,复得叙官。'命特治之,会赦无叙用。尚书比部员外郎师仲说请老,自言恩得任子,帝以仲说尝失入人死罪,不与。其重人命如此。"

北宋有个叫宋祁的大才子,就是那位以一句"红杏枝头春意闹"令同僚惊艳的"红杏尚书"。他的父亲宋玘,曾在常州当了十年法官。每次有死刑犯即将处决,宋玘必拿着判决书告诉囚犯:"尔罪应死,尽召家人,使之相见。"还给死囚安排了比较丰盛的最后一餐。临刑之际,"囚皆叩颡感泣"。待犯人伏法后,又替他们请来僧人"诵经忏罪"。常州的死囚都很感念宋玘的恩德,对宋玘说:"若冥化有知,当为宋府君作狗马偿厚德"。

我们当然可以说,宋玘是一位很有同情心的法官。这里不准备过多强调个人的美德,因为宋玘所执行的,并不是他本人的独创,而是一套宋人已在法律上确定下来的死囚"临刑关怀"制度。根据宋朝的立法,这套"临刑关怀"制度包括七个层面:

第一,死囚被处决之前,"仍先给酒食",允许犯人的最后一餐吃好喝好;

第二,"听亲戚辞诀",犯人享有在临刑前会见亲人、进行人生告别的权利;

第三,"示以犯状",即当众宣读犯人的罪状、判决、断由(法律依据),不搞秘密宣判;

第四,"不得掩塞其口",即禁止用东西塞住临刑死囚之口,要允许他说话;

第五,若死囚"翻异(翻供喊冤),或其家属称冤",必须中止行刑程序,快马"递申提点刑狱司审察";

第六,死囚一般在未申时分(黄昏)行决,"经宿乃许收瘗",尸首第二天由亲属领回收葬,官府不得阻挠;

第七,没有亲属、家人的死囚,由官府给予体面的安葬,"诸囚死,无亲戚者,皆给棺,于官地内权殡,其棺并用官物造给,置砖铭于圹内,立牌于上,书其姓名"。

当然,宋玘的做法更加周全、更为人性化,不但提醒死囚"尽召家人,使之相见",还请了僧人来替被处死的犯人念经超度,这种指向终极关怀的"临刑关怀"精神,比之今日西方社会允许神父进入监狱为死刑犯祷告的人道主义做法,毫不逊色。所以,我们不必奇怪为什么众死囚要对宋玘"叩颡感泣",甘愿来生"作狗马偿厚德"。

宋代的死囚"临刑关怀"制度,并不是从天下掉下来的,而是来自于华夏的优良法制传统。至迟在唐代,政府已经立法确立了"临刑关怀"制度。《唐令·狱官令》规定:"诸大辟罪,并官给酒食,听亲故辞诀,宣告犯状,日(即黄昏)行刑";"决之经宿,所司即为埋瘗,若有亲故,亦任收葬";"诸囚死,无亲戚者,官给棺,于官地埋瘗,置砖铭于圹内,立牌于冢上,书其姓名"。

这一死囚"临刑关怀"制度的背后,蕴藏着古老的"恤刑慎杀"司法理念。我们的先人认识到,"人命至重,难生易杀,气绝不续者也,是以圣贤重之"。人死不能复生,死刑一旦实施,便不能逆转,所以不可不慎之又慎。正是出于对人命的珍视,中华文明在很早时候就发育出"疑罪从无"的思想,《尚书》说,"与其杀不辜,宁失不经"。

宋人蔡沈对这个古老的司法原则作了一番解释:"辜,罪。经,常也。谓法可以杀,可以无杀。杀之,则恐陷于非辜;不杀之,恐失于轻纵。二者皆非圣人至公至平之意。而杀不辜,尤圣人之所不忍也。故与其杀之而还彼之生,宁姑全之而自受失刑之责。"我们今日的司法讲究"既不放过一个坏人,也不冤枉一个好人",但有时候两者是有冲突的,不可两全其美,只能在"可能枉"与"可能纵"中二选一,而我们的先人与现代文明国家,都会毫不犹豫地选择"宁纵不枉"。

宋朝司法接受了"与其杀不辜,宁失不经"的思想,比较注意恤刑慎杀。虽然宋代几乎每年都会判处二三千名犯了死罪的犯人死刑,但这些死刑犯的大多数最后都获得了减刑,没有被执行死刑。实际上被执行死刑的人数,每年不到一百人。

即使罪证确凿,犯人必须以命抵罪,毕竟也是剥夺一条人命。对于剥夺生命的极刑,古人表现出极大的敬畏,比如只准许"秋后问斩",一年之中有一大半的时间不能执行大辟之刑,因为古人相信在春夏时节处决犯人,违背了上天好生之德。而对于即将被法律剥夺走的生命,古人也表现出起码的尊重。

二、宋代"法治"思想及宣教

自古虽然唐宋并称,但唐宋社会差距之大不可以道里计。宋太祖登基后不久就命令臣下编定了基本照抄唐律的《宋刑统》,但也很快发觉,此律不能适应现实社会,因而有宋代不断地立法,以应付社会变迁。后来逐渐有了常设的"编敕所",负责立法的起草工作。宋代统治者不仅注重法制中的实体法的细密完善,更关注司法、执法的公平度。

宋代皇帝十分重视法律的作用,著名的法律史专家徐道邻先生认为:"宋朝的皇帝,懂法律和尊重法律的,比中国任何其他的朝代都多。"宋初,编写基本大法《宋刑统》,神宗时在科举考试中设立"明法科",将真正懂法的人选拔到官员队伍中,宋代还在国子监设立律学博士,"国初置博士,掌授法律",皇帝重视法律使士大夫群体普遍重视学习法律。宋代官员通晓法律,注重对当事人的人文关怀,法律素养不断提高。

此外,在宋代制度设计中,还有为了保证上下信息畅通的"轮对、转对、夜对"制度;为了保证信息公平的取消出身限制、采用糊名办法的科举制度;为了保证信息公开的告身(委任)制度等等无不体现人文、民主和法治精神。更重要的是宋代的皇帝和大臣们对既定制度的尊重和恪守。也正因为在这样一种制度和文化氛围下,才有像专家总结的那样,在宋代发生了以江南水田高产为代表的"绿色革命",以商业网络发达为代表的"商业革命",以"交子"产生为代表的"货币革命",以印刷术、指南针、火药发明为代表的"技术革命"。

而这种法治思想又是如何宣教的呢?宋政府重视法律宣教,除了法学教育、明法考试、法律条文的公布与宣传之外,更开辟多种社会化的宣传渠道,将警治安全禁卫知识向全社会进行多种多样的宣传教育。宋人郑克写出了《折狱龟鉴》,桂万荣写出了《棠阴比事》;同时又出现了《洗冤集录内恕录》等法医学专著。以《名公书判清明集》为代表的判案记录，以及大量笔记散文与笔记小说，如孟元老的《东京梦华录》、江少虞的《宋朝事实类苑》等，都载有宋代法治的大量史料，也都是当年向最广泛的社会成员进行法治宣教的材料。上述各类著作，加上政府颁布的《宋刑统》《检验格目》《正背人形检验格目》等，构成了一个规模不小的社会法治宣教的时代潮流，其广度和深度都是超越汉唐的。

宋人爱作笔记文，文集内容很丰富，贴近社会生活，其中都有当年向最广泛的社会成员作法制宣教的材料，如孟元老的《东京梦华录》、吴自牧的《梦粱录》、周密的《武林旧事》《癸辛杂识》、陆游的《老学庵笔记》、范成大的《骖鸾录》、洪迈的《夷坚志》、江少虞的《宋朝事实类苑》等。

以江少虞作的《宋朝事实类苑》为例：该书所录，均出自北宋前期文坛、政坛名手所作之笔记，所写为宋太祖开国到宋神宗变法年间的史事，包括重要掌故、政治制度、边政外交、名人轶事，特别是风俗民情、里巷琐事，多为"正史"所不载，尤有关乎政法法治，有些材料十分可贵。如《典故沿革·街鼓》："京师街衢，置鼓于小楼之上，以警昏晓。"宋太宗时，张洎制"坊名牌"列于街楼上，以便查询。这是宋代城市管理的一条具体措施。

宋代话本小说很发达，有所谓"讲史、神魔、侠义、脂粉"四大类，大量题材取自堂审公案而加以"戏说"的润色，犹以"侠义"类为集中。总体上说，虽不能指望它能增益多少准确的法治知识，但对民众通过生动曲折的案情认识社会还是有好处的，对凝聚社会正义是有帮助的。总而言之，宋人笔记与话本小说，都是宋代法治史料的重要宝库。

三、清理"留狱"的三种方式

地方刑狱诉讼的及时清理，涉及国家的太平和地方社会的稳固，是历朝历代皇帝都十分重视的问题，宋初皇帝也一样。宋太祖曾下诏："自今每五日内殿起居，百官几次转对，并须指陈时政得失、朝廷急务或邢狱冤滥、百姓疾苦，咸采访以闻。"宋太宗更是指出："庶政之中，狱路为切，钦恤之意，何尝暂忘。盖郡县至广，械系者众，苟有冤抑，即伤至和。"从中可见当时的皇帝对刑狱及时审判和司法公正的重视程度是非常高的，平反冤狱对维护封建统治稳固的重要作用清醒的认识。

无狱机关包括刑部、审刑院和大理寺左断刑等，这些机构内部不设监狱，而只是负责审判地方或者京师地区上报的案子。为了防止这些上奏案子淹延不决，宋朝政府对这些机构规定了定期或不定期的断绝制度，就是在一定的时间内将所有的上奏案子全部审理完毕。

神宗熙宁十年（1077年）正月，诏大理寺公案每半年一次赴中书、口下勒宿断绝，并且比较功过分三等支赐。这就是宋初规定的每年两次定期断绝制度。元丰三年（1080年）又令刑部、审刑院详断及详定公事半年不能决者，即以状上中书、枢密院。除了这半年一次的断决外，神宗时因为有春秋二试，试刑法前也需要把大理按赎审理完毕，这时每年四次定期的断绝。北宋人王巩曾说过："祖宗，刑部、大理寺每半年一次断讫天下按赎。至神宗期，春秋二试差铨试官，遂四季各断讫。"并按三等赏赐，如提前断绝者还有更重的恩赏。宁宗让刑寺官员讨论，刑寺上言："（神宗时）每岁上、下半年两次断绝狱案，并吏部旧来系春秋两试锁院前，本寺定日断绝，岁计四次。后因吏部不曾秋试，本寺亦不曾断绝，目今每岁只系三次。今语奏请于逐季仲月立为断绝之制，即系每岁仍旧四次断绝，委得允当。"宁宗采纳这个建议，正式确定了一年四次，每季仲月定日断绝制，形成宋代司法审判制度上的又一大特色。

设有监狱的机关，将监狱所禁案犯全部审理完毕，狱内空无一人，称为"狱空"。它与断绝的不同之处在于没有严格的期限，不带有强制性，而只是用优厚的赏赐来吸引官吏清理监狱，达到狱空。

宋代统治者重视对"狱空"的奖励，史料中有大量记载，如《宋会要》中专设"狱空"一门（刑法四之八五）。这样做当然会刺激官吏迅速的解决案件，但却又往往驱使官吏假冒希赏。为了解决这一，宋朝统治者多方设法加强了对狱空标准的限制和监察，并减少恩赐。宋太宗淳化三年（992年）四月十二日诏："诸州须司理院、州司、倚郭县俱无禁系，方得奏为狱空。如逐司官吏自勤发遣致狱空者，仰长吏勘会诣实，批书印历，更不降诏奖谕"，明确了狱空的标准和条件，并由长吏检查，以杜绝虚假。但由于宋代对狱空的赏赐一直非常优厚，经常给予转官或减磨勘等恩赐。如徽宗时期重合元年（1118年）十二月五日，"诏开封府狱空，已降指挥等等推恩"。南宋宁宗嘉定十六年（1223年）六月六日，知临安府袁韶奏狱空，即诏令学士院草诏奖谕。其主要用心，是为了刺激官吏不断的清理监狱。对监狱的不断清理，使积压在监狱的大量案件得到审理。

"狱空"奖赐优厚，便成了官吏升官发财的一条捷径，以至官吏趋之若鹜，奏报狱空史不绝书，由此产生了这样几种恶果："今国家三年一郊，未尝无赦；每岁盛夏，皆有疏决。猾吏贪纵，大为奸利；悍民横暴，侵侮善良，百千之中，败无一二。幸而发露，率皆亡匿，不过周岁，必遇赦降，则晏然自出，复为平人，往往指望，谓之"热权"。使愿悫之民，愤忆惴恐；凶狡之群，志满气扬.岂为民父母劝善沮恶之意哉！"

北宋著名书画家、政治家米芾曾为狱空现象写过一首诗："乃知狱空空有理，百万无冤无枉吏。来者迎刃无留滞，赦来两狱久无事。"可以看出他看待狱空现象的态度，是形式远远大于其内容的，推崇这种现象的形成会让无数百姓因此含冤，造成天下太平的假象。

宋代以忠义著称的喻良能在名为《狱空》的诗中道："公庭日将夕,吏报空狱岸。虽无春草鞠,已有蛛丝蔓。欢乐见鸟鸟,呻吟绝鹅雁。谅非片言折,聊发一笑粲。"此诗以嬉笑怒骂的口调对当时的弄虚作假的狱空现象大加讽刺,后世也大多对宋朝的狱空现象持贬斥的态度。狱空现象背后所反映出的问题,在当今来看是皇权对司法体系的严重践踏。

虽然有部分官吏利用了狱空制度中饱私囊,但狱空制度使案件的审理效率大大的提高,客观上对在押狱中的冤狱人员进行了平反,对宋代司法制度有积极的影响。

"恩宥"就是皇帝以皇恩大赦的形式进行的一样规模特大的清理积案行动,又可称之为"赦宥"。这种制度的起源很早,但发展到宋代已发生了质的变化,即宋代的赦宥已经不是简单的赦免罪过,而是作为减缓狱讼淹滞的重要手段。

"恩宥"与"断绝""狱空"的不同之处,就在于它不是把所有的案子全部审理完毕,而是以减等、降释为原则进行的。

清人沈家本曾说过:"大抵宋世之赦,有减死巧流以下者,有减死释徒以下者,有减死释杖以下者,赦之大小,此三等概之矣。"如此大量地释放轻罪、减轻重罪,不但使狱中囚犯的数量大幅度减少,而且还加快了审判的速度。故每次赦宥后,留案所剩无几。《宋史·刑法三》载:"恩宥之制,凡大赦及天下,释杂犯死罪以下,甚则常赦所有不原罪,皆除之。凡曲赦,惟一路或一州,或别京,或畿内。凡德音,则死及流罪降等,余罪赦之,间亦流罪,所被广狭无常。又天子岁自录京师系囚,畿内则遣使,往往杂犯死罪以下,第降等,杖笞释之,或徒罪亦得释。若并及诸路,则命监司录焉。"

由此可见,宋代赦宥一是种类多,有大赦、曲赦、德音、录囚等;二是的范围比较广,大者释及的重罪,小者也释放杖笞罪。

大赦就是"大赦天下"的来源,也是赦宥中赦免程度力度最大的种类,除了明令禁止不得赦免的罪名外,杂犯死罪以下的罪名都可以赦免。当然,大赦也不是随便就能发,一般只有在皇帝即位、改元立储、明堂郊祀等重要的国家礼仪活动时才会颁布。例如宋太宗登基时,即位赦书里就写了"大赦天下,常赦所不原者咸除之"。

曲赦和大赦,其实在赦免力度上差不多,区别只在于适用地区,大赦是全国都能用到,而曲赦则只有部分州以上的行政区域能够享受。比如在宋初时,每开拓疆土,朝廷都会在当地施行曲赦,乾德三年(965年)平定西川时就有,"罪无轻重咸除之",甚至在宣和六年(1124年)联金灭辽短暂收复燕云十六州的时候,宋徽宗都在燕云地区发布了曲赦令。

至于德音,就是大赦与曲赦的中间地带,"比曲赦则恩及天下,比大赦则罪不尽除",论赦免程度不如大赦,但全国通用又比曲赦适用范围广,所以德音发挥了机动调节作用。德音,本意是指对别人言语的敬称,后来又用来指代臣子对皇帝言语的敬称。从汉代开始,就专门代指皇帝诏旨,后来就演变成诏书的一种新的种类了。

宋朝赦宥的最大特征,就是结合三年一次的大礼活动会固定化实行,而不是以往只结合不确定性的时机组织,"三岁遇郊则赦,此常制也"。当然,正常随机性的名目在宋朝继续沿用,甚至还有增加,使得其名目变得更加多样。

当然,并不是所有的罪都能被赦免,不然宋朝那么多赦宥机会,犯罪成本也太低了,整个国家的司法体系就流于形式,社会自然就会动荡不安了。成语"十恶不赦",意思就是有十种罪行不会被赦免,而在实际情况中,遇赦不赦的罪名也不止这十种,以下三大类罪都不会被赦免。

一是动摇皇帝统治的犯罪。常说的"十恶不赦"就属于这类,"十恶"是指"谋反、谋大逆、谋叛、恶逆、不道、大不敬、不孝、不睦、不义、内乱";此外还有"四杀不赦",即抢劫杀人、谋杀、故意杀人及打斗杀人;另外官员贪赃也不会被赦免,还有杀人放火、伪造印信等影响恶劣的社会犯罪都不在赦免之列。

二是等待大赦的故意犯罪。宋朝的赦宥最大特点就是定期,遇到三年一度的国家祭祀活动都会组织,因此有些刁民就会赶在大典之前犯个罪,反正进去关几天最后就会放出来。但是宋朝统治者也不傻,对这种投机取巧得到行为肯定要防范,因此大赦都会有一个起算时间,这样就把这些投机分子给排除了。

三是因政治原因被处理的官员。宋朝虽然不杀士大夫,但是北宋中晚期后党争剧烈,失败的一方就都得被贬去边远地区,但是赦免又很频繁,可得势的一方是赦宥的具体落实者,为了巩固他们自己的胜利成果,他们会想办法把对手们从赦免名单里拿下来。著名的司马光先生就有过这样遭遇,"独违新法者不以赦降去官原免"。

"赦宥"制度在中国有着数千年的历史,但其无可争议的顶峰就是出现在宋朝,作为缓解社会矛盾和维持封建统治秩序的工具,一直发挥了重要作用。

以上清理留狱的三种形式,是宋代司法审判制度的重要补充,是一种特殊的审判活动,皆在解决正常的审判活动下遗留的刑狱淹滞问题。由于社会矛盾尖锐、贪官污吏数不胜数,使社会上产生了众多的冤狱,而此时的清理留狱三种形式,对于稳定社会秩序,是有着积极作用的。特别是"断绝"制度,解决了大量的冤狱,基本上是按照司法程序进行的,堪称一代良法。

思考题

★ 传说中的獬豸表现出一种什么样的法治理念?
★ 查案中使用刑讯逼供为什么会成为一种"痼疾"?
★ 在案件审理过程中,你是支持"有罪推定"还是"无罪推定"?为什么?
★ 用猪做实验,可以获得哪些法医学的结论?
★ 宋代皇帝为何重视法治?

第五讲 死因之断

> **提要：** 古人为什么大多选择投缳自尽？
> 怎么区分是自缢还是他缢呢？
> 溺水身亡如何鉴别？
> 如何救活焦仲卿和刘兰芝？

上一讲，我们说的是宋慈怎么著述《洗冤集录》的。宋慈写这本书的目的，是要在刑事案件中，用科学的方法和手段来进行法医检验，从而揭示案情的真相。

那么，《洗冤集录》中到底记载了哪些科学的方法和手段呢？

让我们从一首古诗开始。

……

其日牛马嘶，新妇入青庐。
奄奄黄昏后，寂寂人定初。
"我命绝今日，魂去尸长留！"
揽裙脱丝履，举身赴清池。
府吏闻此事，心知长别离。
徘徊庭树下，自挂东南枝。

> 两家求合葬,合葬华山傍。
> 东西植松柏,左右种梧桐。
> 枝枝相覆盖,叶叶相交通。
> 中有双飞鸟,自名为鸳鸯。
> 仰头相向鸣,夜夜达五更。
> 行人驻足听,寡妇起彷徨。
> 多谢后世人,戒之慎勿忘!

这是著名乐府诗《孔雀东南飞》的最后一段。《孔雀东南飞》叙述的是东汉建安年间,庐江太守衙门里的小官吏焦仲卿与妻子刘兰芝的爱情悲剧。两人本是恩爱夫妇,但兰芝为焦母所不容,被赶回娘家,娘家逼兰芝改嫁,兰芝不从,投水自尽,仲卿也自缢而死。两人用生命控诉了宗法礼教、家长统治和门阀观念的罪恶,表达了青年男女对爱情的忠贞和对婚姻自主的追求。

让我们从哀婉缠绵的氛围回到现实中来。《孔雀东南飞》中说到,焦仲卿和刘兰芝分别是自缢和投水而死的。这件事发生以后,因为焦仲卿是太守府的人,所以庐江郡肯定是要过问的。那么,官府是怎么断定二人死因的呢?

古人为什么大多选择投缳自尽?

我们先来说自缢。

自缢是古人常见的自杀方式,甚至可以说是一种最主要的自杀方式。不仅平民百姓,就连九五之尊的皇帝,想要自尽时,也往往会选择这种方式,明朝的崇祯皇帝就是其中之一。

崇祯可以说是我国古代勤政的皇帝之一。他17岁即位,为江山社稷宵衣旰食、朝干夕惕,以至于二十多岁就已头发花白,眼角长出鱼尾纹。但是这位如此勤政的皇帝却无力回天,大明王朝注定在他手上灭亡。

崇祯十七年(1644年)三月十七日,李自成的起义军围攻北京城,崇祯开始准备后事。十八日晚,他命太监将三个儿子分别送往外戚家避藏,后来他们在乱军中不知所踪。崇祯又召来16岁的长女长平公主,流着泪说:"你为什么要降生到帝王家来啊!"说完用左袖遮脸,右手拔出剑来砍向女儿。长平慌乱中用左臂一挡,锋利的剑刃一下斩断她的手臂。长平一声惨叫,倒在血泊中。失魂落魄的崇祯以为女儿已经死了,就没有再管她,接着又杀了幼女昭仁公主。长平倒在血泊中,不过没有死。不久清兵入关,将她找到并予以善待。顺治二年(1645年),长平向顺治帝及摄政王多尔衮上书,请求出家为尼。清廷没有答应,反而让她与崇祯为她选定的驸马完婚。婚后不久,长平去世,死时已有五个月身孕。在民间传说中,后来的长平公主出家为尼,并且武功超绝,号称独臂神尼。金庸先生还以此为原型,创造了"九难师太"这样一位武林人物,写进他的小说《碧血剑》和《鹿鼎记》中。

崇祯让嫔妃们自尽。他哭着对周皇后说:"你是国母,理应殉国。"周皇后也哭着说:"陛下命妾死,妾怎么敢不死?"说完解带自缢而亡。崇祯转身对袁贵妃说:"你也随皇后去吧!"袁贵妃哭着拜别,也上吊自杀,结果丝带断裂,自尽未成。崇祯见到,一连向她砍了好几剑。但是袁贵妃虽然重伤,最后也像长平那样死而复苏,后来清廷将她找到并赡养终身。崇祯处置完自己的妃嫔,命令左右去催嫂子——天启帝的皇后张氏自尽。张皇后自缢,也没有死成。李自成入宫后救下了她,并派人保护,但张皇后还是于第二晚自缢身亡。

十九日晨,北京内城失陷。崇祯得知这个消息,带太监王承恩登上了煤山寿皇亭。在这里,崇祯吊死在一棵树上,王承恩从死殉主,吊死在另一棵树上。这一天成为统治中国长达276年的大明王朝的亡国祭日,每逢此日,黄宗羲、顾炎武等明末遗民必沐浴更衣,面向北方焚香叩首、失声恸哭。

两天以后,人们才发现这位国君的尸体。起义军在尸体上搜出一封血书,上面写了这样几句话:"朕死,无面目见祖宗,自去冠冕,以发覆面。任贼分裂,无伤百姓一人。"这是他留给李自成的遗言,大致的意思是说,我作为亡国之君,无颜见列祖列宗,只有取下皇冠,披发遮面,我的尸体任你分割,但求不要伤害无辜百姓。这话说得很感人,因为在古代,别说是一位至高无上的帝王,就算是孤苦伶仃的百姓,也希望自己死后留有全尸,使自己的灵魂得以安宁,但是崇祯身为一代帝王,为了维护百姓的安全,居然做出了"任尔分尸"的割舍,很不容易。

在这出去国亡家的悲剧中,崇祯和他的妃嫔们选择的了断方式就是自缢。

古人为什么普遍选用这样一种自杀方式呢?

这和古人的文化观念有关。先民们对身体的完整性非常重视,不容受到损伤。这种观念导致了早期的统治者在制定刑罚时,采用了大量破坏身体的方式,以达到惩戒的目的。《尚书》"吕刑"篇中,有一个关于刑罚起源的传说,说的是苗民的领袖蚩尤作乱,并且制定了劓(割鼻子)、刵(割耳朵)、椓(破坏生殖器官)、黥(在脸上刺字)和大辟(砍头)等五种刑罚来统治百姓。后来,在苗民刑罚方式的基础上,产生了先秦时期的五刑制度:墨(在脸上刺字涂墨)、劓(割鼻子)、剕(又称膑刑,断足或砍去膝盖骨)、宫(破坏生殖器官)和大辟(死刑,主要是砍头)。著名的军事家孙膑,就是在魏国被处以膑刑,然后以膑为名的。

无论是蚩尤的"五虐之刑"还是先秦的"五刑",都是针对先民渴求身体完整性的观念来设计的,说明这种观念的历史久远和在民众心理的深厚积淀。进入封建社会,这种观念又被上升到理论的高度,《孝经》中说"身体发肤,受之父母,不敢毁伤,孝至始也",把保持身体完整同是否"尽孝"联系在了一起。由此,统治者还发明了一种叫凌迟的酷刑来折磨囚犯的身心,对那些"罪大恶极"的犯人,把他们身上的肉一刀刀割去,让他们在极度痛苦中慢慢死去,并且死后也不能"尽孝"。在宋慈生活的南宋,"恤狱"的精神没有掩盖用法的苛酷,这种刑罚被正式列入刑律,此后这种刑罚一直延续到明清。崇祯冤杀大将袁崇焕,用的就是凌迟之法。这位忠贞的将领在临刑前,作诗一首:

一生事业总成空,半世功名在梦中。
死后不愁无勇将,忠魂依旧守辽东。

但是朝廷再无"勇将"守边,《明史》上说:"自崇焕死,边事益无人,明亡征决矣",明王朝的覆灭只是时间问题而已。

由于有了这样的传统观念,所以中国古人在结束自己生命的时候,会选择一种不毁坏遗体的方式,这样就可以使得尸体完整,完成"尽孝"意愿。古人常见的自杀方式有自缢、投水、服毒等,都是不损害身体完整性的,其中以自缢最为常见。

而在西方,自杀和自缢方式都是不被认同的。笃信基督的西方人认为,人的生命是上帝的恩赐,不能违背上帝的意志自行了结生命,所以自杀是一项重大的罪愆,自杀者不仅不能安葬在靠近上帝的教堂墓地,甚至尸体还要被处以侮辱性的惩罚。另外,按照《圣经》的记载,耶稣的第十二个门徒犹大出卖了耶稣,后来他良心发现,在一棵树上自缢身亡,所以基督徒即使是寻死也绝不会选择这样一种叛徒用过的方法。

另一个例子是古代日本人自杀的一种做法:剖腹。

日本永祚元年(989年),大盗藤原保辅在被捕前,将腹部一字切开,然后用刀尖挑出内脏扔向官兵,这是日本人剖腹的最早记录。后来,剖腹自杀逐渐盛行于武士阶层。据一本叫《太平纪》的书中统计,2640名自杀死亡的武士中,剖腹自杀的就有2159人,超过80%。剖腹自杀因此成为武士的传统,被认为是"武士道精神"的表现。

多数剖腹者采用的方法是,用短剑先刺入左腹,横向右腹切成"一"字形,再从胸口刺入切向小腹,成"十"字形。用这种方法来自杀,人不会马上死去,反而异常痛苦,自杀的场面也异常惨烈和恐怖。因此,剖腹不是单纯以死亡为目的的自杀行为,而是一种仪式。它的特点概括起来就是:不求速死,而求痛苦;不求简单,而求仪式。

日本人之所以这么做,和中国古人一样,也是源于文化观念。在日本人看来,腹部是灵魂的居所,所以临死前切开腹部,就可以昭示自己的勇敢和忠诚,也可以洗涤罪错,得到永生,是一种高尚的行为。

不过让日本人做梦也想不到的是,这种"高尚的行为"中国人也能做。1935年12月,续范亭将军因不满南京政府对日妥协,致使大好河山相继沦丧,愤然在中山陵剖腹明志。续将军剖腹这一刀,不仅震动了中国,也震惊了日本。日本人认为这是中国人空前的悲壮行为,尤其是此举出自军人,让他们不胜惊异。可以说,续将军的这一刀,是对日本军国主义者侵华野心的严正警告。

不同的文化观念,影响了行为的选择。自缢,就是古代中国人自杀时普遍选择的一种行为方式。

对于自缢,官府究竟怎么来鉴别呢?

怎么区分是自缢还是他缢呢?

自缢的人有男有女、有胖有瘦,环境和地点也是千差万别。像焦仲卿,他和崇祯帝、太监王承恩一样是吊死在树枝上的,而崇祯的妃嫔们则是吊死在室内或是房梁上,他们甚至连结绳套的方式都不一样,怎么鉴别是自缢还是他缢呢?

宋慈在《洗冤集录》里用了整整一节的篇幅,详细介绍了种种可能出现的情况及鉴别方法,他道出其中的关键:"喉下痕紫赤色或黑淤色,直至左右耳后发际。"宋慈认为,关键是要看自缢时的绳索在脖子上留下的勒痕。这道勒痕应该是深紫色的,而且一直延伸到左右耳后的发际,只有这样,才是真正的自缢身死。

为什么呢?我们以一件案子来说明。

清雍正十三年(1735年),在河南发生了一起案件。

有一对夫妻晚上休息,丈夫让妻子给他泡一碗茶喝。妻子动作慢了,丈夫很不高兴,开始骂骂咧咧,妻子也不甘示弱,顶嘴回骂。丈夫恼了,一拳打在妻子左耳上,把她打倒在地。妻子倒地后,还嘴硬,说:"你爹妈怎么养了你这个野种!"丈夫顺手捡起地上的一根柴禾,向妻子砸过去。妻子用手一挡,柴禾砸在手上,她的手被砸伤,鲜血淋漓。丈夫赶上前去,照着妻子的脑门又狠踹了几脚。妻子立马昏了过去,不久呼吸急促,接着一命呜呼了。

见妻子死了,丈夫害怕起来。为了逃避罪责,他伪造了现场。他把妻子手上血迹擦干净,又给她换了一套衣服,把她放平整,然后用绳子在尸体脖子上用力锯勒,造成她自缢的假象。这一切做好后,他去死者家里报丧,说是妻子争吵后上吊自杀了。妻子家里来人一看,死者的头上、耳上和手上都有伤,这说明即便她是自杀,也一定与丈夫的打骂有关,于是马上到县衙报案。

县令带仵作到现场检验尸体,仵作检验出死者左耳、脑门致命部位有伤痕,脖子上"微有"勒痕。县令于是得出结论:这个丈夫是把妻子殴打后,又勒死了她,然后以"无故杀妻"之罪结案并上报府衙。知府看了案卷,觉得"微有"勒痕未必是致死的原因,于是派出仵作重新验尸。府衙来的仵作仔细验看了死者脖子上的勒痕,发现只是一道白痕,不是《洗冤集录》上说的那种紫色,断定是死后卡勒所致。知府提审丈夫,他的供述与仵作检验结果一致,确实是先殴打致死然后再以绳勒的。知府于是改判,将罪名改为"夫殴妻致死",判绞监候。所谓"绞监候",就是暂时监禁,留待来年秋审或者朝审再决定是否执行绞刑。

　　从这个案子我们可以看出,真自缢死和假自缢死,在勒痕的颜色上是不同的,自缢死后勒痕的颜色呈深紫色,而假自缢死只能造成一道白色或略深一点颜色的勒痕。这是为什么呢?因为血液循环受阻,所以自缢的人会在脖子下瘀血,勒痕颜色就会很深;而如果是死后吊上去的,他已经没有血液循环了,也就不会形成深紫色的勒痕。古人还没有血液循环的认识,所以只能从表象,也就是从勒痕的颜色来进行判断。然而从这个勒痕,我们就已经可以判断焦仲卿、崇祯帝他们的死因了。

　　《洗冤集录》记载的判别方法给后世的官吏们断案提供了一个依据,只要熟读此书的官员,往往看到勒痕,就可以判明案情。

　　我们举个例子。清朝的时候,一次在山东平度县,有人报告说村里有一个不知名的人自缢身死。县令到了现场,仔细查看了死者的脖颈,然后问村长:"你们村子里有几户人家?"

　　村长说:"十一户。"

　　"他们都在家中吗?"

　　"不是,有一户父子二人赶集去了。"

　　"好,等他们回来,你把他们叫到大堂。"

　　等那父子二人到了大堂,县令一拍惊堂木,问:"你们为什么要搬动尸体,伪造现场?"

　　父子二人吓了一跳,说了实话。原来二人早上出门,却发现一个人吊死在门口,他们怕担干系,连忙把尸体移走,又挂了起来,然后赶集去了。他们本以为做得神不知鬼不觉,却不料被县令一眼看破。

　　县令是怎么发现的呢?他看到尸体脖颈处有两道勒痕,一道深紫色,一直延伸到耳后,说明此人系自缢而死;另外一道颜色很浅,说明是死后被移尸了。

　　由于后世《洗冤集录》流传很广,影响很大,对于自缢鉴别的内容又写得很详细,这就给看过这本书的人伪造现场提供了可能。清道光年间一本叫《客窗闲话》的书中,记载了这样一件事:

　　某甲家境小康。他的表兄又穷又无赖,时常向某甲借钱,却又老是赖着不还。一年冬天,表兄又来借钱,说要借一百贯铜钱还债。某甲忍无可忍,就把表兄赶了出去,也不借钱给他。不料表兄这次还真是欠了一屁股债,他急了,就在屋外高声叫骂,某甲在屋里也不睬他。

表兄骂了一会儿,看表弟不理不睬,也觉无趣。他想想自己实在无法面对债主,一时想不开,"遂缢于檐椽之下",意思是就在某甲家的屋檐下上了吊。

某甲在屋里听不到骂声了,就从后门绕出来看看表兄走了没有,却见一具尸体挂在那儿,不禁大惊失色。表兄死在这,自己怎么也摆脱不了干系,以后官府敲诈、地保讹诈,那是没完没了,怎么办呢?幸好这时天色已晚,天寒地冻的也没人走动,没人发现这件事。他赶忙回家,拿了一笔重金,跑到当地一位很有名的讼师那儿,请他想想办法。

那个讼师正在家和几个朋友玩叶子戏(明清时的一种纸牌),听了某甲述说,淡淡地说:"予戏大负,无暇虑也。"讼师明里是说,我打牌都打输了,哪有心情管你的闲事,其实话里有话。

某甲心领神会,赶忙把带来的银钱奉上。讼师接了钱,顿时眉开眼笑,他对某甲说:"你赶快回去把尸体解下来,注意千万别让人看见了,然后你再到我这儿来,我教你怎么做。"

某甲回到家,把尸体解下来,放进屋里,然后又跑到讼师那儿。讼师打牌正起劲,见到某甲来了,盼咐他坐下来观战。某甲哪有这个心情?瞅个空就问讼师下一步该怎么办,讼师也不睬他。

到了后半夜,讼师才对他说:"你赶快回去,把尸体再按原样吊起来。"

某甲大惊,说:"您这不是害我吗?我这么挂上去,明天大家不就都知道表兄是死在我家了吗?求求您告诉我怎么才能消灾躲祸吧!"

讼师很不高兴,对他说:"汝违吾教,看汝破家也。"意思是说,你要是不按我说的办,那就等着家破人亡吧!

某甲很害怕,想想也没有别的办法,就跑回家把尸体原样地挂了起来,然后又跑到讼师那儿。

讼师笑了:"你跑来跑去,不怕麻烦啦?我告诉你,明天早上有人敲门,你一定不要开门,等到县令来了,你才能把门打开。如果县官盘问,你只要恳求他验尸就行了,什么话也不要辩解。回去好好睡觉吧,我早安排好让你脱身的妙计了。"

某甲遵照讼师的教导,回到家紧闭上大门。

第二天一早,人们就发现了尸体。地保来敲门,某甲在里面怎么也不应答,地保就去县衙报案。县令来到现场,命令仵作检验尸体,他自己也看了一下,然后让衙役打门,某甲这才出来。

县令问某甲:"你认识这个人吗?"

某甲假模假样去看了一下,然后答道:"回大人,这人是小人的表兄,不知为什么死在小人家门口。"

"你和他有仇吗?"

"没有。"

旁边的衙役和地保知道某甲家中有钱,想趁机讹他一笔,赶忙禀报县令说:"启禀老爷,死者是某甲的亲戚,平时经常向他借钱,这肯定是某甲讨债威逼所致。"

县令冷笑了,说:"尸体脖颈上有一深一浅两道勒痕,明显是死后有人移动尸体。我正在奇怪移尸的目的,原来是讹诈!既然你们指称某甲逼死表兄,看来这事一定是你们干的!"他喝令左右把打小报告的衙役和地保拿下,当场杖责一顿。

回过头来,县令对某甲说:"既然是你亲戚,你就出点钱,买一副棺材把他埋了吧。"

事情就这么结束了。

在这个案子中,讼师故意让某甲把表兄的尸体取下来又挂上去,造成一深一浅两道勒痕。他知道县令在验尸的时候一定会看到,进而怀疑有人移尸;他也知道有人一定会借机讹诈,这样一来,县令就自然推断出是讹诈的人移的尸,这就把某甲摆脱了出来。虽然讼师用了诡计,但总算帮了一个无辜的人,让他免于倾家荡产,也算是做了一件好事。

在《洗冤集录》里,宋慈还指出,在处理自缢案件的时候,还要注意现场的一些细节,这样也可以帮助破案。例如,他写了这样一句话:"若经泥雨,须看死人赤脚或着鞋,其踏上处有无印下脚迹。"他说,如果是下雨天,验尸时应该注意死者是否曾经从泥泞处走过,应该看看他是赤脚还是穿鞋,垫脚上吊的物品上有没有留下脚印。当然,死者如果从泥泞地走过,那他上吊时蹬踹的垫脚物一定会留下脚印;反之,就很可疑,甚至说明死者可能根本不是自缢死亡的。

清朝的时候,山东某县发生了一个案子。

当地有甲乙二人,素来不睦。甲和妻子吵架,妻子一时想不开,就悬梁自尽了。甲开始有些疼惜懊恼,继而一想,何不趁机嫁祸给乙,出出胸中的恶气呢?于是他乘着雨夜,把妻子的尸体背到乙家门口,挂在他家的门楣上。

第二天一早,乙起床开门,看见一具尸体挂在门前,顿时吓得瘫软在地。正在这个时候,甲假装寻找妻子,来到乙家门口,他抚尸嚎啕大哭,无论乙怎么解释,还是到县衙报了案。

县令闻报,亲自跑到现场。他验看完尸体后,开始询问甲乙等当事人。

甲说:"我和乙素有交往,只因家境贫寒,昨天晚上就让妻子去乙家借米。今天早上起来,我看到妻子还没有回来,就跑来乙家,发现妻子已经吊死在他家门口了。一定是乙把我妻子逼死的,望大人明察!"

乙听到甲的控诉,惊恐异常,却又无法辩白,只是不住地磕头喊冤。

县令对乙说:"你不必惊慌,此事与你无关。"转过头,他对甲说:"是你把尸体移到乙家门口的。"

甲吃了一惊,连呼冤枉。

县令冷笑着说:"你不必装可怜,我自会叫你心服口服。昨天通宵大雨,地上泥泞不堪,如果你妻子真是像你所说的那样跑到乙家借米,她的脚上一定沾满泥泞。可是你看,她的脚很干净,这说明她根本没有来过。一定是你妻子在家自缢,然后你把尸体移过来嫁祸给乙的!"

甲无话可答,只有俯首认罪。

这个县令就是根据宋慈在《洗冤集录》中的提示,注意了现场,特别是死者脚部无泥泞的细节,再根据当事人的陈述,一举破案。

宋慈在《洗冤集录》中还说,要注意考察自缢者的心理。比如说要看看死者衣服的新旧,因为一个决定去死的人,他可能会换上新的或者好一点的衣服,这样他的"死相"也不会很难看,到了阴间也不会衣衫褴褛。宋慈还说:"若真自缢,开掘所缢脚下穴三尺以来,究得火炭方是。"意思是说,如果尸体脚下有一个坑,验尸的时候往下挖能见到木炭或灰烬,就说明死者一定是自缢。

这是什么意思呢?

古人大多是把死者装进棺材,然后土葬的。在下葬前,人们会在挖好的土坑中烧芝麻杆一类的东西进行"焙窑",意在营造一方热土,让死者可以尽快投胎转世,来生芝麻开花节节高,一世比一世活得更好。自缢的人,虽然要了却今生,他也希望自己的脚下是一方热土,以便尽早转世投胎,所以他会先在地下挖一个坑,烧些木炭然后用土掩埋,意在"暖坑",然后在上面从容自缢。这个风俗在闽北一代至今沿袭。宋慈在长期的法医检验实践中,注意到了当时的民俗文化对自杀心理的影响,将其写进了《洗冤集录》中。

这也提示官吏们,应当注意了解当地的风俗习惯、乡约俚俗,这对处理案件大有裨益。

溺水身亡如何鉴别?

接下来我们说说溺水身亡的事。

其实在历史上,投水自杀最有名的,不是刘兰芝,而是大诗人屈原。

屈原胸怀大志,希图振兴楚国,却遭到楚王的疏远和流放。公元前278年,秦国大将白起率军南下,攻破了楚国国都。屈原的政治理想破灭,他对前途感到绝望,只得以死明志,就在同年农历五月初五前后"怀石"(抱着石头)投汨罗江自杀。

可能是因为屈原是抱着石头投水的,所以他的遗体没有被打捞上来,百姓们就纷纷拿来米团投入江中,以免鱼虾糟蹋了屈原的尸体。据说这就是端午节吃粽子习俗的由来。

不过，据《孔雀东南飞》上所说，刘兰芝的遗体是被打捞上来了。

那么，官府怎么能确定刘兰芝是自杀的呢？

这件事对宋慈来说也有点头疼。因为投水的情况很复杂，有自己跳水的，有失足落水的，也有被人推入水中的，还有的是死后被抛入水中的，当时的科技水平低下，要从这么多种情况中确定死者是否是自杀还是相当困难的，所以宋慈只得说："大抵水深三四尺皆能淹杀人，验之果无它故，只作落水身死，则自投、推入在其间矣。"

在通常情况下，河水三至四尺深就能淹死人。宋慈说，勘验现场时如果找不到其他痕迹和身体损伤，就只能认定是"落水身死"，这就是说，包括了"自己投河"和"被推入河"这两种情况。

所以，要断定刘兰芝是否是投水自杀，必须根据尸检结果，再结合官府调查到的其他一些情况，综合进行判定。而仅凭法医检验是不能直接得出刘兰芝是否是自杀的结论的。

溺水的死者是什么样子的呢？《洗冤集录》上说："若生前溺水尸首，男仆卧、女仰卧。头面仰，两手两脚俱向前。口合，眼开闭不定，两手拳握，腹肚胀，拍作响。两脚底皱白不胀，头髻紧，头与发际、手脚爪缝，或脚着鞋则鞋内各有沙泥，口、鼻内有水沫及有些小淡色血污，或有搕擦损处。"意思是说，溺水而死的，男尸在水中成俯卧状，女尸成仰卧状。通常，尸体头部仰抬着，两手脚前伸，嘴闭合，两眼或睁或闭，两手握拳，上腹部膨胀，拍起来有响声。尸体脚底发白，皮皱而不胀，头上发髻不散，头发丛、手脚指（趾）甲缝及鞋里都有泥沙，口鼻有许多带有血性的泡沫溢出，有的尸体上还有擦伤痕。

这些都是古代法医经验的总结。特别是宋慈说溺水后的尸体会"男仆卧、女仰卧"，这是怎么回事呢？直到现在，我们才给出了科学的解释。原来男女的骨盆大小是不同的，这使得男女的重心有所不同，在水的浮力作用下，才造成了这种现象。

当然宋慈在这里所说的，只是落水不久后的情况，人的尸体各个部位还比较完整，能够加以辨别。如果尸体在水中时间长了，腐烂了，只剩下一具骷髅，那该怎么办呢？宋慈也有办法，《洗冤集录》里有这样一段记载："乃取髑髅净洗，将净热汤瓶细细斟汤灌，从脑门穴入，看有无细泥沙屑自鼻孔窍中出，以此定是与不是生前溺水身死。盖生前落水，则因鼻息取气，吸入沙土；死后则无。"这就是宋慈让骷髅说话的方法。他说，要净干洗颅骨，把清洁的温水从卤门慢慢倒入，看有没有泥沙从鼻孔流出来，以此来判定死者是否是溺水身死的。宋慈解释说，凡是溺水死亡的，会在水中挣扎吸气，他搅动了水底的泥沙，并且吸入鼻腔，继而保留在颅骨里。

有了这个办法，无论尸体的情况如何，官吏们都可以据此断案了。

清朝的时候，就有这样一个活学活用的案子。

某甲在南昌城外开了一家布店，因为生意好，还雇了两个伙计。一次，某甲的妻子出门，回家后却发现丈夫死在床上。她问伙计，伙计说是暴病身亡。甲妻有点不信，又问儿子。儿子这时才十岁，不甚懂事，他只记得晚上吃饭的时候父亲还挺精神，第二天早上就没气了，却说不出死因。甲妻很是怀疑，就以丈夫死因不明告到县衙。

县令闻状，就带着仵作前来验尸。仵作勘验的结果，死者面部微呈黄白色，遍体并无伤痕。县令盘问两个伙计，他们的回答也没有什么可疑之处。看来某甲可能真的得了不明怪病，以致一命呜呼了。

但是甲妻很执拗，她总觉得丈夫死得蹊跷，就向上申诉。上级批文下来，要县令重新检验。县令拿着公文很是作难，这该怎么办呢？

师爷给县令出了一个主意，让他礼聘邻县的一位有名的仵作，看看他有没有办法。

那名仵作来了，县令把案子详细讲述给他听，末了问他："《洗冤集录》上讲的死亡情况，我都考虑了，也没发现什么问题，难道还有这本书上没有记载的什么谋杀方法吗？"

仵作并没有立即回答，他把验尸报告仔细看了几遍，这才对县令说："这是谋杀。"

"什么？谋杀！那罪犯用的是什么方法？"

"回大人，这叫石灰罨死法，《洗冤集录》上也没有记载。"

"那罪犯是怎么杀人的呢？"

"罪犯杀人的方法，是先在水缸中装满水，然后把石灰放进去搅拌，等混合好了，再把被害人捆住，把他的头按入水中，被害人片刻即死。死者尸体并无损伤，只是脸部微呈黄白色，和病死差不多。"

"罪犯作案不会在现场留下什么痕迹吗？"

"被害人的口鼻会流血，但是遇到石灰水就止住了，流出来的血也会被石灰消解，不会留下任何痕迹。"

"怎么检验呢？"县令着急地问。

仵作笑了："大人熟读《洗冤集录》，您忘了那个洗颅骨的方法了吗？"

一句话提醒了县令，他马上按照《洗冤集录》上的方法，对某甲的颅骨进行检验，果然发现无数灰滓。

县令将有重大嫌疑的两个伙计抓来。在事实面前，他们承认了杀人的罪行，作案动机是垂涎某甲的钱财。

凶犯用石灰水将人溺杀，了无痕迹，如果不是仵作见多识广，又能对《洗冤集录》中的方法灵活运用，恐怕真会让凶犯逍遥法外了。

由此可见《洗冤集录》在法医检验方面所取得的成就。不过,《洗冤集录》最有价值的地方,可能还不在于判断死因,而在于它记载的关于自缢和溺水者的抢救方法,这也使《洗冤集录》闪耀着人性的光辉。

怎么救活焦仲卿和刘兰芝?

焦仲卿和刘兰芝可以救活吗?

回答是肯定的。只要发现及时,完全可以救过来,避免悲剧的发生。

怎么救治呢?

我们先说焦仲卿。

焦仲卿是自缢身亡的。对于自缢,《洗冤集录》上有一套完整的解救方法,按照宋慈的话去做,就可以使自缢者脱离危险。

具体来说,有这样几个步骤:第一步,抱住自缢者的身体慢慢解开绳结,然后把自缢者仰面放在地上。第二步,一个人抓住自缢者的头发,用脚蹬住他的肩膀,让他的头抬起来。第三步,一个人用手按摩自缢者脖子和胸部,特别是他被卡勒的喉部,帮助活血。第四步,再找一个人按摩和拉伸自缢者的四肢,然后按摩腹部。这样大概一顿饭的功夫,自缢者就能缓过来。这是宋慈总结出的一整套方法,大概他自己也经常用,很有效果,所以他非常自信地说:"若依此救,无有不活者。"而对于溺水,《洗冤集录》总共记载了九种方法,都可以把人救过来。

焦仲卿和刘兰芝自杀,如果发现及时,抢救得法,是完全可以救治的。但是悲剧还是发生了,留给后人无尽的叹息。

我们从中也可以体会宋慈的心意。他把这些"不相干"内容都写进《洗冤集录》,为的是让后世的官吏们多救人,少验尸;让他们和自己一样,有一颗真诚的爱民之心,成为一个"循吏"。如果真是这样,世上哪有多少"冤"要"洗"呢?

这一讲,我们以《孔雀东南飞》中焦仲卿和刘兰芝为例,介绍了《洗冤集录》中对于中国古代最常见的自杀方式:自缢和投水的鉴定方法。宋慈特别对自缢和投水的救治方法进行了总结,还把它写进书中,表达了一个循吏对于百姓生命的尊重和关注。那么,《洗冤集录》还记载了哪些法医检验的方法呢?

请看下一讲"蒸骨奇法"。

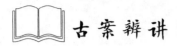

移尸栽赃

山左某甲与乙积不相能。适甲之妇因他故自缢,甲视为奇货,乘夜负尸于乙之门,悬于楣上。明日乙起,见而大惧。正皇遽间,甲至,伏尸哀恸,控于官。谓:"与乙素相往来,昨以贫故令妇乞米,迨夜不归,方深疑虑,不知因何在其门首报缳毕命,乞官追究。"乙本谨愿,闻之益惴惴。官至,解验毕,复谛视良久,谓甲曰:"此非乙罪,是尔移尸。"甲譁辩。官曰:"尔毋哓哓,吾有一言,令尔心服。昨夜大雨,方今街路泥泞,观尔妇弓鞋土燥而梁薄,非尔负之而何?"甲失色,遂吐实焉。

【按语】

检验缢后移尸,古代常用的方法是检验死者颈上的绳痕。凡是缢后移尸,尸体颈上会留有两条绳痕,一紫赤,一白色。

本案的检验官员没有就绳痕提出问题,单就死者"弓鞋"上泥土的干湿就足以辨明案情的真相了。这种检验方法,《洗冤集录》里也曾记载:"若当泥雨时,须看死者着何样靴鞋,踏上处有无印迹。"本案发生时,夜间大雨,道路泥泞,甲妻去乙家,弓鞋上势必粘有湿泥,但甲妻的鞋却是干燥的,这就有力证明死者夜间并未到乙家。在这样正确的推理面前,甲还能再狡辩么?

缢后移尸

余官平度,有报无名男子自缢死者。验得颈有两缢痕,一紫赤,有血瘀;一红色,尤血瘀。问原报人,尸自何来?茫无以对。问邻中有若干户,答云:"十一户。""俱在家否?"云:"某家父了赶集去矣。"令传至,余云:"邻中人独尔父子赶集,移尸者,尔父子也!"其人惶惧,云:"是日黎明,开门瞥见一人吊在门首,遂移挂某地树上。"问:"放下时有气否?"曰:"无气,惟两手甚热。"因思移动痕只白色,而此则红色,必是悬挂未久,移动时血未十分凝滞故耳。

【按语】

检验缢死者,如发现颈上有两条绳痕,必须慎重,以防把他杀误定为自杀,或自杀误定为他杀。

《洗冤集录》中指出:"大凡移尸别处吊挂,旧痕挪动,必有两痕,旧痕紫赤,有血癊,移动痕只是白色,无血癊"。因为凡自缢死者,颈上的血脉突然被阻,形成荫血,绳痕呈紫红色或褐红色,而将缢死之人解下另行吊挂,此时死者全身血液循环业已停止,颈上绳痕不可能再出现荫血,只能呈白色。

本案中的死者颈上有两条绳痕,"一紫赤,有血癊;一红色,无血癊。"紫赤的绳痕,是初缢无疑,但另一绳痕却是红色的,与《洗冤集录》所载的白色不符,因此,对此案就得进行深入的调查研究,不能贸然下断语。审案者经过调查得知,死者被解下另行吊挂,"两手甚热",这就说明,缢者虽已断气,但尸体尚未僵硬,血液也未完全凝滞,所以第二条绳痕呈红色。再从移尸的父子的供词中可以得知,尸体悬挂在他家门首,他们怕惹祸或害怕不吉利才移挂某地树上的,他们不是凶手,死者确系自缢。审案者这样的检验和分析都是正确的,案子也就断得正确了。

执人搵水

有甲、乙同行,乙有随身衣服,而甲欲谋之。行至溪河,将渡中流,甲执乙搵水而死,是无痕也。验得乙尸瘦劣,十指甲黑黯色,指甲缝及鼻孔各有泥沙,胸前赤色,口唇青斑,肚腹胀,此乃乙劣而为甲执于水以致死也。当究甲之原情,须有赃证,以观此验,万无一失矣。

【按语】

从检验尸体得到的情况看,本案中死者乙并非自己溺死,而是被甲"执于水中以致死的"。

乙尸"十指甲黑黯色",是乙初被按入水中后,本能地自我制止呼吸,口唇紧闭,形成了体内缺氧,以致血液中二氧化碳浓度大增,所以指甲以及黏膜出现了"黑黯色",这是体内缺氧的反映;由于口唇紧闭,甚至牙齿咬住嘴唇,造成了唇皮下瘀血,而出现"青斑",屏住呼吸后,二氧化碳浓度增加,势必刺激颈动脉窦化学感受器和延脑呼吸中枢,从而产生强烈的深呼吸,使河水迅猛地进入呼吸道和肺中,由于呼吸困难,会不由自主地张开嘴巴,河水随之进入消化道,于是腹部会因充水而鼓胀;乙虽然体弱,但也不可避免地要进行挣扎,两手会乱抓河底,因而指甲缝必然嵌入泥沙,鼻孔进入泥沙。至于"胸前赤色",是因为乙被甲倒提,全身血液逆行,瘀于胸部所致,故《洗冤集录》中"验溺水辨生前死后"条载:"若身上无痕,面紫赤,口眼开,此是被人倒提温水"。本案没有提到"面紫赤",但可以肯定,乙的面色也是"紫赤"的。

根据验尸所得的情况,加以审讯,取得赃证,这样定的案子是符合实际的,也是科学的。

卡勒身死

乾隆五十年,江西省余干县民妇余曾氏谋死胡开桂、吴氏二命一案:检得胡开桂眼眶骨连鼻梁骨,两颧骨、两颊骨、上口骨俱有血瘢,青黯色,下口骨有血瘢,紫红色,上下牙齿十个红色,颔颏骨有血瘢,紫红色,委系被掐身死。又检得吴氏顖门骨连左额角,左眉棱骨具有血瘢,赤色,上头牙齿七个红色,颔颏骨青赤色,项颈骨第二节尖上有血瘢,赤色,顖门骨浮出脑壳之外少许,委实被勒身死。

【按语】

被人卡死或勒死,与缢死的道理基本相同,都是借助于机械的压力,压迫颈部血管、喉部和神经,尤其是迷走神经及其分支(喉上神经)、引起血液循环和呼吸障碍致死,或者引起反射性心跳停止而死亡。

由于卡、勒,往往人体浅部、管壁薄的颈静脉首先压闭,而椎动脉仍能畅通,还能向头部输送血液,所以,头面部会出现瘀血;窒息后,由于缺氧,颅内压也增高,氧合血红蛋白少,还原血红蛋白多,因而会出现青紫色的瘀血和一些皮下出血点。尤其是眼结合膜,外耳道,鼓室以及牙龈等处,都会有出血现象。

本案中指的"骨有血瘢",实际上指的都是头面部瘀血的部位,并非"骨头上有血瘢"。至于"项颈骨第二节尖上有血瘢",可能是被卡勒时摩擦所致。

执刀自戕

道光二十年二月,余奉上官委,赴昌邑县会验王人辉自杀身死一案:查王人辉分用小刀自划肚腹,延至次日殒命。及至会验之时,尸棺殡已两月,当众启示,而左手弯曲如故。令仵作以小刀插入该尸手中,扶至伤处,白上移下,丝毫不爽,惟右手则硬直,不能动移。

【按语】

一般情况下,自杀身死,死者往往会手紧握致伤物,这是由局部痉挛造成的。此案死者虽然手未握致伤物,但死前握刀的左手仍然保持临死时的姿势。这也是自杀特征之一。其次,用刀自杀者,伤口一般在手容易触及的部位,王人辉用左手切腹,据复原检验,左手"握刀"的手势活动范围与伤口范围吻合,属自杀无疑。至于延至"次日殒命",可能是未切断大血管,没有造成大流血之故。这种情况如果及时抢救,也许能够救活。

延伸阅读

一、清明节习俗及食俗

"清明节"的得名源于农历二十四节气中的清明节气,每年冬至后的第一百零五天就是清明节气。一般是在农历三月、公历的四月五日。清明本是二十四节气之一,在二十四个节气中,既是节气又是节日的只有清明。

"清明节"这一称呼起源很早,根据文献记载,至迟在秦汉以前就已经出现并固定。成书于西汉初年的《淮南子·天文训》中记载:"春分后十五日,斗指乙,则清明风至。"按《岁时百问》的说法:"万物生长此时,皆清洁而明净。故谓之清明。"可见"清明"作为节气的名称起源甚早,当在汉代以前。但是,清明作为节日,与纯粹的节气又有所不同。节气是我国物候变化、时令顺序的标志,而节日则包含着一定的风俗活动和某种纪念意义。之所以说清明节既是一个节气,也是一个节日,是因为清明节是我国最重要的祭祀节日,是祭祖和扫墓的日子(扫墓,俗称上坟,祭祀死者的一种活动),是慎终追远、敦亲睦族及行孝的具体表现。扫墓源于五千年前的墓祭,就是在坟墓前祭祀祖先。

据传,清明节始于古代帝王将相的"墓祭"之礼,后来民间也争相仿效,于此日祭祖扫墓,历代沿袭,从而成为中华民族一种固定的风俗。清明节的习俗丰富多彩。主要包括源于先秦时期的插柳习俗、踏青、放风筝以及祭祀习俗。

在古代,柳在人们的心目中具有辟邪的功用,便有了极具象征意义的插柳习俗。北魏农学家贾思勰《齐民要术》里记载的"取柳枝著户上,百鬼不入家。"说的就是这一习俗。

柳在人们心中具有辟邪的功用。清明插柳戴柳还有一种说法:我国人以清明、七月半和十月朔为三大鬼节,是百鬼出没讨索之时,人们为防止鬼的侵扰和迫害而插柳戴柳。

说起踏青游乐,可以一直上溯到孔子时期。据《论语》记载:

孔子有一次与他的弟子们在一起讨论人生志向,其他弟子慷慨陈述其治国安邦的宏伟蓝图时,孔子并未搭腔。曾皙说:"暮春时节,穿着刚刚做好的春服,与五六个朋友,六七个小孩,到沂水去沐浴,并随风起舞,洗完后哼着民间小调,踏上归途。"

孔子听后大加赞赏,喟然道:"你和我想的一样!"

孔子与的对话表明,远在春秋时期,人们便有了在暮春时节野浴并踏青的活动。

清明踏青为古代人比较普及的休闲活动形式,其组织方式、内容和规格,也随着时间的推移,因地因人而异。有人会觉得,清明节吃着寒食祭奠先人,真是好凄凉啊。

其实不然,有词为证:"问西楼禁烟何处好?绿野晴天道。马穿杨柳嘶,人倚秋千笑,探莺花总教春醉倒。"

清明节时无论是大自然中的植被,还是与自然共处的人体,都退去了冬天的污浊,迎来春天的气息,实现了由阴到阳的转化。所以说清明节的实质是通过缅怀先人来迎接更美好的生活。

放风筝和荡秋千,是我国人民在清明节时喜爱的两项活动,具有几千年的历史了。风筝也称"风琴""纸鹞""鹞子""纸鸢"等,闽南语称"风吹"。风筝是一种比空气重,能够借助风力的制品。

风筝起源于我国,据说古代将军曾利用风筝测量风速,有人背着风筝从高处跳下保住了性命,更有人曾利用风筝传信求神赐福。每逢清明节,人们不仅在白天放风筝,夜间也要放风筝。夜里,在风筝下或在风筝的拉线上挂上一串串彩色的小灯笼,风筝飞在空中就像闪烁的明星,被称为"神灯"。

清明放风筝是普遍流行的习俗。清人潘荣陛所著《帝京岁时纪胜》记载:"清明扫墓,倾城男女,纷出四郊,提酌挈盒,轮毂相望。各携纸鸢线轴,祭扫毕,即于坟前施放较胜。"古人还认为清明的风很适合放风筝。《清嘉录》中说:"春之风自下而上,纸鸢因之而起,故有'清明放断鹞'之谚。"古时放风筝活动从元宵节后一直持续到清明节,所以古时也把清明节称为"风筝节"。

在清明节,各地还有荡秋千的习俗。我国民间荡秋千的历史非常悠久,秋千的起源,可追溯到上古时代。古人荡秋千最初只是在清明、寒食节前后才有所见,而且仅仅局限于豪门贵族家的儿女游戏之用。直到南北朝时期,荡秋千才流行并盛行于大江南北。后来,荡秋千发展为清明节习俗的重要内容。所以,古代清明节也称"秋千节"。在宋代秋千已成为专供妇女玩耍的游戏,皇宫里也安设秋千,供皇后、嫔妃、宫女们玩耍。由此可见,荡秋千已成为上自宫廷下至普通百姓喜闻乐见的健康娱乐活动。《荆楚岁时记》记载:"春时悬长绳于高木,士女衣彩服坐于其上而推引之,名曰打秋千。"民俗相传,荡秋千可以驱除百病,而且荡得越高,象征生活过得越美好。

宋代,清明饮食习俗也发生了很大的变化。著名诗人杨万里《送新茶李圣俞郎中》诗道:"细泻谷帘珠颗露,打成寒食杏花饧。"

金代诗人元好问的《茗饮》说道:"槐火石泉寒食后,鬓丝禅榻落花前。一瓯春露香能永,万里清风意已便。"由此可见,饮茶这一习俗在宋代也是长兴不衰。

清明最重要的饮食习俗就是吃青粳饭。青粳饭也叫乌米饭,是江苏省的著名点心,是以乌饭树之汁煮成的饭,颜色乌青,为当地居民寒食节的重要食品之一。主要是为滋补身体,祭祀祖先,相传为道家所创。

青粳饭原本是民间食品,早在唐代就已经产生了。唐代著名诗人杜甫在《赠李白》中就有"岂无青粳饭,使我颜色好"的诗句。全诗如下:

> 二年客东都,所历厌机巧。
> 野人对膻腥,蔬食每不饱。
> 岂无青粳饭,使我颜色好。
> 苦乏大药资,山林迹如扫。
> 李侯金闺彦,脱身事幽讨。
> 亦有梁宋游,方期拾瑶草。

制作青粳饭主要是用南烛木,南烛木也名"黑饭草"。青粳饭的具体制作方法是采用南烛木的枝叶,捣成汁,用汁浸米,再蒸饭,晒干。

关于"南烛木",北宋的沈括在《梦溪笔谈》中也有记载:"南烛草木,记传、《本草》所说多端,多少有识者。为其作青粳饭,色黑,乃误用乌桕为之,全非也。此木类也,又似草类,故谓之南烛草木,今人谓之南天烛者是也。南人多植于延槛之间,茎如蒴藋,有节;高三四尺,庐山有盈丈者。叶微似楝而小。至秋则实赤如丹。南方至多。"

清明时节,江南一带有吃青团子的风俗习惯。青团,又叫清明果,是我国江南和上海一带清明节时的祭祖食品之一,因为其色泽为青绿所以叫作"青团"。青团外皮松软,肉体松糯,不甜不腻,味道清香,有青草香气,有点黏但不粘牙,青团的夹心多为豆沙。青团始创于宋代,是清明节的寒食名点之一,后来青团的祭祖功能逐渐淡薄,而更多的人把青团当作春天的时令点心来食用,也用以馈赠或款待亲友。

二、古代的遗嘱

遗嘱,是指人生前在法律允许的范围内,按照法律规定的方式对其遗产或其他事务所做的个人处理,并于创立遗嘱人死亡时发生效力的法律行为。

遗嘱可以指人在生前或临终时用口头或书面形式嘱咐死后各事应如何处理。《敦煌变文集·前汉刘家太子传》:"汉帝忽是患疾,颇有不安,似当不免,乃遗嘱其太子。"宋洪迈《夷坚志补·张客浮沤》:"李归给厥妻曰:'使主病,死于村庙中,临终遗嘱,教你嫁我。'"

遗嘱也可以指人在生前或临终时嘱咐处理死后各事的话或字据。《八琼室金石补正·唐慈润寺灵琛灰身塔铭》:"又原存遗嘱,依经口林。"《朱子语类》卷一三〇:"刘不畏曰:'君命死即死,自死奚为?'写遗嘱之类讫,曰:'今死无难矣!'"清昭梿《啸亭续录·佛典属》:"病革时,呼子孙环列榻前,众以为有遗嘱。"

古代还有许多有关遗嘱的事例。楚汉相争时,刘邦借着手下众多将领与背叛项羽的诸侯王而打败项羽取得天下,在战后不得不将功绩最高的一群将领封为诸侯王,但其却对异姓诸侯王心存疑虑,害怕其谋反,危及自己的江山,于是开始着手剪除异姓诸侯王和功臣势力。

以汉初三杰之一韩信为例,刘邦在垓下之战获胜后即改封其为楚王,使其离开根据地齐地,并于翌年设计将韩信掳至长安,降为,最后借吕后之手斩杀韩信。其后彭越、英布、韩王信、臧荼、卢绾等王皆一一被其贬杀。刘邦将异姓诸王清灭后,发现汉朝的控制力还只能停留在关中地区,在边疆地区却显得鞭长莫及,因此大封同姓诸侯王,实行郡国制,以保刘氏江山稳固。

然而随着吕后势力日大,其担忧汉室江山被吕氏夺去,因此在其晚年与刘氏诸王杀白马为盟,以策万全。

《史记·高祖本纪》记载:"吕后问:陛下百岁后,萧相国既死,令谁代之。上曰:曹参可。问其次,上曰:王陵可,然陵少戆,陈平可以助之,陈平智有余,然难以独任,周勃重厚少文,然安刘氏者必勃也,可令为太尉。吕后复问其次,上:此后亦非而所知也。"

汉高帝十二年(公元前 195 年)四月中旬,六十二岁的刘邦躺在床上等待死亡的到来。此时朝廷内外,皇宫内外气氛很不正常。皇宫外的重臣们知道皇帝命不久矣,但无计可施;经常在刘邦病榻前伺候的吕后不知夫君到底还有什么打算,也是忐忑不安。

一天晚上,她走近刘邦,试探地询问还有什么遗言,刘邦不回答。她只好以政治家的身份追问道:"您走后,丞相萧何也死了,谁还能承担百官之主的重任?"

他回答吕后:"曹参。"吕后又问:"之后呢?"

刘邦道："王陵。"但随即又补充道，"王陵这个人有些迂愚刚直，可以让陈平帮他。陈平智慧有余，但是难以独当重任。所以，一定要用周勃来帮他。而周勃可以做太尉。也许外人会认为周勃缺少文才，但是客观地说，将来安定刘氏天下的，一定是周勃。"

吕后心里有些不高兴，尤其是最后一句话，什么叫安定刘氏天下？她又问道："这些人都死掉了，谁还能代替他们呢？"

刘邦高深莫测地回道："那就不是你能知道的事了？"刘邦心想你也活不到那个时候了，操那么多心干吗？

同年4月25日，刘邦逝于长乐宫，吕后秘不发丧，她把理由说给幸臣审食其听："朝廷某某大臣当年都与皇帝平起平坐，北面称臣就快快不乐，现在要让他们在我儿刘盈面前俯首称臣，心中定然更是不服，若不统统将他们诛杀灭族，天下恐难安定。"

汉高祖十二年（公元前195年），刘邦路过沛县，在沛宫备下酒席，把老朋友和父老子弟都请了过来，一起纵情畅饮，还挑选了120个沛中儿童，教他们唱歌。酒喝得正痛快时，刘邦击起竹琴唱起歌："大风起兮云飞扬，威加海内兮归故乡．安得猛士兮守四方。"刘邦唱罢，儿童们学唱。于是刘邦起舞，情绪激动心中感伤，洒下行行热泪。此后不久，刘邦箭伤复发，拒绝治疗，逝于长乐宫。

刘邦和项羽一样，都是没什么文化的"粗人"，可他们都在临终之前留下了一首歌作为自己生命的绝唱。"大风起兮云飞扬，威加海内兮归故乡"，饱含了刘邦这一生的成功与欢乐；"安得猛士兮守四方"则表现了他对未来的担忧、无奈，以及难以言说的伤感。刘邦这位地地道道、古今罕见的"欢乐英雄"，最后也不得不给自己的生命续上一个悲怆的结尾。

刘邦所立的遗嘱可谓环环相扣，百密无一疏。两道遗嘱不但是汉初政局的直接反映，也是汉朝后来发展的指示灯。人事安排的遗嘱使汉朝刘氏江山得以稳固，而白马之盟，更是让刘姓江山延续了370年。刘邦的遗嘱，有一小部分是对秦朝历史的反思，更大一部分是对当时形势的总结。

三、等级森严的古人去世称谓

古代森严的等级制度，不仅表现在朝堂之上，还表现在市井之中。人们生前不但有三六九等之分，而且死后还有崩薨殁的称谓之别。古人对去世的称谓，最常见的莫过于崩、薨、卒、死、殁了。

在《礼记·曲礼》中有这样的记载："天子死曰崩，诸侯曰薨，大夫曰卒，士曰不禄，庶人曰死。"足见古人对死亡的重视。

"崩"字的本意是山倒塌，常见的组词如山崩地裂等。但在古代，人们把皇帝的"死"看的很重,一旦有皇帝去世,常用山塌下形容。因此在很多文言文中,经常看到用"崩"字来表示古代帝王去世的描述。诸如《战国策·触龙说赵太后》云:"一旦山陵崩,长安君何以自托于赵?"在诸葛亮的《出师表》中也有这样的描述:"故临崩寄臣以大事也。"一说赵太后死(这里是尊称),一说刘备(蜀汉帝王)。

殁古同"殁",解释为死亡。表示死的意思,古人用沉没来比喻死亡,因此在上古时代,人去世常写成"没"。《孔子·滕文公上》中"昔者孔子没",其大意是:从前,孔子去世了。《楚辞·怀沙》中"伯乐既没",在《史记·屈原贾生列传》中被引用为"伯乐既殁兮"。现代"殁"和"死"在表示死亡的时候,均泛指死亡。

卒,古代指大夫死亡,后为死亡的通称。《礼·曲礼》云:"大夫死曰卒。"有时也称诸侯的死亡。《左传·僖公三十二年》:"冬,晋文公卒"这里表示诸侯的死。唐朝以后"卒"字的使用对象更为普遍了,杜甫在《自京赴奉先县咏怀》里有这样的描述:"入门闻号啕,幼子饥已卒。"这里的"卒"泛指死亡。

作古,指逝世、死亡。《霞外攟屑·董文友》:"文友已化为异物,今訃士又作古矣。"

仙逝,即登仙而去,称人死的婉辞。《震泽长语·仙释》:"君有画鹤之诬,隐壁仙逝,则君之墨本绝迹矣。"《四女寺》诗:"竟以处子终,白首乃仙逝。"

"薨"字的本意是指古代诸侯或有爵位的大官的死。在《唐书·百官志》中,有这样的描述:"凡丧,二品以上称薨,五品以上称卒"。"薨"字除了表示诸侯去世外,还可以表示皇帝的高等级嫔妃及所生育的皇子或公主的死。《红楼梦》中贾元春去世时,贾琏急匆匆向王夫人报丧时说:"贵妃娘娘薨了"。

"死"字为现代汉语常用字,最早见于甲骨文,本意为生命的终止,后引申为无生命的、难活的、行不通的等义项。在《礼·曲礼》中有"庶人曰死"的描述,也即平民百姓的死亡称"死"。

"死"除了指平民百姓的死亡外,还有小孩子死亡的意思,《周礼·天官》云:"少曰死,老曰终。"此外,"死"还有"小人"死的意思,《礼·檀弓》云:"君子曰终,小人曰死。"现代人去世通常不说"死",而是说某某走了,这样除了表示对逝者的尊敬外,大概也有对君子、小人之别的忌讳吧。

在中国古代,天子、诸侯、大臣死了以后,朝中大臣根据他一生的表现,为他起的一个称谓就是谥号,说白了就是盖棺定论。谥号是在人死后,后人称呼他的称号,这是一种敬称,被追封谥号的人往往有着杰出的贡献和很高的地位威望。正如前人所云:"生有名,死有谥,名乃生者之辨,谥乃死者之辨,初不为善恶也。"谥号既是后人所定,在绝大多数情况下,也就成为对死者的一种总结性敬称。

谥号都是盖棺定论，是身后之名，生前是没有的。古代文臣武将的最高谥号有两个："文正"和"忠武"，历代名士以能得到这两个谥号为毕生的荣耀，不少人到临终时还在为自己的谥号担忧。

唐朝时，谥号最好的是"文贞"。魏征、张说谥"文贞"。宋朝时，因为宋仁宗叫赵祯，为了避讳，"文贞"改为"文正"。到了夏竦被拟定要谥为文正的时候，司马光第一次提出"文正是谥之极美，无以复加。"司马光认为文是道德博闻，正是靖共其位，是文人道德。自宋朝以后，文臣顶级的谥号就是"文正"，这个习惯，一直延续到清代。除了颁给重臣之外，这个谥号也常常颁给那些儒学、礼学的一代宗师，这时的象征意义更大。在唐朝，得到"文正"谥号的有：魏征、宋璟。在宋朝，得到"文正"谥号的有：范仲淹、司马光。在明朝，得到"文正"谥号的有：张居正。

到了清朝，"文"原则上只赐给入过翰林的大臣，但偶尔也有例外（如左宗棠）。清朝的主要谥号如下：

文正：清代为文臣最高荣誉，不允许出现在内阁提出的候选名单中，只能由皇帝圈定。总共只有八人得谥，最著名为曾国藩。

文忠：传统谥号中最佳，在清代仅次于"文正"，李鸿章、荣禄得谥。

文襄：开疆拓土的大臣可得。洪承畴、福康安、左宗棠得谥。

武将一般以"武"为第一字的谥号，搭配的字有宁、毅、敏、惠、襄、顺、肃、靖等。单谥"武"一个字为最高，其次便是以武开头的二字谥号。

在宋朝，武官的谥号等级最高的是"武忠"，其次是"武勇"，然后与"武"搭配的字分别是穆、刚、德、烈、恭、壮等。在明朝，武将的谥号有变化，与"武"字搭配组成二字谥号的用字依次为宁、毅、敏、惠、襄、顺、肃、靖。徐达谥号"武宁"，是明朝谥号最高的武官。

谥号"武"字的一般就是单纯的武将，会打仗就行。

文臣武将都可以用"忠"为第一字的谥号，搭配的字有文、武、定、烈、简、肃、毅、敬等。最高等级的"忠武"，一般是有定社稷、平江山的人才能拥有此谥号。得到过这"忠武"谥号的有：诸葛亮、王猛、尉迟恭、郭子仪、韩世忠、岳飞（宋理宗时追认）、常遇春、张玉。到了清朝，谥"忠武"的大多都是镇压太平军的，比如向荣、塔齐布、邓绍良。

思考题

★ 为什么崇祯皇帝宁愿选择自缢也不暂时躲避以求东山再起呢?

★ 为什么中国和西方对待自杀和自缢的态度完全不同呢?

★ 如果是被逼自缢的，尸体和正常自缢的状况一样，古代法官还能辨别出来吗?

★ 怎样才能辨别死者是"自己投河"还是"被推入河"呢?

★ 检验缢死者是自杀还是他杀运用了哪些法医学的依据?

★ 古人对"死"的称谓为什么要等级森严?

第六讲　蒸骨奇法

提要：《洗冤集录》提示了哪些检验细节？
　　　尸骨可以断案吗？
　　　如何"蒸骨"？
　　　什么是"检地"绝技？

上一讲介绍了自缢和投水这两种自杀情况的"死因之断"。宋慈不仅给出了鉴别的方法，还总结出一套急救的程序，彰显出他作为"循吏"的人本主义思想。

那么，《洗冤集录》中还记载了哪些法医鉴定方法呢？

《洗冤集录》提示了哪些检验细节？

在《洗冤集录》里，宋慈写了这样一句话："如男子，须看顶心，恐有平头钉。粪门恐有硬物自此入。多是同行人因丈夫年老、妇人年少之类也。"他说，如果一具男尸全身都没有伤痕，那就要检查头顶，看看有没有铁钉；或者看看肛门里有没有被插入坚硬的东西。如果发现问题，宋慈认为这种情况，多是老夫少妻，妻子有了外遇，因奸杀人。

人的顶心是可以致命的地方，凶手可以在此处下手伤人性命，这是宋慈依据古籍总结的一个经验。我们以他集录的《折狱龟鉴》中的一个案例来说明。

宋真宗时，礼部尚书张咏曾出任益州知府。

有一次外出，他经过一条小巷，听见有女人的哭声。他听了一会儿，觉得那女子"惧而不哀"，意思就是在干号，一点也不悲伤，他觉得很奇怪，就打发人去询问。手下一打听，那女人说是自己老公突然得急病死了，正在哭丧。得到手下回报，张咏很是怀疑，就派一名官员去调查此事。

那名官员对尸体进行了检验，但是查不出一点头绪。上司交代的事没有办好，他有点着急。官员的妻子看见了，问他是怎么回事，官员就把这件事情告诉了她。妻子听完笑了，对他说："官人你可以查看一下尸体的头顶，一定能发现问题。"

官员依照妻子的指点，扒开死者的头发，果然看到一枚大铁钉深深地钉在脑门上。案件告破，这个官员很高兴，他觉得老婆很有能耐，就把事情原原本本向张咏作了汇报，将妻子炫耀了一番。

哪知张咏听后，沉思了一会儿，问这个官员："你结婚的时候，妻子是处女吗？"

这话让官员很尴尬，但是上司问话，不好不答，就红着脸说："我妻子是二婚，她的前夫得病死了。"

张咏说："一个闺中弱质，哪会有这样的见识？这里面一定有问题！"他派人把官员妻子前夫的墓打开，那尸体已经化作白骨，但是一枚铁钉赫然在死者的头颅里。原来这个女人也是用这个办法害死了前夫，她听到张咏谈说案情，不觉点出其中关键，同时也暴露了自己的罪行。

古人是留长发的，而且会用头巾或发簪把头发束紧，这样仵作在验尸的时候往往就会忽视，造成漏检，遗漏重要信息，所以宋慈特别写下来，提示官员们注意。

另外，死者的肛门处也是容易遗漏的地方。因为在一般人看来，肛门是很肮脏的，而且又在人体隐秘部位，所以检验的时候不免有所疏漏，而这个地方，可能就是致命伤所在。如果有硬物从这个地方捅入，很容易造成人内脏出血而死。清朝的时候，甚至还出现将爆竹在肛门处燃放致人死亡的案件。

乾隆二十七年（1762年），江西会昌县一个叫钟仪陶的与人通奸，结果被抓住。女方家里本打算将钟扭送官府，但是清朝的法律规定对通奸罪只是施以杖刑，他们觉得不解气，就想先惩治钟一番。怎么惩治呢？他们把钟的裤子扒下来，把一个大号的爆竹塞进钟的肛门，然后点燃。轰的一声响过以后，钟仪陶惨叫一声，两脚一伸，突然死了。女方家的人这才慌了神，赶忙报官。

仵作检验，钟仪陶肛门碎裂，左右臀都有大面积冲击伤，确定为爆竹火冲伤致死。

在肛门燃放爆竹为什么会致人死地呢？爆竹致人死地，不是因为爆竹炸裂造成的身体损伤，而是气流。因为爆竹在肛门燃放后，会瞬间产生一股强大的反冲气流，这股气流冲向肠道，严重损伤直肠，导致损伤性休克而死亡。这种情况，和用硬物插入肛门有些类似。

《洗冤集录》还记载了一些很特异的死亡现象，如车轮拶死（压死）、雷震死、酒食醉饱死等，给后世的官员断案提供参考。特别是雷震死，宋慈详细描述了被雷电击死者的尸体特征，留下了现今最早的法医学记录。

《洗冤集录》记载："凡被雷震死者，其尸肉色焦黄，浑身软黑，两手拳散、口开、眼、耳后、发际焦黄，头髻披散，烧着处皮肉紧硬而挛缩，身上衣服被天火烧烂。或不火烧。伤损痕迹多在脑上及脑后，脑缝多开，鬓发如焰火烧着。从上至下，时有手掌大片浮皮，紫赤，肉不损，胸、项、背、膊上或有似篆文痕。"这段话的意思是说，被雷击死的尸体，皮肤焦黄，全身变软、发黑，两手放在两侧，口张眼突，耳后发际呈焦黄色，头发披散，被雷电烧着处皮肉紧硬而挛缩，身上衣服被雷火烧烂（或没有烧）。雷击伤损痕多在头顶部和后枕部，颅缝多开裂，耳前两鬓发像被火焰烧着一样。从头到脚都可见到手掌大小的紫红色皮肤改变，肌肉没有损伤，胸部、颈部、背部、胳膊上可见到类似篆文的痕迹。

什么是篆文呢？篆文是我国篆、隶、楷、行、草书这五种字体中出现和发展得最早的一种，它又分为大篆和小篆。大篆包括商周时期的甲骨文，刻铸在青铜器上的金文，以及出现于西周晚期后来通行秦国的籀文和齐、楚、燕、韩、赵、魏这些国家分别使用的文体，我们统称"古文"。小篆则是秦始皇"书同文"以后，在秦代通行的篆书。无论是大篆还是小篆，都是很古老的文字，这些文字在被雷电击死的尸体上出现，对古人来说都是一件不可思议的事，这就为雷击事件增添了一丝神秘和恐怖。难道真的是死者所作所为罪大恶极，以致触怒上苍，于是天降雷火把他打死，还在尸体上留下篆文，把他的罪行昭示世人？

这当然不可能。现代科学早已揭示了"篆文痕迹"的真相，它其实就是雷电击中人体后，在皮肤上出现的雷电击纹，这种雷电击纹呈树枝状，在形态上确实有点像篆文。所以，被雷电击中只是一次意外，一次偶然事件，跟这个人的所作所为一点关系也没有。

不过，《洗冤集录》上说的"篆文痕迹"倒是人被雷电击中的典型特征，这就给后来的官吏们处理类似案件提供了一个指导。

乾隆四十一年（1776年），在江西云都县，发生一起命案。一个叫赖鼎的监生，死在书房里。监生，就是国子监学生的简称，国子监则是明清两代国家的最高学府。一个大学生不明不白死了，官府自然要追查死因。

官员来到现场，看到赖监生死得很惨，全身焦黄，像被火烧了一样，躺在那儿连衣服都没穿。他仔细勘验现场，看到里间屋子房顶从外向里被击破了，还能闻到一股硫磺的味道。这时候仵作来报，说赖监生的腹部有一片烧伤，上面有类似篆文的痕迹。

有了"篆文痕迹"，再结合现场勘验，官员得出结论：这是一起雷电伤人案。雷电从里屋进入书房,击在赖监生身上,把他的衣服都烧光了,赖监生也被打死,还在他腹部留下了篆文痕迹。这起离奇死亡案因此告破。

而同样在清朝,还发生了另外一起案件。

雍正十年(1732年)六月的一个晚上,河北献县突然风雨交加,雷电大作。第二天,有人到县衙报案,说县城西面有个村民被雷电所击,死于非命。

县令带着仵作去现场进行了勘验,确定为雷电所伤,他叫死者家属敛葬,并宣布结案。

过了半个多月,县令忽然拘捕了一个人。在大堂上,县令问他:"你买火药干嘛用?"

那人说:"我用火铳打鸟。"

"打火铳每次不过用几钱火药,你每天最多也就用一两左右,为什么一次买二三十斤火药?"

那人说:"我想多用几天。"

"我查过,你买火药只有一个月左右。这个月你满打满算也就用了一两斤,那剩下的火药你放哪儿去了?"

那人答不上来。

县令冷笑一声:"是在城西制造了一起爆炸案吧?"

那人一惊,瘫软在地。县令随即审讯他,那人供述,自己与村民之妻有奸情,就买来火药趁着雷雨天把村民炸死,然后伪造成雷电击死的模样。

有人问县令:"您怎么发现现场是伪造的呢?"

县令说:"我勘验了现场,发现屋顶有个洞,但是这个洞的破口方向是朝外的;另外,在烧焦的尸体身上也没有发现篆文痕迹,说明这个村民不是被雷电打死的。现场有浓浓的火药味,应该是有人用火药把村民炸死的;而且他还用了很多火药,因为屋顶都被炸了一个洞。"

"那您当时为什么就宣布结案了呢?"

"我宣布结案是为了争取调查时间。这个爆炸案用了很多火药,需要调查火药的来源。配置火药须用硫磺,现在正值盛夏,不是燃放鞭炮的时候,所以买硫磺的人很少。我让人到市场上调查最近谁买了大量的硫磺,然后再询问用硫磺配置火药的工匠把火药卖给了谁,转了一圈,才找到这个奸夫。"

这位县令就是在勘验现场的时候,发现与《洗冤集录》上记载的情况有出入,从而发现疑点。由于一时没有线索,他用了一招缓兵之计,让那奸夫以为已经蒙混过关,不至逃逸。殊不料县令事后按疑点进行推理,详做调查,终于抓住了奸夫。

我们前面说的这些,都是尸体在死亡现场被发现,保存得比较完整,有明显特征可以鉴别。那么,如果尸体腐烂甚至只剩下一具骸骨了,宋慈还有没有办法进行检验呢?

尸骨可以断案吗?

《洗冤集录》有将近两节的篇幅,详细描述了人体骨骼结构、各部位的名称和相互连接情况,还配有插图,便于检索。

宋慈对于人体骨骼的描述,现在看来还很幼稚,甚至有不少错误。例如他说:"人有三百六十五节,按一年三百六十五日。"宋慈认为人全身的骨骼数目和一年的天数是一样的,这当然是不正确的。依据现代的解剖学知识,人的全身骨骼一共是206块,所以宋慈错得有点离谱。不过,这个错误不是宋慈一个人的,而是古人共有的错误。我国现存最早的中医典籍《黄帝内经》上就说:"节之交,三百六十五会。"这句话的本来意思是说,人体的腧穴分布在周身关节交会之处,有365个,但是后来被人们理解为描述人体骨骼的数目了。而古人因为科技水平和世俗观念的影响,并不能进行人体解剖,所以这个错误一直延续到近代西方医学传入中国后才纠正过来。

宋慈对于人类头骨的描述很有意思。他说,一般人头的后部有8块骨头,女人是6块,但是蔡州人却有9块。这当然也是错误的。事实上男女的头骨数目是一样的,偶有不同,也是异常现象,并非普遍。而他说蔡州人有9块骨头,则是一种偏见。

宋慈所说的这第九块骨头,是枕骨,这是人后脑的一块骨头,也叫后山骨。枕骨上面突出处,称为"脑杓";下面突起的,称为"完骨"。有些人枕骨隆起,从侧面看他们的头像,就像一个刻意夸张了的问号,民间称之为"反骨"。

很多人都长有"反骨",据说李世民、李自成就有。不过人们最熟知的,还是《三国演义》中蜀国的大将魏延。关羽取长沙时,老将黄忠没有用百步穿杨之箭射杀他,被太守韩玄推下问斩。就在这时,魏延挥刀杀了刀斧手,救下黄忠。他又奔上城头,把韩玄砍做两段,然后随黄忠投降了关羽。然而,当关羽引魏延晋见刘备时,一旁的诸葛亮却喝令"推下斩之"。刘备问其故,诸葛亮说:"吾观魏延脑后有反骨,久后必反,故先斩之,以绝祸根。"后来刘备求情,魏延保住性命,却也没有受到重用。诸葛亮死后,魏延果然反了,被受军师遗命的马岱斩于军前。《三国演义》在此处有这样一首诗:

> 诸葛先机识魏延,已知日后反西川。
> 锦囊遗计人难料,却见成功在马前。

《三国演义》安排这一情节,是为了证明诸葛亮具有识人的本领,作者所依据的,就是"长反骨者必反叛"的民间观念。

这种观念对宋慈也有影响。他所说的"蔡州人",就是南宋的敌国金人。金国在最后几年,曾迁都到蔡州(今河南汝阳县),在那里被蒙古军队攻灭,所以宋人也称金人为"蔡州人"。宋宣和四年(1122年),宋金订立盟约,约定联合灭辽后,金归还宋燕云十六州之地。但是辽灭亡后,金仅归还宋六州,并且洗劫一空;后来金人又挥戈南下,攻陷汴梁(今开封),虏走徽钦二帝,北宋灭亡。宋人引以为耻,认为金人是背信弃义,于是民间就有"金人有反骨"的说法。宋慈把这个民间传闻写进《洗冤集录》,在这里,他多了一点民族主义的情绪,少了一点科学家的实证精神。当然,我们也是可以理解的。

虽然宋慈对人体骨骼的描述有一些错误,不过从总体来看,已经比较详细、具体了,和现代解剖学上有关骨骼的内容大体相同。这也是宋慈的一项创举,因为在同时代的其他任何书籍中还未见有如此详尽的描述。他的这一项工作,为后来官府清检尸骨、发现问题、判断案情提供了指导。

举个例子,浙江德清县有个女子嫁给一个浪荡子,这个丈夫品行卑劣,竟然和后母勾搭成奸。妻子察觉这件事后,深感耻辱和痛苦。

一天,妻子为后母做了双鞋子。后母拿起鞋子,看了看说:"这鞋后跟不正,有点歪。"妻子冲口而出顶了一句,说:"鞋子不正有什么关系?只要走路端正就可以了。"后母大为羞愤,明白媳妇是在揭露她的丑行,就和浪荡子密谋杀了她。第二天,浪荡子到妻子的娘家报丧,说是"暴病而死"。娘家人觉得事情来得太突然,有些疑惑,但因胆小懦弱,也不敢到县衙去控告。

直到一年多后,娘家人才壮起胆子到县里报案。县里自然要开棺验尸,但是尸体已经腐烂,只剩一具白骨,仵作验过尸骨后报告说:"尸体没有伤痕。"于是这场官司只得作罢。其后娘家人多次申诉,但都没有结果,事情就这么又拖了好几年。

后来这件事惊动了刑部,下令再查。这时候,德清也换了个新的县令。新县令走马上任后,立即调阅卷宗,讯问当事人,但都没有头绪;仵作重新检验了尸骨,也说没有问题。

县令冥思苦想,觉得破案的关键在仵作。于是自己亲自去邻县,用重金聘请一位老仵作,请他来协助办案。为了防止有人贿赂,他与老仵作一同返回,一桌吃饭,同床睡觉,朝夕相处,形影不离。

县令下令再次开棺验尸,老仵作按照《洗冤集录》上记载的顺序,逐一检核骸骨,过了一会儿,他抬起头,说:"尸体确实没有伤痕,不过少了一根颈骨。"

县令很奇怪:"尸骨里面不是有一根颈骨吗?"

"这根颈骨与尸骨上下不吻合,而且比较轻,应该属于四十开外人的。"

县令问:"您怎么这么肯定?"

老仵作说:"一般人的年龄越大,骨骼就越轻。死者正值青春年少,所以她的颈骨要重一些。这根颈骨分量不足,照情形推算,应该是一个四十开外人的。"

县令立刻把历次检验的仵作都招来审问,有个仵作供认:第一次检验时,他就接受贿赂,偷换了颈骨。县令下令追回原来的颈骨细查,上面的伤痕非常明显。

到了这个地步,那个浪荡子只得招认。原来他和后母密谋,用酒把妻子灌醉,然后用笆斗砸她的颈部,致其死亡。案情大白,两个凶犯被处以死刑。

这个案子里,老仵作的技术让人叹为观止。他就是把《洗冤集录》对于骨骼的记述烂熟于心,在检核尸骨时发现颈骨与上下骨骼并不吻合,再结合自己多年的经验,这才破了这桩奇案的。

有了《洗冤集录》上关于人体骨骼的描述,官府验骨以后,还可以根据骨头上的"血荫"找出死因。

清道光二十年(1840年),也就是鸦片战争爆发的这一年,在广东乐昌县发生了一起命案。兄弟二人谋害并埋葬了弟弟老三,同时埋进去的还有老三的两个儿子卢添喜、卢添福。

案发以后数月,官府挖开坟墓,检验尸体,这时尸体已经腐败。仵作按照《洗冤集录》上记载的顺序,逐一检验尸体的骨骼,然后发现:卢添喜的脑后有一条血荫,顶心骨有一块血荫,牙齿松动脱出,牙床尚有瘀血;卢添福的脑后有一块血荫,其他情况与卢添喜相同。仵作断定,卢添喜和卢添福是分别被刀背、石块打昏,然后被活埋的。

审问凶手,凶手供称:他们是先谋害了老三,在掩埋尸体的时候,逼着两个侄儿下坑去扶正老三的手脚,然后趁机用刀背、石块照他们后脑砸打,把他们打倒后,随即掩埋。

这个残酷的案子,仵作做出了准确的判定,卢添喜、卢添福两人是被打昏后,再被活埋的。活埋致死的明证就是顶心骨和牙床的血荫,这是因为在窒息前后,体内尚有血液流动,头部的压力增大,形成了瘀血。

晚清和民国时期的大法学家沈家本,也曾经用血荫断过案。

在他写的《补洗冤录四则》里面,记载了这样一件案子。

光绪十八年(1892年),天津县有个叫刘明的人,他一直体弱多病。一个叫郑国锦的医生来给他看病,住在他家。刘明的妻子王氏和郑国锦发生奸情,两人起意要谋害刘明。

有一天凌晨,郑国锦在给刘明针灸的时候,在他腹部的水分穴上连扎三针,这个穴位是传统中医的禁针穴。刘明被扎针后挣扎喊叫,王氏和郑国锦合力把他按在炕上,不让他动弹。喊叫声惊醒了在一旁睡觉的刘明的儿子刘黑儿,他目睹了当时的情景,还看到郑国锦从刘明肚子上拔出银针。很快刘明就死了。

刘明死后,王氏和郑国锦结了婚,刘黑儿被大伯刘长清收养。过了几年,长大了的刘黑儿向伯父提起小的时候,曾目睹王氏与郑国锦通奸以及父亲死时的情景。刘长清于是到衙门起诉,状告王氏和郑国锦杀害弟弟刘明。天津县知县觉得案情重大,就呈请上级来主持检验。

当时沈家本正担任天津知府,接到公文后,他亲自到现场主持尸检。为了慎重起见,他还从北京刑部借调了一位很有经验的仵作。打开棺木的时候,尸体已经严重腐败。沈家本吩咐仵作将骸骨一一检出,用温水冲洗干净,按照《洗冤集录》的说法排列整齐,然后细心检查。仵作检验出囟门处有血荫,血荫附近还有一处瓜子大小的红色透明区域,死者的牙齿大都脱落,在牙床上也发现三处血荫。

郑国锦抗辩说自己当时只是给死者扎针。沈家本当场指给他看这些伤痕,告诉他针扎致死,死者的牙根骨会见伤,而且因为人自然猛烈憋气,气血上涌,会在头顶囟门出现血荫和凸起,凸起处骨质较薄,看上去是透明的样子。在事实面前,郑国锦只好认罪,后来和王氏都被判处死刑。

不过,凭血荫断案,需要瘀血处比较明显,才容易看清血荫,如果瘀血较少,血荫不明显该怎么办呢?

如何"蒸骨"?

宋慈也有办法。他的办法就是把骨骸处理一下,在《洗冤集录》里,这叫"蒸骨"。

怎么"蒸骨"呢?

《洗冤集录》上是这么说的:"先以水净洗骨,用麻穿定形骸次第,以箪子盛定。却锄开地窖一穴,长五尺、阔三尺、深二尺,多以柴炭烧煅,以地红为度。除去火,却以好酒二升、酸醋五升泼地窖内,乘热气扛骨入穴内,以藁荐遮定,蒸骨一两时。"

蒸骨的具体方法倒也不难,大概分几个步骤:

第一步,清洗骨骸。用清水把待检的骸骨洗净,再用麻绳按人体结构把骨串好,放在竹席上。

第二步,挖坑火烧。在地面上挖一个比人体略大一些的土坑,一般要求长五尺、宽三尺,深度要在两尺左右。然后在土坑里面烧柴碳烘焙,一直要烧到坑周围的地面都发红,才可以把火除去。

第三步,专方泼蒸。把两升好酒和五升酸醋泼到坑里,趁着热气把骸骨放进坑里,坑上面要用草席紧紧盖住。

经过这三部曲,大概一两个时辰,骨就"蒸"好了。

这样蒸好的骨就可以检验了吗?不行。因为此时骨上的血荫和周围的区分也还不是很明显,还得借助一件器物:红油伞——这叫"红光验骨"。

使用红油伞进行法医检验，这个方法不是宋慈的独创，而是他集录来的。据研究，宋慈借鉴的是北宋时期沈括在《梦溪笔谈》里记载的一个案例。

案子是这样的。有一次，县城里面有人打架斗殴，结果把一个人给打死了。出了人命，这可是大事情，县令就去查案。仵作用油脂和灰汤涂抹在尸体上，但都没有见到伤痕。没有伤痕，就没有证据；没有证据，又怎么给犯罪嫌疑人定罪呢？就在大家一筹莫展的时候，县衙里面的一名老书吏站出来说："大老爷不用为难，这件事其实很容易办到。到中午阳光充足的时候，您叫人撑开一把新的红油伞，然后把尸体挪到伞下面，再把水浇到尸体上，把尸体弄干净，那些伤痕就一定会显现出来。"这算是什么办法呢？不过大家也实在没有别的方法，县令就命令仵作照老书吏所说的去做，结果"伤迹宛然"，那些伤处果然就清楚地显现出来了。

这个老书吏所说的方法，有没有什么道理呢？有的。我们平常所见的太阳光，其实是由七色混合而成的白光。在这种混合光下，伤处不容易分辨。新的红油伞的作用，就是从太阳光中滤取红色波段光，这种单色光可以提高伤处与周围皮肤的反衬度，从而达到验伤的目的。这一方法和现代应用紫外线光照射尸骨检验伤痕的原理是一致的，只是古人知其然不知其所以然而已，在法医科技不发达的古代，这个方法是非常简单有效的，当时江淮一带的官府就往往采用这个办法来验伤。

到了南宋，用于检验尸体皮肉伤痕的"红光验尸"之法，又被人们用来检验尸体的骨伤和尸骨伤。《洗冤集录》记载："候地冷取去荐，扛出骨殖向平明处，将红油伞遮尸骨验。若骨上有被打处，即有红色路微荫，骨断处其接续两头各有血晕色。再以有痕骨照日看，红活乃是生前被打分明。骨上若无血荫，踪有损折乃死后痕。"

这就是"红光验骨"法。具体做法是，骨"蒸"好后，等地面冷却了，翻开席子，把骨殖抬出放在平坦明亮的地方，然后对着阳光用红油伞遮住尸骨进行检验。此时可以看到，骨上被打的地方显露出淡红色的出血痕迹，如果骨头被打断了，出血痕在骨折断处的两端会看得比较明显。还应注意，如果血荫呈鲜润红色，才是生前被击打所致；否则，即便是骨头断裂，那也是死后造成的。

红光验骨在古代司法实践中是怎么运用的呢？

清人陆以湉在他的笔记《冷庐杂识》中，记载了一个清代检验尸骨的故事，检验判断还发展了《洗冤集录》中的方法。

一次，济阳县有个捕快，因为追查罪犯逮捕了一位百姓。谁知这位百姓猝然死去，后来尸体被运回家安葬了。不久，家属状告捕快暴力执法，打死了死者。这个案子反反复复，拖了三十年没有定案。

后来，县里来了一个新县令，名叫朱桓。府衙命他会集有关各方进行一次尸检，希望能一举定案。

那户百姓家里很穷，装殓尸体的只有一口柳木薄板棺材，墓穴也只是一个浅土坑。经过三十年时间，又有过几次开棺检验，所以坟土松动、棺板松散、尸体腐败。忤作也说："久疑不可检也。"意思是时间太久了，恐怕不好检验。

朱桓怎么办呢？问题的关键是如何把尸骨从墓穴中完整地取出。朱桓想了一个巧办法。他叫人就地挖坑，在坑上面支起一个木架，然后把棺材整个从墓穴中挖出来，抬放在木架上。衙役们把棺材四周的木板除去，扫去棺材里面的泥土。这样，那具百姓的遗骸就完整地取出来了。

按照《洗冤集录》的办法，朱桓让人在坑里面烧柴碳烘焙，除火后再泼醋进去，然后在尸体上盖上草席。很快，蒸骨完毕。

忤作上前，解开草席，然后打着红伞，按照尸骨的顺序，一一检核有没有伤痕。最后，只在尸骨的后脑勺部位，发现了一块一寸见方的血荫。在场的人都吁了一口气，以为终于发现了凶杀的实情，这场拖了三十年的案子终于可以结案了。

哪知朱垣听报，上前仔细观察了一阵，说："不对，这块血荫可以洗掉。"大家都感到好笑，有人插话说："三十年的人骨伤痕，怎么可能洗掉呢？"朱垣也不争辩，叫忤作用水刷洗。果然，血荫被洗掉，"骨白无浣"，那百姓的脑骨变得雪白，一点伤痕也找不到。没有证据，那百姓的家属只得撤诉。

事后有人问朱桓："《洗冤集录》上并没有提到过这种验骨的方法，您是怎么辨别的呢？"

朱桓说："真正受伤，血荫一定是中心部位颜色深、周边部位颜色浅，就像是太阳、月亮周围的晕轮一样。但是我们查到的这处'血荫'情况恰恰相反，所以这一定是尸体腐烂时血水渗出，沾在骨头上而已。"

朱桓的话用现代科学来解释，所谓"血荫"，是因为生前受暴力打击的骨骼，骨膜上和骨膜内的血管破裂出血，血液浸润受伤的骨质，或经细胞吸收，血红蛋白分解成为橙色血晶含铁血黄素结合而沉淀，形成局部暗红色或褐色晕迹。所以"血荫"是洗不掉的。而忤作发现的那块血斑，是未受伤的骨骼粘有的血液，其血液沉降不能渗入骨中，因而可以洗掉。朱桓信古而不泥古，破了这桩三十年未决的悬案。

我们知道古代司法是有复检这道程序的，官府会对尸体反复检验，以确定事实真相。但是骨骼反复去"蒸"，血荫就会消失，那该怎么办呢？宋慈说没有关系，可以用三种方法来解决。

  当将合验损处骨以油灌之，其骨大者有缝，小者有窍，候油溢出，则揩令干，向明照：损处油到即停住不行，明亮处则无损。

一法：浓磨好墨涂骨上，候干，即洗去墨。若有损处则墨必浸入，不损则墨不浸。

又法：用新绵于骨上拂拭，遇损处必牵惹线丝起。折者其色在骨断处两头。又看折处其骨芒刺向里或外，殴打折者芒刺在里；在外者非。

宋慈的三种方法，第一种叫灌油法。向骨头里面灌油，等油灌满了，用布把溢出的油擦干，然后拿起骨头对着日光仔细观察。因为骨头是有缝隙的，所以油就会渗入骨骼。如果骨质平滑，油渗入后分布均匀，看上去就很光亮。而伤损的地方受外力作用，骨缝扭曲变形，油渗入后会停滞在这里，所以看上去就会有明显的阴影。

第二种叫涂墨法。用浓墨涂抹在待检的骨头上，等墨干了，再用水洗去骨头表面的墨汁，这时再看骨头上有没有残余的墨迹。因为骨头上如果有伤损的地方，骨膜也会受损，墨汁就会渗进去，残留下来。

第三种叫丝绵法。这种方法极为快捷，用新的丝绵在骨头的表面轻轻拂拭，遇到伤损处就会扯起绵丝来。因为骨头断裂处会有许多芒刺，丝绵拂过的时候，它们会勾扯出绵丝。找到芒刺以后，再看这些芒刺是向里还是向外的。如果向里，说明骨头是被外力打断的；如果向外，骨头是因为内部的力量而断裂，而不是被打断的。

不过，红光验骨是有局限性的。《洗冤集录》记载："此项须是晴明方可，阴雨则难见也。"宋慈说，红光验骨的方法必须在晴朗天气进行，阴雨天是很难见到的。也就是说，红光验骨是受到日光条件限制的。如果案情紧急，必须在阴雨天验骨，那该怎么办呢？

宋慈也有办法。他说："如阴雨，不得已则用煮法：以瓮一口，如锅煮物，以炭火煮醋，多入盐、白梅同骨煎，须着亲临监视，候千百滚取出水洗，向日照，其痕即见，血皆浸骨损处，赤色、青黑色，仍子细验有无破裂。"

这是宋慈的应急办法。这种方法就像煮食物一样，找一个瓮，倒进醋，然后煮开，再加入盐、白梅。长时间煮过后，取出骨头，用水洗干净，在阳光底下就能看见出血痕迹。煮过后的骨头上面血荫呈暗红色或青黑色，由于日光条件差，这种暗红色或青黑色不太容易看得清，而且如果不慎用了锡器，骨头还会变黑，根本看不出来，所以宋慈说，"煮骨"的方法实属不得已而为之。

能不能有一种在阴雨天提高反衬度的方法呢？这个问题宋慈也没有解决。到了明清时期，人们开始采用"黄光验骨"法，终于解决了这个问题。

所谓黄光验骨，就是阴雨天不再煮骨，而是先蒸骨，然后把"蒸"好的骨殖放到黄伞下面来检验。有时，人们还在骨殖旁放置一面铜镜，观察铜镜中骨殖的影像，据说血荫看得更清楚。黄光验骨在原理上和红光验骨是一样的,不过是滤取了日光中的黄色波段光而已,这是后人在实践中对红光验骨技术的发展。

不论是红光验骨,还是黄光验骨,它的基本要求是要有"骨",这是死者给我们留下的最后证据材料了。那么,如果死者尸骨无存了,那该怎么办呢?

什么是"检地"绝技?

古人还有绝技,叫作"检地"。

什么是"检地"呢?检地就是检查地面的意思,《洗冤集录》里面有这样一段话:"又若被刃杀死却作火烧死者,勒仵作拾起白骨,扇去地下灰尘,于尸首下净地上用醡米醋、酒泼。若是杀死,即有血入地,鲜红色。须先问尸首生前宿卧所在?却恐杀死后移尸往他处,即难验尸下血色。"宋慈的这个办法,是用来检验死者是否为刀伤致死的。在法医检验中有这样一种情况,凶犯将被害人杀死,然后放火焚尸伪装是烧死的。发现尸体的时候,尸骸几乎烧尽,犯罪证据已经灭失。怎么办呢?宋慈的办法是,捡去地上剩余的残骸,扇去灰尘,然后在地面上泼洒酒和浓醋,这时,就可以发现地面上出现鲜红的血迹。也就是说,即使是放火也烧不掉凶犯的罪证。当然,这必须是犯罪第一现场,大量的血已经流到地面,泼酒醋后才能发现。

酒浇、醋浇现形实际上是一种化学方法,就是说酒醋浇上了以后和血液中的物质化合反应,所以能显示出血迹来。现代的法医在案发现场已经不用酒醋了,取而代之的是联苯胺和过氧化氢,如果现场曾有血迹,就会发生化学反应,呈现出特有的颜色,帮助法医判断案情。

在《洗冤集录》里,只有这一种"检地"法。但是古人的探索并没有结束,在宋慈以后,不断有人总结出新的检地法,到了清朝,检地法已经发展得相当完整,成为一个非常有东方特色的刑侦方法。

我们以后人补注《洗冤集录》时附注的一个案子来说明。

清乾隆五十五年(1790年),在湖南武陵县有两个和尚,他们一个叫麓庵,一个叫豁然。

一次,两个和尚不知因何故打架,而且上演了全武行。麓庵一棍打去,正中豁然的左后脑,豁然应声仆倒在地。麓庵赶上前去,又在豁然的后脑勺来了一棍,豁然惨叫一声,当场身亡。打死了人,麓庵害怕了,他把尸体抬到野外烧了,想焚尸灭迹。

案发以后,官府派人到了焚尸现场,发现只剩下牙齿和部分残骨。怎么揭露麓庵的犯罪事实呢?现场官员就使用了检地法。

他叫仵作把地面清理干净,先用柴碳在地面烧,等地面烧热了之后,把芝麻撒上去,然后用扫帚轻扫,把芝麻扫均匀,很快地面上就显出一个人形,手足头身都可以看得一清二楚。仵作丈量了人形的长度,是四尺八寸,这是死者的身高,和豁然的兄长讲的相符。人形左后脑、后脑部位芝麻比较浓密,仵作丈量了一下,都是斜长一寸左右,宽四分多,说明这两个部位受伤出血,是致命伤。

这些做完后,仵作把地上的芝麻扫干净。然后又用柴碳把地面烧热,浇上酒糟水,然后再用柴碳烧热,再撒上醋。接下来,仵作把一张红漆面的桌子桌面朝下,扣在地面。过了一会儿,翻过桌面,只见桌面上有一个像蒸汽一样的晕痕,同原先那个人形没有两样,而且左后脑、后脑两处伤痕更加明显。

桌子抬回县衙,麓庵见到,认罪伏法。

这种"检地"法有没有科学道理呢?有。因为尸体被焚烧以后,肌肤甚至骨髓的脂肪便会受热融化,渗入土中。如果用柴碳在焚尸处加热,这些油又会从土中渗出。扫去柴碳,撒上芝麻,芝麻中的油会和尸体溢出的脂肪油凝聚在一起,显现出尸体被焚时的姿态。伤口处芝麻密集,这是因为瘀血或流血,使得油迹更浓些的缘故。人体的脂肪油和酒醋在加热后,与桌面的红漆发生反应,可以留下晕痕。这样做也保存下了勘验结果。

检地之法,让我们有点天方夜谭的感觉。在科技并不发达的古代,人们利用积累起来的点滴经验,总结出一套行之有效的刑侦方法,来揭示案情,震慑和打击罪犯,这种积极探索勇于创新的精神,值得我们敬仰和学习。它也印证了这样一句话,那就是"要想人不知,除非己莫为"!

这一讲介绍了《洗冤集录》中记载的,在尸检过程中需要注意的一些细节。中国古代不仅能对尸体进行检验;如果尸体腐化只剩骨骼,也能进行检验;甚至在尸骨无存的情况下,照样进行检验,这实在让我们叹为观止。那么,《洗冤集录》中还记载了哪些法医检验方法呢?

请看下一讲"滴血认亲"。

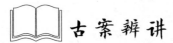 古案辨讲

红光验尸

太常博士李处厚知庐州慎县,尝有殴人死者,处厚往验伤,以糟齑灰汤之类薄之,都无伤迹。有一老父求见曰:"邑之老书吏也。知验伤不见其迹,此易辨也。以

新赤油伞日中覆之,以水沃其尸,其迹必见。"处厚如其言,伤迹宛然。自此江、淮之间官司往往用此法。

【按语】

《洗冤集录》里说:"将杭州黄油新雨伞罩定尸骨,则伤之在骨内者,毫发毕露。"黄油新雨伞即是红油伞,采用红油伞验尸伤,用的是物理方法,它说明了我国古代科学技术发展已具有很高的水平。

红油伞为什么能察觉出尸体上的伤痕呢?原来这是光学原理,运用的是光谱分析的方法。我们知道,日光是多种单色光的混合体,它照到皮肤上,进入皮肤下的媒质,只把黄光或近似黄光反射回来,同皮肤的颜色差不多,其他颜色的光都被皮肤中的微粒吸收,因此看不出皮下的伤痕。用红油伞罩在用水浇过的尸体上,日光经过红油伞变成红光,其他颜色的光,全被红油伞纸中的微粒吸收,只把红或近似红的光反射回来,因此就呈现红色。红油伞的作用就是从日光中滤取红色波段光,犹如现在的滤光器。单色红光入射到皮下殴伤之处,媒质发生了改变,一般皮肤下伤瘀血,呈现青紫色,反射回来光的颜色与无瘀血处不同,无瘀血处颜色匀浅,瘀血处既深又有斑块,这样就看出伤痕来了。

粪门爆竹

乾隆二十七年,会昌县罗辉华等因获奸夫钟仪陶,用爆竹插入粪门,点放致死一案。检得钟仪陶后面左臀骨有爆竹火冲伤一处,长一寸五分,宽九分;右臀骨有爆竹火冲伤一处,长一寸五分,宽九分,委系受爆竹火冲伤身死。

【按语】

爆竹插入肛门,引火燃烧,会置人死地,本案即是一例。

爆竹插入肛门燃放,会灼伤小骨盆左右两侧,但致人死命的却是气流。因为爆竹燃放后,会产生一股强大的反冲气流,这股气流冲向肠道,严重损伤直肠,最后会导致人体损伤性休克而死亡。

突遭雷击

勘得该处土名肖屋背坪,监生赖鼎,书屋一所,坐西向东,由左边大门而进,中系厅堂,冲破右边屋,有火硝形,该尸身上无衣,勘毕。验得仰面面色发变黄色,左额角雷击伤一处,围园二分,深三分,皮破、紧硬、焦黑色,两眼胞微开,两眼睛黄色,两鼻窍血水流出,上下牙齿全,口微开,两手散,肚腹火烧篆文痕一条,长二寸六分,宽四分,皮肉紧硬、焦黄色,肾囊微胀,合面发散,如焰火烧焦,谷道出血,周身黄黑色,委系生前雷击而死。乾隆四十一年江西云都县案。

【按语】

雷击致死纯属偶然的自然事件,明显的雷击致死,一般无需法医检验。但死亡时无人见证,并有人对之怀疑,就应请法医检验,以明原因。

本案中监生赖鼎的左额皮肤伤裂,组织受损较重,有焦黑色炭化深坑,全身黄黑,均系电流进入肌体后,沿血管走行,血管壁变脆,破裂出血。电波传导系由上而下蜿蜒而行,终止腹股沟,或延伸至足后跟,故在腹部有火烧篆文痕迹,即所谓"雷击纹",这是明显的雷击烧灼之状。因遭雷击,脑囟及内脏震裂出血,所以鼻腔及肛门有血水流出。加之周围房屋严重破损,很明显,死者是遭雷击而死的。

检洼认尸

乾隆五十五年,湖南武陵县僧麓庵殴毙僧豁然一案,龙阳县会同带领吏仵并押僧前诸谷山会勘烧尸洼坑,并查验起存牙齿残骨,与原验无异。饬令按检地之法,先将柴炭烧坑,次以胡麻撒上,用帚扫净麻,内有油沁入土中,现出人形。据尸兄某供报,已死僧某生年若干岁。据仵作某喝报,打量地上人形,长四尺八寸。偏左有胡麻恋结斜长一寸许,宽四分余;脑后有胡麻恋结,斜长一寸许,宽四分余。将胡麻扫去,用猛火再烧热土,泼以糟水,又烧极热,烹醋,用金漆桌覆上,停久,掉转桌面,有晕痕如气蒸水,与人形无异,偏左脑后两处伤痕悉行现露,实系生前殴死烧毁,报毕,复验无异,填格取结。

【按语】

尸体在平整的地上被焚烧,肌肤甚至骨髓中的脂肪便会因受热而融化,渗入土中。如果用柴炭在焚烧尸体处加热,油又会从土中渗出,扫去柴炭,趁热撒上芝麻,芝麻中的油便会同尸体中溢出的脂肪油凝聚在一块,除去浮动芝麻后,就显现尸体被焚时的姿态,并可发现伤口处芝麻密集,这是伤口流血处油迹浓些的缘故。此时又用猛火加热,去柴炭后,洒上酒糟水,再加热,洒上醋,最后将油漆桌面扣上,趁热蒸熏,原被焚烧的尸体形迹就可清晰地显现到桌面上。这种验尸方法源自宋朝,并沿用了好多朝代,在侦破疑难案件中发挥过重要作用,在当时是一种十分有价值的查验方法。

伤后活埋

道光二十年八月,广东乐昌县民卢长发,听从胞长兄卢长溃,谋死第二兄卢财舒,并活埋幼侄卢添喜、卢添福灭口一案,检得卢添喜脑后有红色一条,系刀背伤,顶心骨有淡红色,不浮出,牙根耸脱,有血癊,周身骨节俱耸脱,无血癊。卢添福脑后有淡红一处,不整齐,顶心无红色,不浮出,牙根耸脱,有血癊,周身骨节俱耸脱,无血癊。据仵作何发云,打伤下去活埋时,口鼻不尽拥塞,故顶心骨不浮出红色,亦不同用力挣命,血往上奔,故牙根骨有血癊。埋经三月余,起尸洗验,是以周身骨节耸脱,无血癊,委系受伤后活埋身死。当场提问凶犯,皆供先经谋杀卢财舒,抬尸掩埋,哄令两侄下坑牵正头足,乘机用刀背、石块从脑后打下,伊两侄复仰面跌倒尸上,即用土石泥沙乱抛掩埋。今蒙检明,情原抵罪。尸亲人证均输服,具结。案无可疑,仍照洗冤录填格通报完案。

【按语】

本案被害人之一卢添喜脑后有伤,系刀背砍伤,有一条红色伤痕,证明是突然受砍,引起血管破裂,造成皮下出血;另一人卢添福脑后亦有伤,也有皮下出血,二人身上虽有伤,但骨未折,皮未破,尚不足以引起当场死亡,他二人的死,是土掩埋窒息所致。仵作判断"委系受伤后活埋身死"是正确的。活埋致死的明证,是"牙根耸脱,有血癊。"因在窒息前后,体内尚有血液流动,所以发生瘀血。

"周身骨节耸脱,无血癊"是尸体被埋已三月,关节软骨和韧带都已腐败,重新挖出洗验,因而关节"耸脱"。

常见被活埋致死的尸体,头部有明显的血斑。这是因为一般被活埋者,都是竖立的,同时又死命挣扎,下身压力不断增大,血液从心脏向上半身奔涌,因而头部各处有血溢出。而本案中的二人是先被击昏厥,无力挣扎,故上半身不见血斑。

 延伸阅读

一、古人对雷电现象的认识

　　古代人们常把解释不了的现象神话化并进行拟人化的描绘。在远古神话中，我们的祖先已将雷电拟人化，称之为"雷神"，并赋予其半人半兽的形象，并且还有大家喻户晓的"雷公电母"的故事。在《山海经·海内东经》中记载道："雷泽中有雷神，龙身而人头，鼓其腹。"可见，在远雷电及其灾害在古代很早就有记述。屈原《离骚》中也提及过雷公："鸾皇为余先戒兮，雷师告余以未具。"

　　诗句描述的也不是一种现实生活，而是一种神话境界，但雷公、雷师的形象如何，并未作具体描述。到了东汉王充《论衡·雷虚》篇描绘的汉代的雷神则是："图雷之状，累累如连鼓之形。又图一人，若力士之容，谓之雷公。使之左手引连鼓，右手推椎，若击之状。"可知汉代的雷公状如大力士，已演化为人形。自此以降，雷神的形象或人形，或兽形，或半人半兽形，交替演进。并且古人一直有"人为天收"的观念，认为"雷公电母"专门劈打不孝之子与不法商人，如《集异记》中记载："唐大和濮州军吏裴用者，家富于财。年六十二，病死。既葬旬日，霆震其墓，棺飞出百许步，尸柩零落。其家即选他处重瘗焉，仍用大铁索系缆其棺。未几，震如前。复选他处重瘗，不旬日，震复如前，而棺柩灰尽，不可得而收矣。因设灵仪，招魂以葬。"说的是雷神一而再、再而三地专寻裴用的尸柩作对，直至使之灰飞烟灭，含有雷神在代天执法、惩处裴用的意思。

　　《宣室志·智空》中记载：

　　唐晋陵郡建元寺僧智空，本郡人，道行闻于里中，年七十余。一夕既阖关，忽大风雷，若起于禅堂，殷然不绝。烛灭而尘坌，晦黑且甚，檐宇摇震。矍然自念曰："吾弃家为僧，迨兹四纪，暴雷如是，岂神龙有怒我者？不然，有罪当雷震死耳。"既而声益甚，复坐而祝曰："某少学浮屠氏，为沙门迨五十余年，岂所行乖于释氏教耶？不然，且有黩神龙耶？设如是，安敢逃其死！傥不然，则愿亟使开霁，俾举寺僧得自解也。"言竟，大声一举，若发左右，茵榻倾糜，昏霾颠悖，由是惊慑仆地。仅食顷，声方息，云月晴朗。然觉有腥腐气，如在室内，因烛视之，于垣下得一蛟皮，长数丈，血满于地。乃是禅堂北有槐，高数十寻，为雷震死，循理而裂，中有蛟蟠

之迹焉。

可见雷神将蛟龙妖劈死,为颇有道行的老僧智空排除了隐患。正是传说中雷公有帮助和保护人们的职责,我国古代人民对雷公的态度是崇拜的。

神话也好,传说也罢,毕竟具有浪漫色彩,不具有真实性。但距今约3500年的殷商甲骨文,已有"雷"字。最早在《易经》中就有记载:"雷在地中"。这说明那时已经有人认识到雷电,放电后最后进入了大地。班固在《汉书·贾山传》中对雷电作了这样的描述:"雷霆之所击,无不摧折者,万钧之所压,无不糜灭者。"这里"雷霆"指响雷,钧,为计重单位,一钧等于三十斤。这段文字清楚地说明了雷电所具有极大的破坏力。成语"雷霆万钧"也正是出于这一论述。

在观察的基础上,古人们试图对雷电的成因也进行解释,"有云才能有雷而",这是古代人们很早就知道的。在王充《论衡·雷虚篇》中记载:"云至则雪电击。"

除此以外,王充还在《论衡·感应篇》中说:"雷者,太阳之激气也;五月阳盛,故五月雷迅;秋冬阳衰,故秋冬雷潜。"说明王充已经科学地认识到雷电的产生依赖于太阳,而且还认识到雷电与季节和气候的关系。

《淮南子·坠形训》曾言:"阴阳相薄为雷,激扬为电。"这里即认为雪电由阴阳二气相互作用产生,缺一"气"不可,电是一种激荡着的"气"。

再看柳宗元在《柳州山水近治可游者记》中说:"雷山两崖皆东西夕雷水出焉,蓄崖中日雷塘,能出云气,作雷雨。"就是说,柳州的雷山,两个山崖的方向由东往西,雷水(河名)流出的水蓄于两崖的山谷中夕称为雷塘,雷塘中的水蒸发气化上升,形成云层而产生雷雨。这可能是世界上最早的地形雷成因的论述了。

以上这些见解,都在一定程度上揭示了雷电的成因。除了这些古人还记录了不同季节雷电的一些规律,如宋代诗人王禹偁作的《雷》:

> 商山春夏旱,旱雷不降雨。
> 及秋又霖霪,雷声时一举。
> 南山复北山,淘磕若赞虎。
> 君子容必变,所以敬天怒。
> 无乃丰隆鬼,恣意挝雷鼓。
> 此怒既非天,敬之亦奚取。

不仅如此,古人还记录了雷电点击建筑物损坏,如在《元史·五行志》记载了大都大圣寿万安寺灾:"是日未时,雷雨中有火自空而下,其殿脊东鳌鱼口火焰出,佛身上亦火起。帝闻之泣下,亟命百官救护,惟东西二影堂神主及宝玩器物得免,余皆焚毁。"

可见雷电等自然灾害给古代居民造成了许多不可估计的价值损失,那么古人就对此毫无办法,只能人有天道摆布吗?当然不是,《荆州记》记载:"湖阳县,春秋萝国,樊重之邑也,重母畏雷,为母立石室,以避之,悉以文石为阶砌,至今犹存。"从文中记载的"石室"制造采用白石、文石来看,起码是防火的。现代雷电理论表明,雷电的最大危害是使易爆、易燃的物质起爆或燃烧。因此,用"石室"这种不易燃的绝缘体来防雷击后的灾害是有点道理的,但是否有避雷的作用还得考证。

中国古代建筑屋顶上设置的动物形状的瓦饰称为"正吻",也称"鸱尾、鸱吻或龙吻"等。在《山海经·西山经》中记载,鸱为一种神鸟、怪鸟。传说鸱尾起源于印度的鱼形式,能灭火。北宋李诫著《营造法式》"鸱尾"条记载:"汉记柏梁台灾后,越巫言海中有鱼虬,尾似鸱,激浪即降雨。遂作其象于屋,以厌火祥。"这里说明"正吻"之所以改成像鸱的模样,是古代预防火灾一种文化的象征。但是"鸱尾"的外形有多种形式,或像龙、鸟鹊、雄鸡或成为飞鱼尾上指天空。不论外形如何,有多条铁制尖端状物刺向空,则是它们的共同特征。总之,它们都利用了"尖端放电"现象,可见古人已有了避雷意识。

二、古人对光的认识

古代有一谜语:"大人不在小人在",谜底就是"光"。

日常光照,月有盈亏。光对于我们的日常生活,乃至大自然来说必不可少,在古代没有电的情况下,更是十分重要,那么古人对光的认识是怎么样的呢?

北宋《二程遗书》记载:"人之于性,犹器之受光于日,日本不动之物,须是识在所行之先,譬如行路,须得光照。"又南宋《朱子语类》说:"亦如灯烛在此,而光照一室之内,未尝有一些不到也。"从以上的记载可以看出光在古人的日常生活中不可或缺,给人们以光明。可见人们经常用到光,那么古人对光的认识和利用程度怎么样呢?东汉王符在《潜夫论》中写道:"中窜深室,幽黑无见,及设盛烛,则百物彰矣。此则火之耀也,非目之光也,而目假之则为明矣。"这说明,古人已明确认识到,眼睛能够看到物体,是借助于火烛等外界之光,而不是眼睛本身有光。

除此以外在《古微书·孝经纬》中说:"旧中则光溢,日神五色,明照四方。"可见在古人已经知道,光的产生方式有很多种,自然界最大的光源乃是太阳,此外还有火光、闪电、荧光和磷光等。西汉京房说:"月与星至阴也,有形无光,日照之乃光。"他认为星星与月亮本身无光,太阳照在其上才有光。

北周庾信的《对烛赋》中有云：

> 龙沙雁塞甲应寒,天山月没客衣单。
> 灯前桁衣疑不亮,月下穿针觉最难。
> 刺取灯花持桂烛,还却灯檠下独盘。
> 铸凤衔莲,图龙并眠。
> 烬高疑数剪,心湿暂难然。
> 铜荷承泪蜡,铁铗染浮烟。
> 本知雪光能映纸,复讶灯花今得钱。
> 莲帐寒檠窗拂曙,筠笼熏火香盈絮。
> 傍垂细溜,上绕飞蛾。
> 光清寒入,焰暗风过。
> 楚人缨脱尽,燕君书误多。
> 夜风吹,香气随。
> 郁金苑,芙蓉池。
> 秦皇辟恶不足道,汉武胡香何物奇？
> 晚星没,芳芜歇,还持照夜游,讵减西园月！

从"灯前桁衣疑不亮,月下穿针觉最难"可以看出坐在油灯下缝衣,难以看得清楚,月光下穿针更是很难做到的事情。可见月亮的光照强度还不如蜡烛大。

《三字经》作为大多数人的启蒙读物,里面记载了许多刻苦学习的故事:

> 头悬梁,锥刺股。彼不教,自勤苦。
> 如囊萤,如映雪。家虽贫,学不辍。
> 如负薪,如挂角。身虽劳,犹苦卓。

这些故事被人们总结为成语,如囊萤映雪、悬梁刺股、负薪挂角等。"囊萤"是指晋代车胤因家贫没钱买灯油,便在夏天晚上抓一把萤火虫来当灯读书;"映雪"是指晋代孙康冬天夜里利用雪映出的光亮看书。"凿壁偷光"是指匡衡年轻时十分好学,但是苦于晚上没有灯火,邻居有灯火但不好去借用,于是他就在墙上钻了个洞,用这个洞来"偷光"读书。像这样的成语故事还有很多,如"焚膏继晷",出自韩愈的《进学解》:"焚膏油以继晷,恒兀兀以穷年"。这个故事是说在夜里点了灯,继续做白天的事,形容人学习和工作勤奋。可见古人已经学会利用光源用于生活实际。唐代马总《意林》中有记载:"如灯火之于脂膏,炷大而明,明则膏消;

炷小而暗，暗则膏息，息则能长久也。"

由上可见，古人已经认识到蜡烛灯芯大的时候，火焰就大，灯光就明亮；反之，灯芯小则火焰小，灯光相应的就暗些。古人不仅学会利用自然光源，还会掌控人造光源了。除此以外古人还知道使用不同燃料的人造光源，其光照效果是不同的。

明代范景文《战守全书》说："守城用烛不如用松明，一松明可代十灯。""至于夜间守城，用灯烛所费甚多，且皆高悬于垛上，是使贼得以视我，我不便视贼，其利在彼矣，甚非所宜。为今之计，应造铁火球，中燃松柴，价比樵烛相去倍蓰，况火光散阔极远，比灯火相去千万。"

西汉《淮南子·说山训》指出："受光于隙，照一隅；受光于牖，照北壁；受光于户，照室中无遗物。"

可见古人还知道对于同一光源，采光空间越大，则光照的区域就越大。唐代杜佑在《通典》中记载："松明以铁锁缒下巡城照，恐敌人夜中乘城而上；夜中城外每三十步悬大灯于城半腹。"古代巡城所用的灯光在方圆只十步内可以看清周围的事物。这表明，古人还明确认识到光源所照明的空间范围是有限的。

"烽火戏诸侯"是中国历史上家喻户晓的历史故事。西周末年周幽王无道，为博美人褒姒一笑，在骊山点燃烽火谎称犬戎入侵，后来犬戎入侵时再燃烽火却无人来救，被杀死在骊山脚下，史称"烽火戏诸侯"。在《国语·晋语一》中记载："周幽王伐有褒，褒人以褒姒女焉，褒姒有宠，生伯服，于是乎与虢石甫比，逐太子宜臼而立伯服。"

但其实这个故事并非真实。最早在战国晚期文献《吕氏春秋·疑似》中有详细记载："周宅酆镐近戎人，与诸侯约，为高葆祷于王路，置鼓其上，远近相闻。即戎寇至，传鼓相告，诸侯之兵皆至救天子。戎寇当至，幽王击鼓，诸侯之兵皆至，褒姒大说，喜之。幽王欲褒姒之笑也，因数击鼓，诸侯之兵数至而无寇。至于后戎寇真至，幽王击鼓，诸侯兵不至。幽王之身，乃死于丽山之下，为天下笑。此夫以无寇失真寇者也。"

按其所载，周幽王置大鼓进行击鼓传音以备犬戎入侵，后为博得褒姒一笑多次击鼓，以至于犬戎入侵时诸侯无人来救，故此可视为"戏诸侯"故事的起源，其中明确记载"幽王击鼓"而非点烽燧。

故事虽说是故事，但是要知道古代的制度，不仅在军事中传递信息起到了重要的作用，还充分地体现了古人对光照与距离关系的认识与运用。在《东观汉记·马成传》中提到了烽火台的设置距离："马成缮治亭障，自西河至渭桥，河上至安邑，太原至井陉，中山至邺，皆筑堡壁，起烽隧，十里一候。"

由此可见，汉代人已经认识到光照与距离的远近是有关系的，可以依据当时积聚的木柴燃烧时所发光的强弱来设置各候望台之间的最佳距离。而且为了区别不同的敌情，古人用燃烧不同数量的火炬来传递信息。据《武经总要》记载："置烽之法,每烽别有土筒四口,筒间火台四具,台上插橛。拟安火炬,各相去二十五步,如山险地狭不及二十五步,但取应火分明,不须限远近。"这是说"置烽之法"要求火炬之间的间距为二十五步,若地理位置不允许的话,则应至少保证一定的距离以使远处能够分辨清楚火炬的数目。

三、古人对人体解剖的认识

古人常说:"身体发肤,受之父母,不可毁伤,孝之始也。"但是古代洗清冤案需要解剖尸体才能查清伤情,那么古代对人体解剖有着怎样的认识呢?

早在《灵枢·经水》中就记载:"若夫八尺之士,皮肉在此,外可度量切循而得之。其死,可解剖而视之。其脏之坚脆,腑之大小,谷之多少,脉之长短,血之清浊……皆有大数。"这是解剖在中医经典中最早的出处。《内经》认为,了解人体结构有两种方法,对外可以通过度量切循而得知,对内则是通过解剖来观察。《灵枢·肠胃》有记载:

唇至齿,长九分,广二寸半;齿以后至会厌,深三寸半,大容五合;舌重十两,长七寸,广二寸半;咽门重十两,广一寸半;至胃,长一尺六寸;胃纡曲屈,伸之,长二尺六寸,大一尺五寸,径五寸,大容二斗五升;小肠,后附脊,左环回周叠积,其注于回肠者,外附于脐,上回运环十六曲,大二寸半,径八分分之少半,长三丈三尺;回肠,当脐左环,回周叶积而下,回运环反十六曲,大四寸,径一寸寸之少半,长二丈一尺;广肠,传脊以受回肠,左环,叶脊上下辟,大八寸,径二寸寸之大半,长二尺八寸;肠胃所入至所出,长六尺四寸四分,回曲环反三十二曲也。

这里描述的消化道各个器官的大小和数字与现代解剖学的描述基本一致,若不是经过解剖观察,很难做到如此精确。

司马迁在《扁鹊·仓公列传》中曾介绍了一位上古时代的名医:"上古之时,医有俞跗,治病不以汤液醴洒,馋石,挢引,案扤,毒熨,一拨见病之应。因五藏之输,乃割皮解肌,诀脉结筋,搦髓脑。揲荒爪幕,湔浣肠胃,漱涤五藏。"可见上古时代,俞跗是一个手术高明的解剖者,只是传记的神奇性让人难以置信。

据记载在宋崇宁中,杨介依据泗州处死的犯人尸体的解剖材料,绘制了《存真图》。此图绘制了人体胸、腹、胞内脏的前面与背面,右侧胸、腹腔及其主要血管关系,及在其上穿过的血管、消化、泌尿、生殖等系统,它为解剖学提供了更为科学的材料,可惜此图丢失了。

这些都可以看出古代中国人体解剖有所发展,但是为什么后来没落了呢?

《礼记》中记载:"父母全而生之,子全而归之,可谓孝矣。不亏其体,不辱其身,可谓全矣。"在《南史·顾觊之传》中记载了这样的一个故事:

大明元年召入都城任度支尚书，转任吏部尚书。当时，沛郡相县百姓唐赐自邻村彭家饮酒回家，得病，吐出二十余只蛊虫。唐赐妻张氏按他临终所言，亲手剖开腹部，五脏都已糜烂。郡县官员认为张氏残忍剖腹，赐子唐副又不阻止，判唐赐妻伤夫，五岁刑；子不孝父母，弃市。但律令条文中没有类似的规定。三公郎刘勰议道："唐赐妻痛遵夫言，儿识谢及里，考定本意，并非是残忍加害，应当哀矜二人，从轻发落。"觊之认为："作妻子而行残酷之事，不应照顾小情，唐副应判不孝罪，张氏同不道罪。"下诏按觊之建议处理。

可见正是由于这样一种思想的存在，古人不能接受破坏人体完整性的解剖方法。古代中国的伦理和法律是相连的，而道德原则本身往往就是法律。因而毁伤他人躯体不仅为伦理道德所不容，而且还被法律禁止。

此外，孝道对古人生活影响深刻，其中还包括对人体解剖的影响。在《医学三字经》中，徐大椿说："儒家不能舍至圣书求道，医家岂能外仲师之书以治疗？"

除此以外，在司空徐防的《〈五经〉宜为章句疏》中记载道："不依章句，妄生穿凿，以遵师为非义，意说为得理，轻侮道术，浸以成俗。"可见儒家推崇的尊经复古，在维护儒家经典权威的同时也限制了中医著书立说的突破发展。儒家还重视哲学历史伦理的发展，轻视自然科学的发展。

除此以外，中医自身的特点也影响了人体解剖的发展。《内经》要求医生："上知天文，下知地理，中知人事。"可见古代中医学的教育中不包含人体解剖，而是关于一些中国的传统文化。道家理念和中医学都是中国的传统文化。道家理念和中医学有着共同的文化背景，它们都以"气论""道论""太极阴阳"等哲学思想为基础。精、气、神为中医三宝，存在于人体。

《伍柳仙宗》中说："人之生死大关只一气也。"有气人活，气去人亡，可见中医是通过气来理解和把握生命运动的。因气源源不断地推动和调控，身体和脏腑生理机能才得以不停地工作。又，明旺琦石《理虚元鉴》说："以先天生成之体质论，则精生气，气生神；以后天运用之主宰论，则神役气，气役精。"由此可见气、精、神三者之间的关系密不可分。在道家理念中，阴阳二气合为一气，构成了宇宙万物。《周易》中也说："同声相应，同气相求。"这句话是说人与自然相互感应，中医在天人合一观念指导下，"取象比类"在医学的发展过程中比人体解剖地位更加重要，人们便没有那么关注人体解剖的发展，更加注重整体概念和阴阳五行学说。如《寓意草·论金道宾真阳上脱之症》中记载："上脱者用七分阳药三分阴药而夜服，从阴以引其阳；下脱者用七分阴药三分阳药而昼服，从阳以引其阴。"这是利用机体昼夜阴阳的规律性变化去求得疗效，可见阴阳五行说在中医中的应用，这是中医的特点，而不注重人体解剖的研究和发展。

《石涛画语录·山水章》中说:"搜尽奇峰打草稿。"可见中国绘画也讲究"删剥大要,凝想形物"的方式去提炼对象的特点。中国古代书画论中,"形"与"神"的地位是举足轻重的。所以王清任在《医林改错·自序》中说道:"当尚有不实不尽之处,后人倘遇机会,亲见脏腑,精查增补,抑有幸矣。"可想而知,古代人们对人体结构的认识及图像的绘制常局限于宏观的外表的认识,甚至难免会出现臆测、揣摩的成分。这也在某一程度上影响了人们对人体解剖认识的精确性。

- ★ 通过尸骨断案体现了古人怎样的智慧?
- ★ 古人是怎样运用红光或黄光验骨的呢?
- ★ 为何古人会将雷击事件视为上天的惩罚?
- ★ 为什么说"检地法"是一项绝技?
- ★ 仵作用哪些依据判定死者是伤后活埋?
- ★ 哪些思想影响了古代人体解剖的发展?

第七讲 滴血认亲

> 提要：所罗门王是如何判案的？
> 古人创造了什么样的"认亲"方法？
> 官府是怎么用"滴血认亲"法来判案的？
> 滴血认亲科学吗？

上一讲说的是古人如何根据骨骼来断案，如果死者尸骨无存，还可以通过"检地"绝技来发现伤情。

宋慈的记载充分展现了中国人的智慧。不过，古人并没有就此止步，在《洗冤集录》中，还有一个利用死者遗骨进行法医检验的方法，这种方法后来甚至形成了一种文化现象。

这是一种怎样的方法呢？

所罗门王是怎么判案的？

我们先来说一个故事。

在距今三千年前，以色列人中出现了一位国王，他叫所罗门。这位所罗门王在即位的时候还非常年轻，不到二十岁。小小年纪，怎么能治理国家呢？于是，所罗门就向上帝祈祷，祈求上帝赐给他一颗善于识别的心，能判断是非，好治理人民。上帝答应了。这样，拥有"一颗善于识别的心"的所罗门就成为一位非常有智慧的国王。

一次，王宫里闯进两个妇人，请求国王主持公道，所罗门问她们是怎么回事。

其中一个妇人说："陛下，我们俩住在一起待产，我生了一个男孩，两天后她也生了一个男孩。今天早晨，我醒来喂奶，发现孩子已经死了，仔细一看，孩子是被压死的，也并不是我的孩子，而是那个妇人的。一定是昨晚她一不小心把自己的孩子给压死了，夜里趁我熟睡就把我的孩子给调换了。请求陛下为小妇人做主！"

另一个妇人说："尊贵的所罗门王，她在撒谎。死去的孩子明明是她的，却硬说是我的；是她自己晚上睡觉不小心把孩子给压死的。"

第一个妇人说："不！活着的孩子是我的，死的才是你的！"

另一个妇人说："不！死的孩子是你的，活着的才是我的！"她们在国王面前争吵起来。

孩子刚刚出生，体貌特征还不明显，加上又都是男孩，恐怕除了他们的母亲，别人很难辨别。案件发生在夜里，除了两位母亲，又没有第三人在场，这该怎么办呢？所罗门王陷入沉思。

过了一会儿，国王做出了一个惊人的决定。他叫左右拿来一把刀，然后对争吵不休的两位母亲说："你们都说这个活着的孩子是自己的，但是又都拿不出证据。既然这样，叫侍卫用刀把这个孩子劈成两半，你们一人一半好了。"

这个判决震惊了在场的所有人。

第一个妇人跪下说："尊贵的所罗门王啊，把孩子给她吧，我不要了，请您千万不要伤害这个孩子。"另一个妇人却说："英明的所罗门王，您的裁断是公正的，那就一人一半吧！"国王笑了："案件审理结束。把孩子交给哀求我的那个妇人吧，因为她才是孩子的母亲。"

这个故事出自《圣经·列王纪》。所罗门王推断孩子的生母必定不会忍心让孩子去死，而是宁可舍弃自己的抚养权；而没有血缘关系的另一个妇人，却会表现得幸灾乐祸。"劈开孩子"这个看似昏聩残暴的判决，却蕴藏着对人性深刻的理解，这位国王的确非常有智慧。

类似的故事在古代中国也有。

西汉的时候，在颍川有个有钱人家，家财万贯。这家有兄弟二人，他们的妻子都怀了孕。嫂子流产了，但是夫妻俩对家里隐瞒了这件事。不久，弟媳生了一个男孩。为了争夺家里的财产继承权，哥嫂就把孩子抢了过去，说是自己亲生的，还说是弟媳妇流产了。弟弟和弟媳没有办法，只好告官。案子拖了三年，无法判决，最后到了太守黄霸的手上。

黄霸升堂问案。公堂之上，几个人吵吵闹闹，莫衷一是。黄霸于是叫人把孩子领来，对嫂子和弟媳说："这样好了。既然你们都说孩子是自己的，现在孩子就在大堂上，你们妯娌两人去抢吧，谁抢到就是谁的。"

话音刚落，妯娌两人就冲到孩子身边，争抢起来。孩子被弄疼了，哇哇大哭，但是嫂子依然不松手；而弟媳却松开了手，退到一边，以手遮面，表情很是悲伤凄惨。

黄霸笑了："此事审矣。"意思是说这个案子可以判了。他转过头去，呵斥嫂子说："你贪图家里的财产，想要得到这个孩子，但是你并不爱孩子，所以就强拉硬扯，完全不顾孩子的死活。还不赶快把孩子还给弟媳妇！"

这个看似简单的案子其实很难断。因为嫂子流产的事，并没有人知道，所以没有人证。既然没有证据，黄霸只好想别的办法。他叫妯娌二人"抢孩子"，然后观察两人对孩子的态度。弟媳作为亲生母亲自然不愿让孩子受到伤害，而嫂子却没有任何顾虑，黄霸据此审明案情。南宋人郑克在评论这个案子时说，"盖证或难凭而情亦难见"，黄霸"于是用谲以擿其伏，然后得之"。这话的意思是说：有时候，证据难以找到而真实情况也不容易看清楚，黄霸于是就采用变诈的手段，来揭露隐秘的事实，然后就把案件审清楚了。

类似的案子，在古代还有一个，不过在侦查手段上要温和许多。

南北朝时期，在北魏，寿春县县民苟泰三岁的孩子走失了。苟泰找了几年都没有找到，后来才在赵奉伯家发现了孩子。到了官府，两家都说孩子是自己的，又都有邻居作证。这个案子郡县两级都判不了，最后送到刺史李崇那儿。

李崇是北魏中后期的名臣，人称"断狱精审"。他是怎么来判这个案子的呢？李崇并没有直接升堂问案，而是把两个"父亲"和孩子分开，把他们都关了禁闭。几天以后，李崇让狱卒告诉两个"父亲"："很抱歉，孩子突然得了重病，已经不治身亡。孩子死了，你们也不要争了，还是赶快办丧事，让孩子入土为安吧。"

苟泰听到这个消息，如遭晴天霹雳，痛哭不已。而赵奉伯呢？只是连连叹息，并没有什么悲痛的表情。狱卒把这个情况汇报给李崇，李崇说："把孩子给苟泰吧，这孩子是他的。"

无论是所罗门还是黄霸、李崇，都是凭借自己的智慧，用"谲"的手段来获得真实情况，然后断案的，这也是没有办法的办法。这样的案件，如果碰到的是一位糊涂官，那恐怕只能断成"糊涂案"了。那么，有没有一种方法，可以直接确认人们的血缘关系，从而减少误判的可能性呢？

古人创造了什么样的"认亲"方法？

古人很聪明，他们想到了一种方法，叫作"滴骨认亲"。

所谓滴骨认亲，就是把生者的血液滴在死者的骸骨上，观察血液是否渗入骨中，如果血液能够渗入，说明生者和死者有血缘关系；反之，则说明生者和死者没有血缘关系。官府据此来判定他们有无亲缘关系。

这个方法有什么依据吗？迄今为止，我们还没有找到这种方法的生理学证据。因此，这个方法可能出于臆想,来源于古人的一种观念。古人认为,有血缘关系的人,他们滴出来的血会融汇在一起;而没有血缘关系的人,他们滴出来的血则互相排斥,并不聚合在一起。由这个观念引申出去,人们普遍相信:即使是已经死去的人,他们亲人的血也会渗入死者的骸骨。这大概就是"骨肉至亲"一词的来源了。进而人们也相信:即便是夫妻,因为长期共同生活,气血相通,他们的血也会交融在一起。

据专家研究,滴骨认亲早在秦朝就出现了,并且在民间颇为盛行。

汉朝的时候,有一个叫陈业的人,他的哥哥在渡海时遇难。陈业来到现场,只见海滩上和哥哥同船的五六十人的尸体都已腐烂,无法辨认。陈业对着皇天后土发誓:"闻亲戚者,必有异焉。"他说,我听说亲戚之间,必然有与别人不同的某种联系。什么样的联系呢?陈业割破胳膊,把血洒在那些尸体的骨头上。果然,别的尸骨上的血很快就滑了下去,滴到地上;只有一具尸骨上的血不仅留在骨上,而且渗了进去——这就是他哥哥的遗骸了。

东晋末年,在浙江沿海爆发了孙恩领导的农民起义。起义受挫以后,孙恩退守海岛,后来投海自杀,家族和部属随同他一起投水的,有一百多人。据《南史·孝义传》记载,多年以后,孙恩一个部属的儿子,叫孙法宗,要寻找父亲的尸骸。他来到当年父亲自杀的地方,只见白骨累累,这该怎么办呢?孙法宗"闻世间论是至亲以血沥骨当悉渍浸",他就刺破胳膊,在一具一具白骨上滴下去,但是没有一具白骨可以渗进他的血液。孙法宗不死心,就扩大搜寻区域,在当年孙恩部队行经的地方,反复寻找。每每看到白骨,他就刺破胳膊,滴骨认亲。后来胳膊刺不出血,他就刺小腿,以至于"臂胫无完皮,血脉枯竭",他刺得手臂和小腿上没有一处完整的皮肤,血都滴尽了,但"终不能逢"。这位可怜的孝子只好怏怏而返。

唐朝的时候,也有滴骨认亲的记载。有人写了一个"杞良妻"的故事。说是杞良服劳役修长城,被典吏打死,尸体投进城墙的地基里。妻子仲姿得到这个消息,悲哽而往。她向着长城号哭,城墙崩倒一片,露出了地基。但是,地基下面埋了很多人,白骨交横,不知道哪具是杞良的尸骨。仲姿就刺破手指,把血滴在那些白骨上,说:"如果是杞良的骨骸,血就能渗进去。愿上天垂怜,让我把它带回家安葬吧。"这就是大家非常熟悉的"孟姜女哭长城"的雏形。这个故事是从《左传》所载"杞梁之妻"一段演绎而来,添加了滴骨认亲的内容,所以,故事虽然讲的是秦朝的事,反映的却是唐朝人的生活状态,他们那个时候也用"滴骨认亲"法。

而滴骨认亲最有名的,是南朝梁国的豫章王萧综,他可以算是法医学史上进行亲子鉴定的第一人。南北朝时期,齐国的第六代皇帝叫萧宝卷,他是中国历史上著名的荒唐皇帝。宰辅大臣,稍不如意,立即诛杀,逼得文官告退,武将造反。雍州刺史萧衍趁机起事,领兵打到首都建康(今南京)城下。这时齐宫内发生叛乱,萧宝卷被杀。萧衍进入建康,他做了三件事:第一,追贬萧宝卷为东昏侯,漂白他"弑君"的行动;第二,霸占了萧宝卷的许多妃子,其中一位叫吴淑媛；第三，立了一个新皇帝萧宝融（齐和帝）。

不久，萧衍逼着和帝把皇位禅让给他，自己做了皇帝，改国号为梁，萧衍就是梁武帝。而那个吴淑媛，在被萧衍占有后仅仅七个月，就生了一个儿子，名叫萧综。人们常说，怀胎十月，一朝分娩，而萧综只有七个月就出生了，这就让人难免起疑：这小孩会不会不是萧衍的，而是东昏侯萧宝卷的呢？但是武帝仍然给了萧综皇子的待遇，后来还封其为豫章王。

武帝子女众多，一共有八位皇子，萧综排行第二。封建社会实行嫡长子继承制，所以未来梁国的新君应该是皇太子；但是萧综野心勃勃，觊觎皇位。后来吴淑媛年长色衰，渐渐失宠；没有了武帝的恩宠，萧综就与皇位渐行渐远了。萧综因此心生怨恨，常常在母亲面前发牢骚。吴淑媛不言不语，只是长叹，萧综深为不解。

有一次，萧综忍不住追问母亲。母亲屏退左右，悄悄对他说："汝七月日生儿，安得比诸皇子。汝今太子次弟，幸保富贵勿泄。"这段话是《南史》上记载的，比较简略，不太容易懂，我们结合当时的情况，来解说一下。吴淑媛是这么说的："我本是齐宫的嫔妃，逼不得已才服侍当今皇上，可是刚七个月就生下了你。所以，你是东昏侯萧宝卷的儿子，不是当今皇上的骨肉，又怎能和其他皇子相比呢？从前，我见你年幼无知，没有把真相告诉你。现在你长大了，懂事了，我才告诉你这个真相。不过，你知道也就算了，千万不要把这件事对别人说。不然的话，别说保不住富贵，就连我们母子的性命也要丢掉！"

萧综一直以为自己是武帝的骨血，没想到母亲却道出如此令人惊骇的内幕，他感到实在难以置信。为了证实母亲的话，他决定来一个滴骨认亲。于是，萧综召集了几名心腹，改装易服，偷偷来到东昏侯的墓前，掘墓开棺，取出东昏侯的骸骨。然后，他抽刀将自己的手指割破，把血滴在骨骸上，隔了片刻，"有征矣"，也就是血果然渗入骨骸之中。尽管如此，萧综还是将信将疑。那怎么办呢？回到家中，萧综又想出了一个很"绝"的办法。他狠了狠心，把自己刚生下来才一个多月的一个孩子给弄死，然后掩埋。过不多久，他派人在夜间将孩子的骨骸掘出取回，然后将自己的手指割破，把血滴在骨头上。结果，血液和先前一样渗入进去。萧综这才相信母亲所说是真的，自己确实是东昏侯的遗腹子。

知道了自己的身世，对武帝的怨恨和国破家亡的仇恨聚集在一起，让萧综情难自已。可能就在这个时候，他写了两首很有名的诗。

一首叫《听钟鸣》，诗文如下：

听钟鸣，当知在帝城。参差定难数，历乱百愁生。去声悬窈窕，来响急徘徊。
谁怜传漏子，辛苦建章台。

听钟鸣，听听非一所。怀瑾握瑜空掷去，攀松折桂谁相许？昔朋旧爱各东西，譬如落叶不更齐。漂漂孤雁何所栖,依依别鹤夜半啼。

听钟鸣,听此何穷极?二十有余年,淹留在京域。窥明镜,罢容色,云悲海思徒掩抑。

另一首叫《悲落叶》,诗文如下:

悲落叶,连翩下重叠。落且飞,纵横去不归。
悲落叶,落叶悲。人生譬如此,零落不可持。
悲落叶,落叶何时还?凤昔共根本,无复一相关。

这两首诗,都是借景生情,感情朴实真挚,很有感染力,"当时见者莫不悲之"。

萧综开始了他的复国计划。

首先,他派人联络在北魏的萧宝夤。这个萧宝夤是东昏侯的弟弟,按照辈分是萧综的叔叔。齐亡后,萧宝夤投奔北魏,成为北魏重臣。萧综联络他,是为了寻求外援。其次,萧综积极谋取兵权,好起兵造反。不久,他就得到了一个机会。梁魏两国在边境发生冲突,梁军人败。朝中一时无将,武帝就派萧综出京统领各路人马,驻守彭城,与魏军对峙。萧综得旨,暗中庆幸,当日就带人赶往彭城。

对面的魏国也在增兵。消息传来,武帝担心萧综不娴战事,怕出意外,便促令他班师。好不容易到手的兵权眼看就要失去,萧综很是无奈。他也等不及了,于是趁夜偷偷打开彭城北门,前去投奔魏军。

梁国皇子来降,让魏主非常高兴。他隆重接待了萧综,还拜他为侍中,封丹阳王。萧综如此背叛武帝,总算替他父亲东昏侯出了一口气。封王以后,萧综便为东昏侯举哀发丧,丧礼仪式格外隆重,连魏主和群臣也来致哀。为了昭示自己认祖归宗,萧综决心为父亲"斩衰"(服丧三年)。萧综还把自己的姓名改为萧赞,以示与武帝脱离父子关系——若是东昏侯不姓萧,他也一定会改易萧姓的。

梁国那方,军队主帅"人间蒸发",将士们慌了手脚。魏军来攻,梁军大败。

消息传到首都建康,武帝起初以为萧综是畏敌而降;等到细作传来魏国方面的情况,武帝顿时气得七窍生烟。他随即斥问吴淑媛,吴淑媛不敢隐瞒,如实招出,竟与细作所言吻合。皇室出现如此丑事,武帝引为奇耻大辱。他下诏削夺萧综的封爵和封地,撤除他的属籍,还改其姓为"悖"氏(悖逆的意思);并废吴淑媛为庶人。不久,武帝又下令毒死吴淑媛,以洗雪自己的耻辱。

母亲被毒死,萧综的下场也并不妙。北魏对他并不信任,始终未授以实权,这让萧综很不满意。两年后,叔叔萧宝夤被逼造反,萧综前去投靠,途中被魏军俘获杀死。

萧综无疑是一个很有才华也很有头脑的人,但是他的反叛行径却令人不齿。因为无论他与梁武帝有怎样的恩怨,这始终是一个国家内部的问题。他出卖自己的国家和军队,谋求私利,导致母亲被毒死,他自己也最终被杀,真是可鄙可叹。不过,萧综滴骨认亲的详细情况倒是在正史上被记了下来,他由此在法医学史上留下了"芳名",成为进行亲子鉴定的第一人。

虽然滴骨认亲在我国出现得很早,在民间也颇为盛行,但是对其具体操作方法的介绍,则来自于宋慈的《洗冤集录》:"检滴骨亲法,谓如某甲是父或母,有骸骨在,某乙来认亲生男或女,何以验之?试令某乙就身刺一两点血滴骸骨上,是亲生则血沁入骨内,否则不入。俗云'滴骨亲'盖谓此也。"宋慈把检验的条件、方法和判定的标准等,进行了比较详细的记述,成为用法医方法进行亲权鉴定的最早记录。

到了明朝以后,社会上流行起了"滴血认亲"法。后人在注释《洗冤集录》的时候,就把这个方法也补充了进去。这样,在《洗冤集录》里面,就出现了两种亲子鉴定的方法:一是宋慈记载的"滴骨"法,另一种是后补的"合血"法。滴骨法用来确定生者和死者之间的亲属关系,合血法则用来鉴定生者之间的血缘关系,我们总称为"滴血认亲"。这两种方法,被长期沿用,成为古代司法机关确认亲属关系的重要手段,对后来官府断案产生了深远的影响。

官府是怎么用"滴血认亲"法来判案的?

我们先来说滴骨法。

在清朝人注释的《洗冤集录》中,收录了这样一个案子。

康熙五十年(1711年),有一次,一个牛郎和一个猪倌在河边打架。牛郎一棍抡去,一下把猪倌的脑袋打破了,鲜血直流。猪倌一翻身掉进河里,尸体顺流漂走。牛郎吓跑了,后来被抓捕归案。

按照法律,牛郎犯了杀人重罪。但是他不肯服罪,因为猪倌的尸体始终没有找到。没有尸体,怎么能定杀人罪呢?县令无奈,只好命人暂时把牛郎收监,同时派人到河边搜寻猪倌的尸体。但是不知什么原因,猪倌的尸体就是找不到。狱中的牛郎反复喊冤,猪倌的家属也不停申诉,弄得县令焦头烂额。

过了三个多月,有人来向县令报告:在河边发现一具白骨。县令很高兴,以为找到猪倌的尸体了,马上升堂断案。可是牛郎还是不服罪,他说:"大老爷,你们发现的是一具白骨,你们怎么能证明他就是猪倌呢?"

这下,县令也有点发懵。是呀,怎么证明呢?这时候,府衙里的一个师爷就给县令出主意：我们何不来个滴骨认亲？一句话提醒了县令。他叫人找来猪倌的妻子和女儿，按照《洗冤集录》上的方法，进行鉴定。猪倌女儿的血，很快渗入骨中；他妻子的血，虽然没有渗进去，但是却在骨头上凝成一团。这就说明，这具尸骨是猪倌的。

但是牛郎还是不服。县令恼了，他叫人割破牛郎的手指，也把血滴在白骨上。牛郎的血很快从白骨上流下去，既没有凝成一团，也没有渗进骨中。牛郎再也无话可说，只得伏罪。

在这个案子中，县令就是用了滴骨法来断案的。猪倌女儿的血，因为血亲关系，很快渗入骨中；他妻子的血，因为"气血相通"，所以会凝成一团；而牛郎和猪倌，则是没有任何关系，所以血就会流走。

再来说说合血法。清朝有一个叫许仲元的，做过浙江昌化县的县官，他写了一本《三异笔谈》，书中记载了自己办的不少案子，其中一个案子是这样的：

章某家里很穷，妻子死了，没钱续弦，但是他并不安分，就和一个有夫之妇勾搭上了。妇人的丈夫因病去世，章某就立马和这个妇人成婚。两人婚后六个月，妇人产下一子，后来也没有再生育。

章某娶妻得子，心满意足，于是辛苦持家，家境逐渐殷实起来，有了两顷山田。这就引起了族人的垂涎，要谋夺章某的财产。他们说，章家的这个孩子六个月就出生了，没有足月，所以应该是妇人及其前夫的。如果孩子果真是章某的，那妇人怎么会一直没有再生育？这就说明，孩子是个遗腹子，不属于章氏血脉。他们要求章某另外在族里找一个章姓男孩，来承继"香火"。章某一家当然不同意，族人也不罢休，双方因此产生纠纷，闹到县衙。

这个案子的关键是要证明孩子是不是章某的骨肉，该怎么办呢？许仲元说："此非滴血不辨。"也就是说，只能用合血法来验证。他让人取来一只大碗，自己亲自用温水洗净，再倒满泉水。然后让章某站在左边，孩子站在右边，把袖子都捋起来。许仲元用两枚大针同时刺入他们的胳膊，两缕鲜血就流了出来，落进碗中。接着，人们就看到一幅奇景："左者渐趋而右，右者渐趋而左，初甚纡徐，愈近愈速，翕然合同而化矣。"在碗中的两团鲜血互相靠拢，最后竟然融合到了一起！

既然两人的血可以融合一处，说明他们有亲缘关系，的确是父子，族人再也无话可说。

以上案例说明，"滴血认亲"是当时官府常用的亲子鉴定的方法。

南宋以后，《洗冤集录》逐渐成为官员们断案的指南，书中所载的一些法医学方法及其结论，也被认为是"金科玉律"。有些官员在办案的时候，只知道盲目遵循，也不考虑书中方法施行的条件，闹出不少笑话。

纪昀在《阅微草堂笔记》中记载了这样一件事。

有一个山西人，他把家产托付给弟弟照管，自己出外经商。他在外面娶了妻子，还生了一个儿子。到了孩子十多岁的时候,妻子病死了。后来因为买卖不好,这位山西人就带着儿子回老家了。到家后,弟弟唯恐自己手中代管的家产不保,就造谣说,哥哥的儿子不是亲生的,而是收养的。因为按照礼法,过继的儿子是不能继承父亲财产的。现在哥哥年纪大了,又没有子嗣,以后财产自然还是他的。兄弟俩争执了起来,最后告到县衙。

正赶上这里的县令是个糊涂官,他不去调查哥哥在经商时是否娶过媳妇,生过儿子,而是直接用合血法进行鉴定。一般来说,亲子鉴定在程序上应该是排在最后,非到万不得已,不宜使用。因为一旦鉴定失败或者失误,对当事人会产生很大影响,后果是很严重的。

不过这个糊涂县令很走运,他进行合血法鉴定,两个受验者的血竟然完全融合在一起。县令据此判定:孩子是哥哥的亲生骨肉。然后打了弟弟一顿板子,把他赶了出去。

挨了板子,弟弟很不服气。回到家中,他仿照县令的做法,把自己和儿子的血放进水里,但并不凝在一起。于是他以这个试验结果去知府那儿上诉,说县令的方法不能作为判案的依据。

知府接到案子,也没有去调查哥哥是否曾经娶妻生子,因为他对合血法的鉴定结果是深信不疑的,《洗冤集录》还会有错吗?反过来,他倒对弟弟进行了一番调查。调查的结果是,弟弟的老婆与人有奸情。这下就可以解释了,之所以验血不合,是因为这个孩子根本就不是弟弟的,而是别人的。于是,太守驳回了弟弟的上诉。

这个案子判下来,弟弟羞得无地自容,"竟出妇逐子",自己也跑到外地,家中的资产"反尽归其兄"。

在封建社会,像这样泥古的县令、知府,是很多的。在这个案子中,如果不是哥哥和他的儿子正好"血合",那肯定是又一起冤案了。

那么,滴血认亲法的准确性究竟如何呢?

滴血认亲科学吗?

先说滴骨法。

从《洗冤集录》的内容来看,宋慈很可能做过类似的亲子鉴定,很可能还取得了成功,否则他不会把这种方法记载下来。

不过,他的记录还不是很详尽。后人在给《洗冤集录》注释的时候,就补充说,实验用的白骨要进行清洗,把它刷白,然后用炭火烤干。但是要注意,不能用盐水洗,白骨一旦用盐水洗过,那就什么血都渗不进去了。滴血的时候也要注意,不能滴在骨头破损的地方,那里谁的血都能渗进去。最后,还要观察血渗进去以后,在滴血处是否出现一小片"红荫"。只有出现了红荫,才能最终做出鉴定结论。

从后人的补充来看,滴骨法是被多次被使用的,人们从中还总结出了一些注意事项。不过,由于我们缺少滴骨法失败的案例,所以,这个方法的准确性究竟如何,还是一个谜。

再说合血法。和滴骨法一样,后人在使用的时候,也总结出了一些经验,大致有这样几条:

第一,检验用的器皿。古人多用大碗来合血,不会用盆之类的东西,因为器皿大了,盛水很多,会影响检验结果。

第二,检验用的水。古人注意到,鲜血遇到盐、醋、白矾等物都会凝聚;而遇到清油就会散开,不能凝聚。所以,有人就会做些手脚,比如用先用盐、醋、白矾等擦拭实验器皿,或者在水中加一点清油,这样检验的结果肯定就不准了。那怎么办呢?有经验的官员会让人到店铺去买一个新器皿,或者当众清洗实验器具,这样就能防止作弊。前述案例中,县令许仲元亲自把实验用的大碗用温水洗净,再倒进泉水,就是这个原因。

第三,滴血的方式。受验人的血,要同时滴进大碗,不能有先有后。这样的话,血有冷热之别,不能融合。滴进去的位置也要适中,如果距离太远,血也不能"合"。

这样看来,合血的过程是相当精细和繁琐的,如果操作不当,很容易出问题。

《病榻梦痕录》就记载了这样一个案子。

湖南零陵县有兄弟二人,家境富裕,后来分家另过。弟弟得病死了以后半年,弟媳产下一子。哥哥觊觎弟媳家的财产,就买通了她家的女仆,让她说这孩子是自己的。然后,哥哥到县衙起诉,说弟弟家没了"香火",要求把自己的一个儿子过继到弟弟家去。

我国封建社会,很注意保护宗法和家族的关系,以维护社会的稳定。如果弟弟真的"绝后",县令肯定是会按照哥哥的意愿进行判决的,弟媳当然不愿让哥哥的阴谋得逞。这个案子打起来后,双方都找了很多的证人,大家在大堂上吵吵嚷嚷,也辨不出一个是非曲直。

县令无奈,只好用合血法来进行鉴别。但是,由于操作不当,亲子鉴定出现失误,一连做了四次,都不能下结论。这一下,哥哥来劲了,缠讼不已,一气闹了四年多。

后来,府衙派了一个师爷专门来解决这个问题。

鉴于亲子鉴定已经失败,不能再用这个方法,师爷只能另辟蹊径。他仔细阅读卷宗,发现了问题:那些证人的证词大多不能说明问题的关键,也就是孩子出生前后的情况。在关键证人中,只有一个奶妈,没有稳婆(接生婆);而这个奶妈却是女仆提供的证人。于是他就把弟媳传来问话。弟媳回忆说,自己生产的时候,请了一位稳婆,还请了几位邻居大娘,她们现在都健在。孩子原来是自己哺乳的,但是四个月后得了奶痈,也就是乳腺炎,只好请奶妈;这个奶妈是由女仆去联系的。师爷又询问弟媳的奶痈是请哪位医生治疗的,现在什么地方等等,弟媳一一作了回答。

师爷对弟媳的话逐一查证,然后升堂审案。他传唤稳婆、邻居大娘、医生到大堂,哥哥和女仆傻了眼,只得伏罪。

这个案子说明合血法存在很多问题,其结果"未可俟",也就是未可全信的意思。其实在当时官府审案时,并不会完全依靠滴血认亲的鉴定结果来定案,还会参考其他一些证据,形成一个证据链条,最后才判案。

《洗冤集录》所记载的两种滴血认亲的方法,即滴骨法和合血法,在今天看来,都不十分科学。不过,我们要注意到,滴血认亲是在特定场合、特定人群中做的,大量的案例说明,它还是有一定的准确性的。特别是合血法,它说明我国古代已经注意到父母血型对子女血型的影响,这是一大发现,它是后世血清检验法的萌芽,是现代亲权鉴定血清学的先声,这比世界其他国家有此记载要早得多。

到了1901年,奥地利维也纳大学的卡尔·兰德斯泰纳在血清中发现了ABO血型。由于这一重大发现,卡尔·兰德斯泰纳获得了1930年的诺贝尔生理学或医学奖。血型的发现,开启了人类亲子鉴定的新时代。

我们怎么能根据血型进行亲子鉴定呢?请看表7.1。

表7.1 血型与亲子关系对照表

亲代	子代可能	子代不可能
A型+B型	A型、B型、AB型、O型	
A型+A型	A型、O型	B型、AB型
B型+B型	B型、O型	A型、AB型
一方或双方AB型	A型、B型、AB型	O型
A型+O型	A型、O型	B型、AB型
B型+O型	B型、O型	A型、AB型
O型+O型	O型	A型、B型、AB型

表7.1列出了父母遗传给子女血型的各种可能。根据这张表,抽取父母和子女的血液进行化验,查查他们的血型,就可以进行鉴定了。

不过,血型法是排除式的鉴定。这是什么意思呢?

举个例子。如果孩子的血型是A型,那么父母的血型绝不可能都是B型、O型;或者一方为B型,另一方为O型,这是血型的遗传规律。如果出现了相反的情况,我们就可以初步判定孩子和父母没有血缘关系。但是,如果孩子的血型是A型,父母有一方的血型是A型或者AB型,这是符合遗传规律的,我们就可以确定孩子和父母有血缘关系吗?如果孩子是领养的,或者通奸而生呢?血型法是无法回答这个问题的。

因此,血型法实际上是进行"亲子否定",它也存在很大的缺陷。到了20世纪80年代,司法界开始普遍使用DNA技术,才一劳永逸地解决了这个难题。人类的亲子鉴定,经过肯定—否定—肯定这样一个循环上升的发展过程,最终画上了一个句号。

滴血认亲的方法,现在看来有点可笑。可是在那样一个年代,由于人们认识的局限性和科学手段的缺乏,古人能够把滴血认亲运用到法医勘验当中去,已经十分了不起。由于官府对这个方法的认可,推动了民间"血亲"观念的发展,以至于形成了一种文化现象。对于这种奇特的现象,还有待于进一步研究。

这一讲,我们介绍了《洗冤集录》记载的一种亲权鉴定方法——滴血认亲。这是古人试图用技术方法来解决法律问题的一种尝试,虽然有些幼稚可笑,但是这种科学精神还是值得肯定的。在《洗冤集录》中,还记载了古人的另外一种尝试:验毒。这是一种怎样的方法呢?

请看下一讲《银钗验毒》。

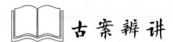 古案辨讲

滴血认亲

豫章王综,梁武帝第二子也。综母吴淑媛,在齐东昏宫中得宠,及见幸于武帝,七月而生综,宫中多疑之。综年十四五,恒梦一少年,肥壮,自挈其首,如此非一。遂密问淑媛,语梦中形色,颇觉东昏。淑媛报之曰:"汝七月生,儿安得比诸皇子,幸勿泄。"综日泣于别室,岁时设席祀齐氏七庙,又累微行,至曲阿拜齐明帝陵,然犹无以自信,闻俗说以生者血洒死者骨,沁即为父子。综乃私发齐东昏墓,出其骨,滴血试之,既有徵矣。

【按语】

用滴骨的方法辨认亲属,这在我国古代法医学上是盛行的。《洗冤集录》上就有较为详细的记载:"某甲是父或母,有骸骨在,某乙来认亲生男或女,何以试之?试令某乙就身刺一两滴血,滴骸骨上,是的亲生,则血沁入骨内,否则不入。"大家知道,亲代的许多体征都会传给子代,血型亦可传给子代,因此,子代的血型抗原可能与亲代相同。由于骨骼上也存在有

血型抗原,如果抗原相同,血滴到骨上,血便会渗入骨,骨呈红癜。本案中的萧综正是用滴骨的方法才确定自己确是齐东昏所生。

滴血法在今天看来并不十分科学,但我国古代已注意到父母血型对子女血型的影响,却是一大发现,它是后世血清检验法的萌芽,是现代亲权鉴定血清学的先声,这比欧美各国有此记载要早的多。

> **辨毒明冤**
>
> 济阳少妇周,新嫁王巧,一月妇归宁而归,明日巧死。翁媪及邻人,以巧食妇所煮粥,而遽腹呕泄死也。谓妇毒夫死,讼于官。朱命以粥及所吐者饲狗,狗不死;又号吏审,巧之死无毒状,独齿噤,坚不可启,视其私,则入腹中。乃趣召妇曰:"死度口不启,汝罪而冤不能明也,汝能启其口,当为汝辨之。"妇泣而前,跪启焉。观者皆骇。吏持银匕,入死者喉验毒,出以示众,皆曰:"中毒非是。"朱固问妇以巧死时状,始知其一夕三御,蚤起即饮水三器,已而食粥,遂死。朱太息久之,谓翁媪及邻众曰:"是乃死于阴淫寒疾也!顾欲坐妇毒死夫乎?"皆再拜谢,扶妇去。后妇竟为巧守节。

【按语】

男子体质虚弱,如果房事过度,是会引起虚脱死亡的。本案例中的王巧因"一夕三御",导致了机体生理功能破坏和代谢紊乱,加之过量的饮食冷水和粥,使机体无法适应,可能引起机体衰竭而死亡(俗称虚脱)。其阴茎缩入腹中,是阴囊严重收缩的结果,也是房事过度的特征。古今中外,不乏其例。

案例中云:王巧死后"齿噤","妇泣而前,跪启焉",这是违背科学的记载,阅读时应予注意。

> **临殴病殁**
>
> 骆好学侄女小喜,被曹氏迷拐捉获。先以拳掌打其腮颊,继以树枝打其左腿,均系轻伤。曹氏忽称腹痛倒地,傍晚殒命。验得上下牙齿及指甲俱青色。尸子供,伊母凤患阴寒病症,不时举发。其为临殴,适值病发自毙无疑,拟杖完结。

【按语】

被人殴打死亡,一般有两种情况,一是伤在要害部位,立即死亡;另一种是被伤人本身患有某些疾病,被人殴打后诱发了疾病而引起死亡。法医人员在检验尸体时,要查验仔细,切不可马虎从事。

本案中曹氏因拐骗女童被人抓获殴打,未伤及要害处,却在傍晚时死亡,这系本身患病,被殴后诱发疾病而引起死亡。死者"夙患阴寒",体质本已虚弱,突然被人殴打,诱发了原来的疾病,可能造成呼吸、循环机能衰竭而死。牙齿及指甲都呈青色,是因窒息死亡的一个明证。

死由伤风

乾隆十一年,直隶省史昆被赵从美灰擦两眼身死。杳验,伤之日,两眼红肿出血,及后,眼皮眼胞全然溃烂。伤本深重,毒气内攻,虽不伤风,亦足致死。旋据复称,史昆两眼虽验系红肿溃烂,究非致命重伤,若非在院睡卧,伤处进风,则越半月之久,未必乃至毙命。况原验尸伤口眼歪斜,吐有涎沫,并取医结,是伤不致死,死由伤风,实无疑义。

【按语】

眼睛被灰末擦伤后,红肿出血,眼泡皮溃烂,一般而论,是不会致死的。但是,由于溃烂的伤口中,可能侵入破伤风杆菌(即革兰氏阳性厌氧菌),或者是灰末中存在该菌。破伤风杆菌在伤口中大量繁殖,产生毒素侵害神经系统,从而使全身或大部分肌肉发生强直性抽搐,导致嚼肌抽搐,牙关紧闭,口噤身僵,呈现一种"苦笑脸"面容。本案中所说的口眼歪斜,口吐涎沫,可能是古人对破伤风症状的一种不完整的记述。破伤风发病急,死亡率高。史昆之死,灰擦两眼虽不是直接原因,但毕竟系由肇事者行为所引起。

麻疯活埋

乾隆三十七年,浙江松阳县洋闽民黄禄胞侄黄老四患大麻疯症,鼻烂眉脱、满身虫蚀肉腐。因黄老四虑麻疯易于沾染,死后有虫飞出,恳黄禄活埋。核与部颁《医宗金鉴》大麻疯相符,验无捆缚磕碰伤痕,将黄禄拟徒。

【按语】

麻风病又名汉森病,是由嗜皮肤、黏膜和神经的汉森杆菌所引起的人类地方性传染病。据法国热带病学家马克·让蒂里尼教授研究,麻风病起源于印度,由印度向整个东南亚地区和大部分太平洋岛屿蔓延。据统计,14世纪以来,仅亚洲,非洲和拉美地区的患者就有1000万人。

麻风病可分为顿挫型、未定型、结核型、瘤型和界线类等几种。就瘤型麻风来说,患者患病后期皮肤损伤严重,许多小块损伤会融合成大片的弥漫性损害,并在损害处出现小结节;面部受浸润时,形貌丑陋怕人;患者的成层神经,如尺神经,耳大神经等都变得粗大,感觉迟钝,肌肉萎缩畸形,并可出现营养不良性溃疡(腐烂);鼻粘膜,咽喉粘膜被侵犯后,鼻中隔和鼻骨受破坏,形成鼻中隔穿孔和鼻梁塌陷,眉发脱落、眼会失明,痛苦不堪。

麻疯病的传播方式目前尚未完全明了,最可能的是与病人直接接触传染,有时也可能由于病人污染的物品间接传染。

在古代,麻疯病是无法治愈的,患者往往全身溃烂而死。本案中审案者把死者定为自愿请人活埋,而不是他杀,一是因患者已到后期,不愿再活下去;二是尸身没有发现"捆缚磕碰伤痕"。但案例中说的"死后有虫飞出",则是不科学的。

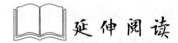

一、古代婚姻家庭制度

徐珂《清稗类钞·讥讽类》记载:"一夫多妻,为数千年来之旧俗,其见于《礼记昏义篇》者,则若周之天子有后一、夫人三、嫔九、世妇二十九、御妻八十一,可谓伙矣。而诸侯、大夫、士庶,亦莫不有妾。晚近富贵之家,恒有姬侍,多者至数十人,粤中尤甚。"由战国起,经秦汉至唐,中国封建社会由发端而至鼎盛。婚姻家庭制度作为封建社会制度的一个重要组成部分,也得到了比较全面的发展和巩固。"父为子纲""夫为妻纲"和"君为臣纲"相提并论,成为封建社会婚姻家庭生活中的最高准则。"父母之命""媒妁之言"的封建包办强迫婚姻,家长权、父权和夫权三位一体、男尊女卑、有严格宗法等级制度的家礼,宗祧、爵位的嫡长子继承制,以及以"出妻"为主要方式的专权离婚,构成了中国封建主义婚姻家庭制度的主要内容。

那么,中国古代婚姻家庭制度有哪些基本原则呢?

首先,一夫一妻多妾制。在中国几千年的一夫一妻制中,一夫多妻被以不同名分的妻、妾形式保留下来并加以发展,其目的在于确立妻、妾在家庭内的尊卑地位以维护家庭秩序。所以,准确地说一夫一妻制在我国古代应该是一夫一妻多妾制。这一制度的出发点是为了能够延续宗族的血脉。例如明律规定:"庶人于年四十以上无子者,许选娶一妾。"

其次,同姓不婚。为了规范血缘宗法的有序传承,中国古代实行同姓不婚的制度。同时,当时人们认识到家族内部男女结婚不利于下一代的成长,并想要通过婚姻加强与异姓贵族的联系,以巩固权势,并维护宗族内部的伦常关系。以后逐渐扩大到对有血缘关系通婚的限制。《白虎通·姓名》中记载:"人所以有姓名者何?所以崇恩爱,厚亲亲,远禽兽,别婚姻也。故记世别类,使生相爱,死相哀,同姓不得相娶,重人伦也。"同姓不婚自西周始,贯穿整个封建社会。古代人们认为同姓结婚会给后代带来报应,因而后代常存在智力或者身体上的缺陷。这一思想明显具有一定的封建迷信色彩,然而,同姓不婚也的确在某种程度上规避了后代畸形的风险。

再次,父母之命、媒妁之言。中国古代十分注重孝道和礼节,在婚姻家庭中更是如此。"父母之命、媒妁之言"是一段婚姻能够开始和存续的必要要求,《孟子·滕文公下》有这样的记载:"不待父母之命,媒妁之言,钻穴隙相窥,逾墙相从,则父母国人皆贱之。"

这里是指青年男女私自定情,没有父母之命媒妁之言,则父母和国人都认为其轻贱。

父母之命、媒妁之言是中国古代婚姻家庭中的不可缺少的因素。南宋诗人陆游与唐婉之间的爱情就是因为陆游母亲的阻拦而无果而终,二人所作的《钗头凤》也成为流传千古的经典。据刘克庄《后村诗话续集》记载:"放翁少时,二亲教督甚严。初婚某氏,伉俪相得,二亲恐其惰于学也,数谴妇。放翁不敢逆尊者意,与妇诀。某氏改事某官,与陆氏有中外。一日通家于沈园,坐间目成而已。翁的年最高,晚有二绝云:'肠断城头画角哀,沈园非复旧池台。伤心桥下春波绿,曾见惊鸿照影来。''梦断香销四十年,沈园柳老不吹绵。此身行作稽山土,尤吊遗踪一泫然。'"

在刘克庄的记述里,陆游与唐婉伉俪情深,向来对陆游严厉管教的父母担心他因此放松求学,故而逼迫二人分离。后来陆游与唐婉在禹迹寺南沈园的偶然相遇,他们眷恋之深和相思之切,留下了流传千古的《钗头凤·红酥手》与《钗头凤·世情薄》两首催人泪下的作品,二人怨恨愁苦而又难以言状的凄楚痴情跃然纸上。

> 红酥手,黄滕酒,满城春色宫墙柳。东风恶,欢情薄。一怀愁绪,几年离索。错、错、错!春如旧,人空瘦,泪痕红浥鲛绡透。桃花落,闲池阁。山盟虽在,锦书难托。莫、莫、莫!
>
> 世情薄,人情恶,雨送黄昏花易落。晓风干,泪痕残。欲笺心事,独语斜阑。难、难、难!人成各,今非昨,病魂常似秋千索。角声寒,夜阑珊。怕人寻问,咽泪装欢。瞒、瞒、瞒!

中国古代男女双方是如何缔结婚姻的呢？

《礼记·昏义》《唐律》和《明律》规定"婚"的程序为：纳采，问名，纳吉，纳征，告期和亲迎，也称"六礼"，即从议婚至完婚过程中的六种礼节。六礼是汉族传统婚礼仪式，古籍《礼记·昏礼》上载："昏礼者，将合二姓之好，上以事宗庙，而下以继后世也，故君子重之。是以昏礼纳采，问名，纳吉，纳征，请期，皆主人筵几于庙，而拜迎于门外，入，揖让而升，听命于庙，所以敬慎重正昏礼也。"

从这里可以看出，中国古代对于婚姻的缔结有一套完整的程序，亦即我们常说的"六礼"，这六礼是男女双方确定婚姻关系的必经程序，缺一不可。

六礼程序是礼治社会下的产物，从西周开始确立，在中国古代婚姻史上影响深远，以后各朝一直传袭下来。

纳采：男方请媒氏携礼物到女方家提亲。

问名：在女方家长同意议婚后，男方请媒氏问明女子的姓名、生辰及生母的身份（分辨嫡庶），并卜于祖庙以问吉凶。

纳吉：在卜得吉兆后男家使媒人至女家订婚。

纳征：也称纳币，纳聘。男家送财礼到女家，正式缔结婚姻。婚约自此成立并具有强制力。即所谓"以聘财为信"，使结婚成为买卖交换的一种形式。订婚后，无法律规定条件不得反悔。

请期：男家携礼物至女家，确定婚期。

亲迎：男子至女家迎娶。这是六礼的最后一道程序，也是最重要、最复杂的一道仪式。男方先到女方家庙拜祭其祖先，然后接女方到男家门后，行"合卺"之礼（夫妇同器共餐，喝交杯酒），成妻之礼完成。这时该女子才正式成为家族正式成员，婚礼始告完成。

中国古代对于婚姻的解除也有特殊规定。

《大戴礼记·本命》中记载："妇有七去：不顺父母去，无子去，淫去，妒去，有恶疾去，多言去，窃盗去。不顺父母去，为其逆德也；无子，为其绝世也；淫，为其乱族也；妒，为其乱家也；有恶疾，为其不可与共粢盛也；口多言，为其离亲也；盗窃，为其反义也。"贾公彦疏："'七出者：无子，一也；淫佚，二也；不事舅姑，三也；口舌，四也；盗窃，五也；妒忌，六也；恶疾，七也'。"这里体现了中国古代对于妇人的七出之条，即不顺父母、无子、淫、妒、恶疾、多言、盗窃。

吕剧《张郎休妻》则表现得更为直白，张万仓因其妻子未曾生育而将之休弃，令娶海棠。张万仓在该剧开头的唱词便是："我娶你为的是生儿养女，四年来没下一个小儿郎，我洛阳城中算一卦，相遇妓女小海棠。海棠说我要把她娶过门，她定能给我生儿郎。三年二个不算多,二年一个正相当。因此我回家把休书写,休掉你丁香娶海棠。"

整体来看,七出和七去的内容大多是以夫家整体家庭家族的利益为考量,凡是因为妻子的行为或身体状况,不能符合这个考量,夫家或丈夫就可以提出离婚。相较而言,妻子要主动提出离婚的义绝,条件就严苛得多了,因此可以看为封建社会对妇女的一种压迫。

七出是古代休妻的七种法定情形,然而,中国古代也有"三不去"的规定,即在三种情况下丈夫不能将妻子休弃。如《大戴礼记·本命》记载:"妇有三不去:有所娶无所归,不去;与更三年丧,不去;前贫贱后富贵,不去。"这也就是说,被休后无家可归、曾为公婆守孝三年和一同先贫后富的妻子是不能被休弃的。这个制度主要是为了维护当时家庭和社会中男尊女卑的社会制度,以及维持统治家族政治的稳定。

虽然"三不去"对婚姻关系的稳定起到了非常重要的作用,但这完全是以法律的形式确定了丈夫单方面休妻的权利,使得婚姻解除的主动权完全掌握在丈夫的手中,对女子起到了巨大的束缚作用,剥夺了女子在社会关系中的应有的地位。

二、古代以孝治国的思想

秦汉之际流行的儒家著作《孝经》中所宣扬的一种社会政治伦理主张,也是汉代统治者大力推行的治国方针。中国古代历届王朝都大力推行孝文化,认为"孝"是天经地义的,是人们应具有的最重要的品行、只要认真推行孝道,就可以治理好国家和社会。

中国古代以孝治国的思想是怎样产生和发展的呢?

先秦时期,"以孝治国"的思想已有萌芽。《礼记·礼运》中记载:"大道之行也,天下为公,选贤与能,讲信修睦。故人不独亲其亲,不独子其子,使老有所终,壮有所用,幼有所长,矜、寡、孤、独、废疾者皆有所养,男有分,女有归。货恶其弃于地也,不必藏于己;力恶其不出于身也,不必为己。是故谋闭而不兴,盗窃乱贼而不作,故外户而不闭,是谓大同。"

《礼记》中强调"不独亲其亲,不独子其子"方能实现天下大同,这里强调了一种博爱精神,要求人们不单奉养自己的父母,不单抚养自己的子女,体现了先秦人们对于大同社会的美好展望。此时还没有明确提出"以孝治国"的思想,但这种思想已有萌芽,中华民族的孝文化自此发展起来。

儒家思想在中华民族五千年的文明史中有极大的影响。儒家文化的核心是"仁",仁具体表现为"孝、悌、忠、信"等,其中儒家视"孝悌"为"仁"的根本。在《论语》当中有许多关于孝的内容:"今之孝者,是谓能养。""……至于犬马,皆有能养,不敬,何以别乎?""孝子之养老也,乐其心。""孟懿子问孝,子曰:'无违'。""弟子入则孝,出则悌,谨而信,泛爱众而亲仁。"

随后,儒家文化中的孝逐步发扬,古代帝王将孔子尊为"圣人",将儒家思想作为治国思想等王朝也不在少数。西汉刘彻罢黜百家、独尊儒术,以孝治国自西汉始,贯彻了整个封建王朝。除此以外,西汉也把《孝经》列为各级各类学校必修课程,还创立了"举孝廉"的官吏选拔制度,把遵守、践行孝道与求爵取禄联系起来,这成为孝道社会化过程中最强劲的动力。汉初孝惠帝、孝文帝既自身践履孝道大义,又推廓至治国方略,开创了汉世"以孝治天下"的教化模式,每个皇帝去世后,几乎都要在自己谥号上加个"孝"字,比如汉武帝也被称为"孝武帝"。其中,尤其以孝文帝为最著,无论是从《大学》的修齐治平,还是从《孝经》的天子之孝来讲,文帝都完美的体现出传统孝道的精神所在。汉孝文帝"亲尝汤药"的故事被记载入《二十四孝》:"汉文帝,名恒,高祖第三子,初封代王。生母薄太后,帝奉养无怠。母常病,三年,帝目不交睫,衣不解带,汤药非口亲尝弗进。仁孝闻天下。""诗赞:仁孝临天下,巍巍冠百王。莫庭事贤母,汤药必亲尝。"

唐代同样采取"以孝治国"的国策,将孝道伦理应用于社会政治生活的各个方面,对后世有着深远的影响,并形成了良好的崇孝氛围。同时,唐代重孝的规范与传统对当前家庭和睦,社会稳定等具有重要的意义与价值。唐高祖发表《旌表孝友诏》来呼吁天下人重视孝道:"民禀五常,仁义斯重;士有百行,孝敬为先。自古哲王,经邦致治,设教垂范,莫尚於兹。叔世浇讹,民多伪薄,修身克己,事资诱劝。朕恭膺灵命,临驭遐荒,愍兹弊俗,方思迁导。雍州万年县乐游乡民王世贵,孝性自天,力行无怠,丧其所怙,哀毁绝伦。负土成坟,结庐墓侧,盐酪之味,在口不尝,哭泣之声,感於行路。安福乡民宋兴贵,立操雍和,主情友睦。同居合爨,累世积年,务本力农,崇让履顺。宏长民教,敦睦风俗,宜加襃显,以劝将来。可并旌表门闾,蠲免课役,布告天下,使明知之。"

不仅如此,唐宋兴贵累世而居,高祖亲自为其颁布诏书,号召天下人向他学习。据《旧唐书·卷一百八十八·列传第一百三十八·宋兴贵传》记载:"宋兴贵,雍州万年人。累世同居,躬耕致养,至兴贵已四从矣。高祖闻而嘉之,武德二年,诏曰:人禀五常,仁义为重;士有百行,孝敬为先。自古哲王,经邦致治,设教垂范,皆尚于斯。叔世浇讹,人多伪薄,修身克己,事资诱劝。朕恭膺灵命,抚临四海,愍兹弊俗,方思迁导。宋兴贵立操雍和,志情友穆,同居合爨,累代积年,务本力农,崇谦履顺。弘长名教,敦励风俗,宜加褒显,以劝将来。可表其门闾,蠲免课役。布告天下,使明知之。兴贵寻卒。"

唐朝以孝治国的思想氛围浓厚,从高祖极力号召天下人尊孝重道可见一斑。

三、古代的继承制度

中国古代继承制度的发展和演变经历了一个漫长的过程,古代继承制度主要分身份继承和财产继承两种。身份继承也叫宗祧继承,宗祧权是家族祭祀活动的主持权,宗祧继承也就是家长权的继承,中国古代身份继承的基本原则为长门长孙制。

中国古代继承制度是如何产生与发展的呢?

中国古代的继承制度经历了很长一段时间的发展与演变。古代继承制度主要分身份继承和财产继承两种。

尧把部落联盟首领位置让于舜,推舜为帝,开创了禅让制。《史记·五帝本纪》记载尧将首领位置让给了舜的情况:

尧曰:"谁可顺此事?"放齐曰:"嗣子丹朱开明。"尧曰:"吁!顽凶,不用。"尧又曰:"谁可者?"讙兜曰:"共工旁聚布功,可用。"尧曰:"共工善言,其用僻,似恭漫天,不可。"尧又曰:"嗟,四岳,汤汤洪水滔天,浩浩怀山襄陵,下民其忧,有能使治者?"皆曰鲧可。尧曰:"鲧负命毁族,不可。"岳曰:"异哉,试不可用而已。"尧于是听岳用鲧。九岁,功用不成。

尧曰:"嗟!四岳:朕在位七十载,汝能庸命,践朕位?"岳应曰:"鄙德忝帝位。"尧曰:"悉举贵戚及疏远隐匿者。"众皆言于尧曰:"有矜在民间,曰虞舜。"尧曰:"然,朕闻之。其何如?"岳曰:"盲者子。父顽,母嚚,弟傲,能和以孝,烝烝治,不至奸。"尧曰:"吾其试哉。"于是尧妻之二女,观其德于二女。舜饬下二女于妫汭,如妇礼。尧善之,乃使舜慎和五典,五典能从。乃遍入百官,百官时序。宾于四门,四门穆穆,诸侯远方宾客皆敬。尧使舜入山林川泽,暴风雷雨,舜行不迷。尧以为圣,召舜曰:"女谋事至而言可绩,三年矣。女登帝位。"舜让于德不怿。正月上日,舜受终于文祖。文祖者,尧大祖也。

于是帝尧老,命舜摄行天子之政,以观天命。舜乃在璇玑玉衡,以齐七政。遂类于上帝,禋于六宗,望于山川,辩于群神。

据《史记》记载,由于其子丹朱性情逆,尧十分苦恼部落首领的位置该由谁传承,其后,尧听说舜十分孝顺,适合做部落首领,尧便对舜进行了三年考核,认为他可以胜任,就命舜摄政。舜的政绩得到各方肯定,于是帝尧举行禅让仪式,在祖庙里的祖宗牌位前大力推荐舜来做自己的继承人。尧死后,便由舜继任为国家领导人。这种继承制度被称为禅让制,即能者居之,其后,舜同样采用这种制度将领导人的位置传给了治水的大禹。

夏禹变禅让制为世袭制,开始"父死子继"的身份继承制,从而形成家天下的政治格局。据《史记·夏本纪》记载:

帝舜荐禹於天,为嗣。十七年而帝舜崩。三年丧毕,禹辞辟舜之子商均於阳城。天下诸侯皆去商均而朝禹。禹於是遂即天子位,南面朝天下,国号曰夏后,姓姒氏。

帝禹立而举皋陶荐之,且授政焉,而皋陶卒。封皋陶之后於英、六,或在许。而后举益,任之政。

十年，帝禹东巡狩，至于会稽而崩。以天下授益。三年之丧毕，益让帝禹之子启，而辟居箕山之阳。禹子启贤，天下属意焉。及禹崩，虽授益，益之佐禹日浅，天下未洽。故诸侯皆去益而朝启，曰："吾君帝禹之子也。"於是启遂即天子之位，是为夏后帝启。

随着私有制和邦国的出现，相伴而出现嫡庶问题和继承问题。从夏启开始"家天下"以来，到清王朝覆灭，君位继承基本上是"父死子继，兄死弟及"。但长子因与父亲一道创业与守成，继承父亲的君位具有优先权。

嫡长子继承制是我国古代最普遍的继承制度。夏朝君位继承基本上是"父传子"，虽然没有明确的记载说夏朝君位继承实行的是嫡长子继承制，但嫡长子在继承上是有优势的。嫡长子继承制是宗法制度最基本的一项原则，即王位和财产必须由嫡长子继承，嫡长子是嫡妻（正妻）所生的长子，西周天子的王位由其嫡长子继承，而其他的庶子为别子，他们被分封到全国各重要的战略要地。由嫡长子继承的王位可以确保周王朝世世代代大宗的地位，庶子对嫡子的大宗来说，是小宗，而在自己的封地内又为大宗，其继承者也必须是嫡长子。西周的嫡长子继承制目的在于解决权位和财产的继承与分配，稳定社会的统治秩序。

"立嫡以长不以贤，立子以贵不以长"成为贯穿中国古代继承制度的核心思想。这个继承制保证了政权的平稳过渡，使人心稳定，政权稳固。它是符合封建社会实际的行之有效的继承制。

然而，嫡长子继承制在实行过程中也存在一定问题。

首先，长子并不一定是最合适的继承人选。中国古代甚至出现过长子痴傻，而幼子在品行能力方面更胜一筹的情况，然而，按照嫡长子继承制，其身份地位理应由痴傻的长子继承，由此也就出现了朱棣谋反、李世民玄武门之变等兄弟相残的现象。

其次，君主也常常出于个人的好恶而干扰破坏嫡长制的实行。如汉武帝晚年喜爱少子刘弗陵，常常对人夸他"类我"，后来果然将其立为太子。后世君主也常常以此为理由废嫡立爱。与外，皇帝对于太子生母的感情变化，也是其中的一个重要变数。因此，嫡长制下的继承人资格最终是根据生母的身份贵贱确定的，一旦皇位继承人的生母因失宠而动摇皇后地位，势必连带危及太子的地位。而在皇帝多内宠的情况下，受宠对象往往随时而变，必然使嫡长子继承制不断遭到破坏。如汉武帝时卫后宠衰，太子刘据于是不保；光武帝刘秀由郭氏而移宠张丽华，太子刘强只有惶恐让阴氏之子（明帝刘庄），都是著名的事例。成语"太子岳鼻"的出处就是汉武帝时期的卫太子刘据：传说卫太子鼻子大，汉武帝在甘泉宫养病时太子去看望。江充告诉太子说："太子不要进去，陛下有诏说厌恶太子的大鼻子，进去须用纸盖住鼻子。"后来太子走后,江充对武帝说:"太子不想闻陛下的身上的味道,故此掩鼻。"武帝因此迁怒太子。

由于上述嫡长子继承制在实施过程中存在的问题,这一制度在实际应用过程中常遭到破坏,兄弟相隙的现象屡见不鲜。其中较为著名的有杨广杀其兄杨勇以继承帝位,扶苏与胡亥的储君之争。

嫡长子继承制发展到明朝时期就几乎被彻底摈弃了,到了清朝时期虽然也还有一些"立长""立嫡"的言论,但是这些言论都会被皇帝看作迂腐之言。清朝前期,由于受满洲旧俗影响,所谓"嫡庶"观念还没有形成。因此,清朝前三代皇帝生前均未明确指定太子,比如清太宗皇太极不是嫡长子,也不是庶长子,清世祖顺治帝福临、清圣祖康熙帝玄烨都不是因为嫡长子身份而当的皇帝。因此,嫡长子继承制发展到清朝,已经被实际废除了。例如雍正帝是康熙第四子,既非嫡长子也非庶长子,他的继位是康熙指定继承的,这在清朝非常典型。清朝时期,皇帝常指定继承人。

思考题

★ 滴血认亲或滴骨认亲是否有科学依据呢?结果准确吗?
★ 《洗冤集录》中记录的法医方法就一定是正确的吗?
★ 为什么"血亲"观念能够在古代形成一种文化现象?
★ 如何辨别死者是被人殴打后立即死亡还是引发了疾病而死亡?
★ "以孝治国"表达了古人怎样的一种价值追求?

第八讲　银钗验毒

> 提要：鸩毒究竟是怎么回事？
> 被砒霜毒死是什么情状？
> 古代还有哪些毒物呢？
> 古人为什么会用银钗验毒？

上一讲说的是《洗冤集录》记载的用滴血来进行亲权鉴定的一种法医方法，这种方法在我国古代甚至衍化成为一种法律文化现象。类似的情况还有，如宋慈在《洗冤集录》中记载的另一种验毒方法。

我们先从传说中的鸩毒说起。

鸩毒究竟是怎么回事？

鸩毒是我国古代一种非常有名的毒药，一般放在酒中，旁人饮之立死。

鸩毒为什么那么厉害？这就要说到鸩鸟了。

鸩鸟比鹰略大，与雕或猫头鹰大小相似，羽毛紫黑色或紫绿色，有着一个长长的脖子和赤色的喙，脖子周围是一圈发亮的羽毛，眼里充满了血红的颜色。雄鸟名叫运日，雌鸟称为阴谐，双飞双宿，倒也很恩爱。据古籍记载，鸩鸟的叫声有天气预报的作用，雄鸟运日一叫，肯定是连续的大旱；而雌鸟阴谐一鸣，则往往是连绵的大雨。

鸩鸟生活在山林里,它喜欢筑巢于高达数丈的毒栗子树上。毒栗子人畜吃了会死,而鸩鸟却视为美餐。除此之外,它也啄食毒蛇,但是鸩鸟并非饕餮之徒,并不随意攻击蛇类。它走路的时候,脚和喙都会"梆梆"出声,声音阴鸷而幽深,显示出一种巨大的威仪,当它不期然从毒蛇的巢穴前经过时,毒蛇立即瘫软,鸩鸟这才上前从容进食。

可能是因为以毒物为食,所以鸩鸟浑身是毒,非常可怕。鸩鸟巢下数十步内寸草不生,它栖居的树林周围的石头上都有暗黑的斑点和细微的裂痕,这是鸩鸟的粪便落在石头上的缘故。唐朝的张鷟在《朝野佥载》中说,鸩鸟喝水的地方附近,会看到犀牛。犀牛喜欢洗它的角,如果它不洗角了,说明鸩鸟一定来过,水中有毒,人若误饮此水,一定会中毒而死。《离骚》中有这样一句:"吾令鸩为媒兮,鸩告余以不好;雄鸠之鸣逝兮,余犹恶其佻巧。"说屈原看见有女戎国的美女,便托鸩鸟为媒,鸩鸟不肯并且远离了他。接着他又想托雄鸠(应该是另外一种鸟)为媒,但又犹豫狐疑,怕它完不成任务。连鸩鸟也可以托之为媒,可见屈原相思之"毒"已是深入骨髓了。

这样剧毒的鸟被人类看上了,它也就遭到了灭顶之灾。有一种很阴鸷的职业,叫"鸩者"。鸩者在犀牛角、兽皮的保护下,战战兢兢地接近鸩鸟,然后取之为用。人们最常用的是鸩鸟的羽毛,制毒的方法也非常简单,以鸩羽拂于酒上,酒色香味不变,而鸩毒尽入。人喝了这样的酒就会翻起白眼,身打寒战,晕晕乎乎像喝醉了一样,心中明白但口不能语言,等到眼睛闭上就死了。

被鸩羽拂过的酒,叫鸩酒,它就成为杀人的利器,"惧鸩忍渴""饮鸩止渴"等成语也就源于此。古籍上有很多关于以鸩酒杀人或自杀的记载,我们来举几个例子。

早在春秋时期,鸩酒就已经被用作谋杀的手段。晋献公的王后去世,他就宠爱一个叫骊姬的女子。这个宠妃为他生了一个儿子奚齐,献公想立骊姬为新王后。骊姬并不满足,她想让自己的儿子成为太子。但是献公那个过世的王后的儿子申生已经被立为太子了,于是骊姬就想除掉他。骊姬派人对申生说:"国君昨晚梦见了你的母亲,你应该赶快去先王后的墓前拜祭一下。"于是申生就去祭拜母亲,回来以后,按照当时的礼制,他把祭祀用的酒肉献给父亲献公。

骊姬以鸩入酒,以毒药傅(涂抹)肉,然后让人托着酒肉来见献公,对他说:"这是太子祭祀母亲的祭品,献给您享用的。"献公很高兴,拿过杯子就要喝酒。骊姬跪下说:"酒食自外而来,不可不试。"献公想想也对,于是向地上洒了点酒,地面马上鼓起了大包。献公大惊,叫人切了一块肉给狗吃,狗吃了以后,立刻死掉。骊姬还假装不信,叫一个小内侍来试酒肉。那个内侍在旁看到了事情的经过,哪里肯吃?骊姬就命人逼他吃下。酒肉才下肚,内侍顿时七窍流血而死。

骊姬立刻就推动剧情的发展。她抢下堂去，仰天大呼："苍天啦！这个国家以后就是太子的呀！现在君王已是垂暮之年了，王位早晚是他的，可是他难道连这一点时间都不能等了吗？一定要杀死自己的父亲吗？"然后奔上堂来，对献公跪下说："太子这么做，恐怕是因为我们母子吧。您立我为后，太子感到受了威胁，所以才出此下策。大王把酒肉赐给我吧，我愿意一死，让太子出出气！"说罢，端起酒杯，装模作样就要喝。

骊姬的一番哭闹让献公昏了头，他夺过酒杯，扶起骊姬，愤愤地说："孤当诛此贼子！"

消息传来，有人对太子说："您应当申辩，国君一定会辨明是非的。"申生说："我一申辩，骊姬必定获罪。父亲现在老了，如果没有了骊姬，他会睡不安、吃不饱的。"那人劝道："要不您出走吧。"申生说："我背着弑父的罪名出走，又会有哪个诸侯国肯接纳我呢？"被逼无奈之下，这位忠厚的太子只得上吊自尽。

骊姬接着又诬陷献公的另外两个儿子重耳和夷吾知情不报，是同谋。这两人只得出逃。

除去了各种障碍，骊姬的儿子奚齐被立为太子。献公死后，年仅11岁的奚齐就继承了王位。

但是，靠阴谋得来的富贵并不久长。申生、重耳和夷吾的遭遇让许多大臣非常同情，他们也很不服气，很快就发动政变，杀死了奚齐，那个阴险狠毒的骊姬也只得投水自尽。令骊姬垂涎的王位，先是落在夷吾手中，过了一段时间，又被重耳获得。这个重耳很有名，他就是春秋五霸之一的晋文公，晋国在他的经营下达到了极盛。

这个故事里，申生虽然不是直接死于鸩毒，但从史料的记载来看，鸩酒的毒性实在是令人畏惧。

汉朝是鸩酒杀人的"黄金时期"，有关的记载时常见于史籍。

最先用鸩酒的是吕后。

高祖刘邦晚年，觉得太子刘盈过于仁弱，不堪大任，就想废掉他，改立宠姬戚夫人所生的另外一个儿子刘如意。吕后为了保全太子，就向张良求教。张良出计，让她为刘盈请出商山四皓。一次，刘邦置酒宫中，召太子侍宴。太子应召入宫，四皓一同进去，站在他身后。看到四个白发苍苍的老者，刘邦很是惊异，就问他们："你们是谁？"当听说他们就是商山四皓时，大为吃惊："我请你们多年，你们都逃避我。现在为什么要随从我的儿子呢？"四位老人回答："陛下轻视读书，又爱骂人，我们坚决不愿受辱，所以才因为恐惧而逃亡。如今听说太子仁孝恭敬，爱护天下读书人，天下人都愿意为太子效死力，所以我们就来了。"刘邦沉默了，过了一会儿，他说："烦请诸位替我照顾好太子。"

刘邦看着离去的四位老人，对戚夫人说："我想更换太子，但是，他们四位高士都来辅佐太子，太子的羽翼已经丰满，难以撼动了啊！"戚夫人听后，失声痛哭。刘邦安慰她说："夫人不要哭了，你为我跳一支舞吧，我给你唱一首歌。"戚夫人跳起舞，刘邦按着节拍，唱到：

　　鸿鹄高飞，一举千里。
　　羽翮已就，横绝四海。
　　横绝四海，当可奈何！
　　虽有矰缴，尚安所施！

从此之后，刘邦再也不提废立太子之事。

无法立刘如意为太子，如何安置母子俩成了刘邦心中的头等大事。这时候有个官员向刘邦献上一计："可以打发刘如意到自己的封国，再派一个有能力且受皇太子敬重的大臣，去刘如意的封国做国相。这样事情不就解决了吗？"刘邦很快就这样做了，他委托周昌跟随刘如意到了封国赵国。

刘邦不久就死了，太子刘盈继位，这就是惠帝。

吕后开始了她的报复。她随便找了一个理由就把戚夫人打入冷宫，囚禁在特种监狱里，把她漂亮的秀发一根一根全部扯下来，用铁链拴住脖子，只给穿粗笨的囚衣，让她天天捣米。戚夫人没日没夜地捣米，一边捣米一边流泪，一边流泪一边唱歌：

　　子为王，母为虏！
　　终日舂，薄暮常与死相伍！
　　相离三千里，谁当使告汝！

戚夫人还企图让儿子来救她。不料被吕后闻知，她愤然大骂："贱奴尚想倚靠儿子么？"说完，便使人前往赵国，召赵王如意入朝。一次往返，赵王不至，二次往返，赵王仍然不至。吕太后愈加动怒，询问使者，原来是被赵相周昌阻拦。周昌对使者说："臣奉先帝遗命保护赵王。太后召赵王入朝，显然是不怀好意，所以臣不敢送他去京城。何况赵王最近有病，也不能奉诏，且等来日吧。"这话软中带硬，点出了吕后的险恶用心，吕后倒也不敢降罪于他。狡猾的吕后就采取迂回战术，征召周昌进宫。周昌前脚刚离开赵国，吕雉又下了一道命令，征召刘如意。如意还是一个孩子，没有什么主见，闻诏只好前往。

惠帝是一个很仁厚的人，他很想保护自己这位同父异母的弟弟。于是，他亲自乘辇出迎，然后携如意一同入宫觐见太后。吕后一见，未便骤然发作，勉强敷衍数语。惠帝知道母亲心意，赶忙带如意到自己宫中，朝夕相伴，以免吕后加害。惠帝元年（公元前194年）十二月中，惠帝一早起来，要去射猎。时值隆冬，如意年纪尚小，贪眠未醒。惠帝不忍唤起弟弟，觉得稍离半日，谅亦无妨，于是就出宫了。趁这个机会，吕后派人鸩杀了如意。惠帝射猎归来,如意已七窍流血,呜呼毕命!惠帝抱着尸首,大哭了一场。他是一个柔弱的人,也不敢找母亲理论,只得吩咐左右,用王礼殓葬如意,谥为隐王。

接着,吕后又砍去戚夫人手脚,挖去眼睛,熏聋她的耳朵,又迫她喝下哑药,然后丢入厕中,唤作"人彘"(人形猪的意思)。做完这一切,吕后得意洋洋地让儿子来欣赏自己的"杰作"。当惠帝得知"人彘"就是戚夫人时,不禁大惊失色,他泪流满面,喃喃地说:"太残忍啦!这哪里是人做的事,太后如此,我还凭什么治理天下!"自此以后,惠帝天天借酒消愁,只当了七年皇帝就病死了。

两汉见诸史书的,有两个王莽,他们都用鸩酒杀过人。

第一个王莽是武帝后期的重臣。武帝死前,诏立幼子刘弗陵,霍光、金日磾、上官桀三人辅政,但是没有王莽的事。王莽很不服气,他的儿子王忽就造谣说:"先帝驾崩的时候,我就在旁边,从来就没有见他下过什么诏书。霍光他们怕是矫诏吧?"此时,先皇已死、新帝刚立,政局不稳,这件搅乱朝政的事自然要追查,霍光直接找到了王莽。王莽害怕了,为了保命,他鸩杀了自己的儿子,算是对霍光有个交代。

第二个才是我们熟悉的那个篡汉自立的王莽。他鸩杀的是谁呢?居然是汉平帝刘衎。

元寿二年(公元前1年),哀帝去世,太皇太后诏命王莽主持朝政。因为哀帝并未留下子嗣,王莽立九岁的皇室子孙刘衎为帝,这就是汉平帝。为了防止刘衎母亲卫氏一家(外戚)分享自己的权力,王莽把卫家封到中山国,禁止他们回到京师,后来又借机诛杀。平帝渐渐长大,知道了这件事情,对王莽非常痛恨。但是这个少年皇帝没有政治经验,时常对左右诉说自己的不满,这些话悉数被王莽得知。王莽怕平帝长大成人后复仇,所以一不做二不休,先下手为强。

元始五年(5年)的一天,平帝过生日。王莽弄了一杯鸩酒,然后亲自献酒为皇帝祝寿。王莽献的酒,平帝不敢不喝。他喝下以后,得了重病,没几天就死了。平帝死的时候才14岁,当然没有儿子,王莽从刘家的宗室里找了一个两岁的幼儿做皇帝。又过了几年,这个小孩把帝位"禅让"给王莽,王莽做了皇帝,改国号为新。

汉朝还有一个被鸩杀的皇帝,东汉的少帝刘辩。

刘辩为灵帝和何皇后所生,不过,灵帝嫌刘辩"轻佻无威仪,不可为人主",所以在他死前,嘱咐周围的宦官,要立刘辩的弟弟,自己的另外一个儿子刘协为帝。但是,刘辩的舅舅,大将军何进发动政变,杀死了这些宦官,立刘辩为帝,这就是少帝。不久,宦官的势力卷土重来,谋害了何进。何进的手下入宫诛杀宦官,宦官们劫持刘辩和刘协出宫逃亡,途中遇到了大军阀董卓的大军,落到了他的手上。董卓控制朝廷后,为了立威,废少帝,立时年九岁的刘协为皇帝。但是董卓废帝,引发各路诸侯的不满,为了绝除后患,董卓命手下给刘辩送去一杯鸩酒，将其杀害。少帝在位仅五个月。

鸩毒的可怕，引起了朝廷的重视。从晋代开始，下令禁止鸩毒。"时制，鸩鸟不得过江"，意思是产于南方的鸩鸟不允许带过长江。

西晋初年有一个著名人物，叫石崇，他是史上有名的"炫富男"。据《世说新语》上说，有一次晋武帝赐给舅父王恺一棵二尺来高的珊瑚树，这棵"树"树干伸展、枝条繁茂，非常罕见。王恺很得意，就把珊瑚树拿来给石崇看。哪知石崇看后，随手就用铁如意打了过去，珊瑚树顿时粉碎。王恺又是惋惜又是愤怒，认为石崇是嫉妒。石崇笑着说："这不值得您发怒，我现在就赔给您。"他叫手下把家里的珊瑚树全都拿了出来，叫王恺随便挑。这些珊瑚树大的有三四尺高，树干枝条光耀夺目、举世无双，像王恺那样二尺来高的就更多了。王恺非常羞愧。

有一次，石崇不知从哪儿得到了一只鸩鸟雏，因为非常罕有，就把它送给了王恺，这也有点炫耀的意思。王恺得到了雏鸟，非常爱惜，悉心养护。这件事情后来被司隶校尉傅祗揭发，告到皇帝那儿。但是这个触犯禁律的事情，却没有让石崇、王恺获罪，朝廷下诏宽宥了他们。那只小鸟却倒了霉，在街市上被当众烧死。

东晋升平二年（358年），一个叫王饶的竟然向朝廷进献鸩鸟。晋穆帝大怒，下令把王饶鞭打二百，并把那只鸩鸟当众烧死在京城的十字路口。

由于官府的严厉禁止，这以后，鸩鸟就像镶嵌了金边的乌云，被暴力的风从历史的天空彻底地抹去了，以至于是否存在过鸩这样一种鸟也不得而知了，我们只能通过过往的文字来复原它凌厉的形象了。

晋代以后，施毒杀人的方法越来越多，比较常见的是使用砒霜，因为这种毒药很常见，在药店里就能买得到。不过，由于鸩毒是一种历史悠久的用毒方法，所以即使是用其他毒物谋人性命，人们也习惯性地称之为"鸩"或"鸩杀"。

那么，被砒霜毒死的人是什么情状呢？

被砒霜毒死是什么情状？

我们来看看《水浒传》里描写的一个案子：武大郎被害案。

潘金莲与西门庆通奸，被武大郎捉奸在床。西门庆情急之下飞起一脚，踢中武大心窝。武大受伤倒地，西门庆趁机得脱。

侥幸逃脱的西门庆，害怕武松知道这件事后，前来寻仇。在王婆的撺掇下，他买来砒霜，交给潘金莲，要她杀人灭口。

晚上，潘金莲在药里下了毒，扶起病中的武大郎，让他把药吃下。毒药发作后，武大在床上疼得打滚，潘金莲就扯过两床被子，压在他身上。武大郎在被子里叫道："我也气闷！"潘金莲说:"太医分付,教我与你发些汗,便好得快。"她怕武大挣扎,干脆跳上床骑在武大身上,还用手紧紧地按住被角。被子里面的武大喘息了一会儿,就不动弹了。潘金莲掀开被子一看,武大面目狰狞,已经死了。

毒死武大郎之后,要焚尸灭迹。宋朝受到佛教的影响,火化盛行,不过火化是要经过一个程序的,需要地保在场见证。西门庆于是找到了地保何九叔,给了他一锭十两银子。何九惧怕西门庆的势力,只得收了银子。但是来到现场,他发现见武大面皮紫黑,七窍内津津出血,唇口上微露齿痕,定是中毒身死。他待要声张,却害怕得罪了西门庆;又想到武大郎的兄弟武松也不好惹,这件事迟早要被揭破。怎么办呢?火化结束后,何九支开潘金莲等人,用火夹夹出两块骨头,偷偷包了起来。回到家中,他看看武大郎的骨殖,是"酥黑"的,——这是中毒身死的证据。何九叔用一张纸写下了火化时间、送丧的人名字,把这些和武大的骨殖、那锭十两银子一起包了起来,留待以后万一事发,好做个见证,以免牵连自己。

《水浒传》里还有一个宋江被下"慢药"案。

剿灭方腊以后,梁山一众头领受到朝廷赏赐,宋江还被授为楚州安抚使,这就引起了奸臣高俅等人的嫉恨。他们怂恿徽宗皇帝,要谋害宋江。

宋江正在任上,朝廷忽然降赐御酒。钦差来到公廨,宣读了圣旨,然后捧过御酒,让宋江喝。宋江不疑有诈,一饮而尽,然后也倒了一杯御酒,馈赠钦差。钦差却说自己不会饮酒,没有喝。钦差降临,宋江自然得孝敬一二,但是这个钦差倒是很"清廉",居然也不接受,只是急急离去。等到钦差走了,宋江开始感到肚腹疼痛。他心中疑惑,就派手下前去打探。手下回报说,那个钦差回到驿馆,就喝酒了。宋江何等精明?联想到钦差的所作所为,立刻知道自己中了暗算,被下了"慢药"——这是朝廷要除掉他。

被下了"慢药",未必无法救治。但是宋江想到了更深一层,那就是朝廷对他们这些招安而来的"贼寇",始终是不放心的,必欲除之而后快。而招安以后,水泊梁山东讨西杀,特别是征方腊一役,头领们十损其八,已经不复昔日辉煌。这时候,头领们大多已有家室子女,一旦再反,难以照顾周全。宋江思前想后,决定放弃反抗,静心等死,以自己的死,换得众兄弟和那些家眷、子女们的平安。不过,他又想到了黑旋风李逵,这位毛毛糙糙的草莽英雄,是不会理解自己的一番苦心的。一旦自己被朝廷暗害的消息传出去,他一定会跳出来,带着众兄弟再次造反,这就会是后梁山时代的大灾难。那该怎么办呢?宋江思忖多时,下了狠心。

他让人把远在镇江的李逵叫来。兄弟两人多日未见,自然开怀畅饮。酒到半酣,宋江把自己中毒的事情和盘托出,李逵听罢,大叫一声:"哥哥,反了罢!"

宋江说:"兄弟,军马尽都没了,兄弟们又各分散,如何反得成?"

李逵道:"我镇江有三千军马,哥哥这里楚州军马,尽点起来,并这百姓,都尽数起去,并气力招军买马,杀将去。只是再上梁山泊倒快活!"

李逵做事,就像他的绰号一样风风火火,绝不瞻前顾后。一旦起事,后果严重,这是李逵想不到,也不愿去想的。但是,宋江不能让这件事情发生,他对李逵说,你的酒中也下了"慢药",回去必死,然后又说:"你死之后,可来此处楚州南门外,有个蓼儿洼,风景尽与梁山泊无异。和你阴魂相聚。我死之后,尸首定葬于此处。我已看定了也。"水泊梁山的人,对死生看得淡,对兄弟之情看得却很重,所以李逵也没有埋怨宋江。不久,宋江毒发身亡,李逵也药发身死,两人同葬蓼儿洼。

毒死宋江和李逵的"慢药",就是砒霜,只是经过了炼制,砒霜药性发作慢一点而已。

法医学有一个重要的分支学科,叫作毒物学。毒物学起步时,面临的主要毒物就是三氧化二砷——砒霜,这是一种既能够致人死地,又不会在中毒者体表和内脏显露出明显损伤痕迹的毒物。不过,我国古代的法医实践中,还是总结出砒霜中毒的一些典型特征。宋慈在《洗冤集录》里面是这么写的:"(砒霜毒)遍身发小疱,作青黑色,眼睛耸出,舌上生小刺疱绽出,口唇破裂,两耳胀大,腹肚膨胀,粪门胀绽,十指甲青黑。"

宋慈说,中砒霜毒的死者尸体包括指甲均呈青黑色,全身上下有许多小疱,死者的眼睛突出,口唇裂开,舌头上有小刺疱,两耳肿大,腹部膨胀,肛门胀裂。这种死相其实是很"难看"的,不过因为没有明显的伤损,加上人们对死人有些忌讳,不加辨察,往往就会忽略。宋慈还说:"若经久,皮肉腐烂见骨,其骨黪黑色。"也就是说,砒霜渗进骨骼,会使骸骨变成浅黑色。由此看来,《水浒传》的作者说不定也是读过《洗冤集录》的,否则,就不会有何九偷藏武大的黑色骨殖留下证据这个细节的描写。只是真正的砒霜中毒,骨殖是浅黑色的,不会呈黑色那么夸张而已。

除了砒霜,古代还有哪些致人死命的毒物呢?

古代还有哪些毒物呢?

在《洗冤集录》里还记载了一些,其中一种叫断肠草。

这是一种植物,它的命名和神农氏有关。

相传,神农生来肚子就是透明的,能够清楚地看到自己吃到腹中的东西。当时,老百姓有病无法医治,神农很着急,他就常年奔走在山林原野间,遍尝百草,寻找能够解除百姓疾病苦痛的药材。这位伟大的先人,为了人类的福祉,自己却付出了惨重的代价,民间流传着他一日而遇七十毒的说法。有一次,他尝到一种植物,马上感觉不对。神农正要自我解救,却看到自己的肠子已经断成一截一截的了。不多久,神农就死了。而这种植物也因此大大有名,被称为"断肠草"。

能让伟大的神农肠子寸寸断裂,可见这种植物毒性之烈。据沈括的《梦溪笔谈》记载,如果不小心误吃断肠草,即便只有半片叶子,也能致人死命;如果和水服用,毒性发作更快,往往杯子还没放下人就已经死了。北宋年间,在宋慈的家乡福建,当地人常用断肠草作毒药杀人,或用来自杀,官府调查、审讯这类案子很多。到了南宋,可能断肠草已经成为一种常见的毒药,所以宋慈就把它记入了《洗冤集录》。

还有一种毒很奇怪,叫"金石药毒"。

按照《洗冤集录》的记载,吃了这种金石药毒,死状很惨:"金石药毒者,其尸上下或有一二处赤肿,有类拳手伤痕;或成大片青黑色,爪甲黑,身体肉缝微有血;或腹胀,或泻血。"中"金石药毒"的死者,有的全身上下会有一两处红斑,有些像拳头打的伤痕;有的出现大片青黑色,指甲发黑,身体缝隙处有点状出血;有的腹部膨胀;有的便血。那么,这到底是怎样一种毒呢?

其实,这种毒就是"丹毒"。

古人相信,服食某种药物,就可以长生不死,甚至升天成仙。在《山海经》等古籍里,记载了很多这样天然生成的植物,或者动物。不过,这样的东西实在难得,于是人们想到了炼制有同样功效的药物,这就是后来道家的"外丹"。

所谓外丹,就是以天然矿物为原料,经过烧炼,得到的一种可以服后"长生不死"的丹药。历史上的炼丹道士,有主张炼制和服食黄金、丹砂的金砂派;有提倡以铅料、水银为至宝大药的铅汞派;还有极言用硫磺、水银合炼以求神丹的硫汞派。但是,如果服食了他们炼制的丹药,却只能猝死、不能长生,因为这些丹药"怀大毒在其中"。炼丹所用的铅、汞、硫、砷等矿物质都是含有毒素的,对人脑五脏损害相当大,所以,这些丹药和害人的毒药没什么两样。

但是,益寿延年的愿望使得人们相信这种传说和做法,这就形成了一种服食丹药的社会现象。而有唐一代,由于帝王的崇信,丹药危害尤剧。

我们从唐太宗李世民说起。这位中国历史上的杰出人物之一,到了晚年也犯了一个低级错误。《新唐书》记载了这样一件事情:

贞观二十二年(648年),右卫率长史王玄策讨伐天竺国获胜,携得一个名叫那罗迩娑婆寐的方士,此人自称有长生之术。王玄策大喜,就把他献给了皇帝。

李世民召见了这个方士。那个那罗迩娑婆寐吹嘘自己已经200多岁了,一番天花乱坠地胡扯,让皇帝深信不疑,对他敬若神明。李世民当即把他安排到金飚门客馆,让他炼制丹药,并命兵部尚书崔敦礼负责此事。这个印度方士开出了药单,里面的药材很古怪,比方说咀赖罗树叶。这种咀赖罗树生长在深山的崖洞中,有大毒蛇守护,人们无法接近。怎么摘叶子呢?那罗迩娑婆寐说,"以方镞矢射枝则落,为群鸟衔去,则又射,乃得之"。原来程序很繁琐,人们先要用方头的箭把叶子射下来,等到鸟儿把落叶衔出洞口,再用箭射下鸟,从鸟口中得到树叶。这种药材大唐帝国是没有的,朝廷于是派使者到婆罗门等国求取。

药材全了,印度方士就开始炼药。普通的道士用的是深山或者深井中的水,但是那罗迩婆婆寐用的是一种"畔茶法水"。这种水出自石臼当中,周围有石象人守护,水有七种颜色,各色水有的冷有的热,能销熔草木金铁,如果把手探入水中,皮肉立即腐烂。怎么取用呢,要用骷髅去舀。现在看来,这种"畔茶法水"可能是一种强酸。可是用强酸炼制的丹药,能吃吗?

等到丹药炼好,印度方士就把它敬献给皇帝。李世民一年前曾患风疾症,大概是神经性头痛之类,吃了丹药后,病情非但未见好转,反而加重。他又遵方士之嘱,加大服用剂量,结果严重中毒,于次年五月暴亡,年仅51岁。

唐太宗之死,并未引起儿孙们的警觉,在他之后,仍有不少皇帝服食丹药以求长生。

唐朝的中后期,出了一个宪宗李纯。唐宪宗在史书上很有名,号称唐朝的"中兴之主",不过,这个政治上颇有作为的皇帝,在思想上也像李世民那么糊涂。

朝中大臣向他推荐了一个方士,叫柳泌。柳泌比那个那罗迩婆婆寐还能吹嘘,自称已经400岁了,是个地仙级的人物。那怎么能让皇帝得到长生不死之药呢?柳泌说:"天台山神仙所聚,多灵草,臣虽知之,力不能致,诚得为彼长吏,庶几可求。"张口就要做官。不过李纯却很高兴,授柳泌为台州刺史,叫他去天台山找药。谏官上奏说,这个柳泌只是一个方士,怎么能做刺史呢?李纯很不高兴,说:"烦一州之力而能为人主致长生,臣子亦何爱焉!"意思是天下是我的,我都不在乎,你们又聒噪什么?于是大臣不敢再谏。

柳泌到了台州,驱使当地百姓到深山采药,可是折腾了一年多,一无所获。他害怕了,举家逃往深山,后来被官府抓住,解往京师。但是李纯不但没治柳泌的罪,反而封他为翰林院待诏,让他炼制长生药。柳泌捣鼓了一段时间,声称药已炼成。李纯大喜,立即服用,但不久便感到烦躁口渴,身体异常。起居舍人裴潾实在看不下去了,就上疏劝谏。他说,这些方士都是为利而来的,他们炼制的丹药治病或许可以,但是求长生恐怕不行。还说,这些丹药对身体是有害无益的,您不妨让方士自己先吃一年,就可以辨别真伪了。应当说,裴潾的这番话完全是为宪宗着想的,可是李纯实在是太想长生不老了,他听不进去,居然贬裴潾为江陵令。

吃了长生药的李纯,性情变得非常暴躁,常常滥杀宦官,弄得他们人人自危。元和十五年(820年)正月,一个胆大包天的宦官与人合谋,把李纯给勒死了。宪宗死时,年仅43岁。

宪宗死后,第三子李恒即位,这就是穆宗。李恒是一个碌碌无为的皇帝,但他也想服丹药求长生。处士张皋上疏规劝他:"先帝信方士妄言,饵药致疾,此陛下所详知也,岂得复循其覆辙乎!"用李纯的事情来教育当今皇帝。李恒嘴上称赞张皋说得好,转过头来仍照服不误,却使得身体非常虚弱。长庆二年(822年)十一月,李恒和宦官打马球。身边的一个宦官从马上摔下来,居然把李恒吓了一跳,从此卧床不起。李恒把丹药当作救命稻草,大吃特吃,结果勉强支持了一年多,就因丹药中毒而丧命。穆宗死时,年仅30岁。

穆宗的儿子李炎,史称武宗。李炎笃信道教,经常和道士们在一起,大臣的劝谏他也不听。他服食了道士的长生药之后,竟和爷爷李纯一样,变得性情暴躁,喜怒无常。不过还好,他没有像爷爷那样命丧宦官之手。后来李炎因为中毒太深,以致面容枯槁,口不能言。他死时,年仅33岁。

武宗死后,即位的是宣宗李忱。李忱是宪宗的第十三子,穆宗的弟弟,武宗的叔叔。他和自己的父亲、哥哥和侄子一样中了邪,也要服丹药以求长生,结果是背生毒疮。大中十三年(859年)八月,李忱因背上的毒疮恶化而死,死时年仅50岁。

由于唐帝国数代皇帝的身体力行,竭力倡导,服食丹药成为当时的一种社会风尚。从宫廷到民间,无论是文臣武将、商贾匠作,还是文人士子、平民百姓,服食丹药者不计其数,中毒而死者也是不知凡几。

韩愈就曾经作过一例水银中毒的死亡报告:"太学博士李干,遇信安人方士柳贲,能烧水银为不死药。以铅满一鼎,按中为空,实以水银,盖封四际,烧为丹砂,服之下血。比四年,病益急,乃死。"

这段文字被宋代的寇宗奭摘引到著名的《本草衍义》中,成为关于水银药理反应的一条重要记录。韩愈还列举了数位大臣服食水银而死的情况,描述了这些人中毒后所受的苦痛,并感叹他们至死不悟的可悲。他说,我不知道世人是从什么时候开始服食丹药的,这种做法已经"杀人不可计",可是人们还是疯狂效仿,真是不可思议呀!

然而具有讽刺意味的是,正是这样一位深明丹药之害的人,却恰恰死于丹药之毒。

五代有个人叫陶谷,他写了一本《清异乡录》,里面记载了这样一件事。韩愈晚年的时候,养了一群公鸡,他每天让人喂公鸡硫磺。这样过了三年,这群公鸡都大了,成为"火灵库",韩愈就每天吃一只。

韩愈为什么做这件事呢?原来,晚年的韩愈有些好色,家中多妾。但是他年纪大了,有点力不从心,于是就养了这群硫磺鸡用来壮阳。这个方子也不知道韩愈是从哪儿弄来的,在中医看来,硫磺确实有"壮阳"的作用,所以喂了硫磺的鸡也就成了所谓的"火灵库",吃了可以补命门真火(壮阳),但是吃多了也就会和那些服食丹药的人一样,逐渐中了毒。开始的时候,这些硫磺鸡还真有些效果,不久以后,韩愈就深受其害。一代文豪、唐宋八大家之首,就这样给"补"死了。韩愈去世时,年仅56岁。

服食外丹的严重后果逐渐被人们认识,所以在唐代以后,盛极一时的炼丹术逐渐式微。不过,宋代依旧有人服食丹药,而且官府也经常会碰到一些因"金石药毒"而死的案例,因此,宋慈在写《洗冤集录》的时候,就把中"金石药毒"而死的状况写了进去,作为判别死亡原因的依据。

我们前面提到的这些"死状",都是人去世后不久的体表特征。在实际的法医检验中,有的尸体的体表特征不是很明显,有的尸体则是过了很长时间才被发现,怎么判断他们是否是被毒死的呢?

古人为什么会用银钗验毒?

我们来看看宋慈的办法。

宋慈在《洗冤集录》里,介绍了一种被当时的最高法院大理寺所肯定的方法。这种方法分五步:

第一步,把尸体清理干净。

第二步,准备新棉絮三五条,浓醋三五升。用猛火把醋煮开,然后把棉絮放进去煮半个时辰。与此同时进行第三步。

第三步,先蒸熟三升大米或黏米,然后把一升糯米用布包好,放进熟米里面再蒸,直到糯米也被蒸熟。然后把布团取出,打开后倒进蛋清,把蛋清和糯米饭拌匀。

第四步,把制作好的糯米饭捏成一个鸭蛋大小的饭团,迅速扳开尸体的嘴巴,将饭团顶在口齿的外沿,然后用小纸片封住尸体的各窍(口、耳、鼻、肛门、阴门等)。

第五步,把经过醋煮的棉絮盖在尸体上。

据说如果是中毒死亡,尸体经这样处理后就会肿胀,而且嘴里会有"黑臭恶汁"喷在棉絮上。拿开棉絮,取下糯米饭团,此时的糯米饭团也是又黑又臭的。

只是这种方法实在是太繁琐了,在实际的法医检验中,用得最多的,还是"银钗验毒"。什么叫银钗验毒呢?《洗冤集录》是这么写的:"若验服毒,用银钗,皂角水揩洗过,探入死人喉内,以纸密封,良久取出,作青黑色,再用皂角水揩洗,其色不去。如无,其色鲜白。"具体方法是这样:取一支银钗,用皂角水清洗后,探进死者的喉咙里,然后用纸密封住死者的嘴部。过一段时间,取出银钗,如果上面呈现青黑色,而且用皂角水也清洗不掉,就是中毒身亡的证据。否则取出的银钗清洗过后,应该是"其色鲜白",也就是和原来一样的。

为什么银钗可以"验毒"呢?

银器碰上某些东西马上变黑,其真正原因是硫化物的作用,并不是毒素使得银器变黑,因此,银钗验毒是利用了银与硫化物的化学反应并且变色的原理。在古代,由于生产技术比较落后,许多毒药(特别是砒霜)含有少量的硫和硫化物,硫与银接触,就可能发生化学反应产生黑色的硫化银,所以,银钗用来鉴定是否中毒,这个方法本身是有科学道理的。

但是，凡是腐败的物质，无论是腐败的尸体还是粪便，都含有腐败过程中的分解产物——硫化氢，硫化氢也可以与银化合成硫化银，使得银钗变色。如果用银钗来检测腐败的尸体，或者将银钗置于粪便中，都会出现"中毒反应"，所以，用银钗验毒也是有一定条件限制的。

不过，用一根银钗就可以验毒，这实在是太简单了，而且银钗是古代妇女常用的一种饰物，取用也非常方便，所以这种方法在古代社会广为流传，甚至到了宫廷。就连皇帝用膳，也会来个"银钗验毒"。

我们以宋慈生活的南宋为例。到了皇帝要进膳的时辰，在殿中省和皇帝用餐的嘉明殿之间，就会禁卫森严，不许闲人来往。这个殿中省，是管理皇帝生活起居的部门。只听殿中省有人高喊："拨食！"然后就会出现十多位身穿紫衣的"院子家"，右手托着用黄色的绣龙布罩着的食盒，左手拿一条红罗绣的手巾。他们鱼贯而行，来到嘉明殿，将食盒里的菜摆放在膳桌上。菜品摆好后，先要用银制品插进饭菜，再取出来看看是否有毒，然后还有专人"尝膳"，确定没有问题后，皇帝才开始吃。所以在古代，要想给皇帝下毒可不容易。不过，这一番程序下来，饭菜也就凉了，皇帝也只好吃冷饭冷菜了。仔细想想，身为九五之尊，连一口热菜热饭都吃不上，实在很可怜。

这一讲，我们说的是古代的"毒药文化"和宋慈记载下来的一种验毒方法：银钗验毒。这种方法并非宋慈独创，而是他对当时官府所用法医技术的一个总结。不过，《洗冤集录》中记载了宋慈自己的一次破案经过，他用的方法却开创了法医学的一个重要分支，这是怎么回事呢？

请看下一讲"动物探案"。

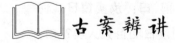 古案辨讲

验方辨诬

无锡民某，与攻皮之匠殴，已而匠死。有僧，与故某仇，证为伤重致然。令如僧所诬论拟。公（王儒）查斗殴日月，在保辜限外，因诘曰："伤久何得不医？"具言医矣，验所用方，则医死伤寒耳。僧乃伏。

【按语】

人证是定案的重要依据之一,但对人证却不能一概轻信,要深入调查研究,才能弄清案件真相。本案中的县令仅根据和尚的假证,准备定案,这种草率态度往往会造成错案。王儒没有轻信和尚的证词,仔细查阅了斗殴的日期,发现死者死亡时间是在保辜限外,进一步查验医方,弄清原来皮匠是死于伤寒,使诬告者的阴谋不能得逞。在封建社会里,像王儒这样严肃认真处理案件的官员并不多,他的办案精神,值得今天的法医工作者借镜。

巧破盗樱

有献新樱于慕客彦超,俄而为给役人盗食。主者白之。彦超呼给役人,慰之曰:"汝等岂敢盗新物耶?盖尘者误执尔。勿怀忧惧,各赠以酒。"令左右入藜芦散。既饮,立皆呕吐,新樱在焉,于是服罪。

【按语】

藜芦散,即藜芦磨成的粉末。藜芦,又叫黑藜芦,属百合科的一种有毒植物,在我国北部多有分布。中医学上将其根和茎作药用。其性寒,味苦辛,有毒,主治痰涎壅闭、喉痹等症。根据化学分析,它含有1%—2%的生物碱,具有催吐功能,所以,也作催吐剂使用。这是古人破案的巧妙方法之一。

检唇释囚

邓中丞廷祯知西安府,时有汉中营卒郑魁坐置砒馍中杀人论死。卖砒者,卖馍者,及邻妇之为左验者皆具,狱成。公疑之,乃密呼卖馍者前,曰:"汝卖馍日几何枚?"曰:"二,三百。""一人约买几何?"曰:"三、四枚。""然则汝日阅百余人矣?"曰:"然。""百余人形状,名姓,日月,汝皆识之耶?"曰:"不能。"曰:"然则汝何以独识郑魁以某日买汝馍也?"其人愕然。固问之,曰:"我不知也,县役来告曰,官讯杀人者,已服矣,惟少一卖馍者,尔盍为之证。"讯邻妇,言为役所使如前言,惟卖砒者为真。盖死者尝与郑魁有违言,以疯犬死,其唇青,而魁买砒实以毒鼠也。

【按语】

砒霜(三氢化二砷)是一种剧毒物质。急性胃肠型砒霜中毒死者,因上吐下泻,会造成严重脱水,颜面瘦削,眼眶下陷,皮肤皱缩,嘴唇干燥,尸体僵硬,不易腐烂。

狂犬病致死，主要是由于病原体——狂犬病毒，由伤口进入体内，循神经末梢进入脑部繁殖，引起脑部炎症（称病毒性脑膜炎）。患者表现为恐水，先是呼吸障碍，而后出现痉挛性呼吸间有吸气式和呼吸暂停，接着出现特征性"恐水性痉挛"，全身抽搐，疼痛，最后因呼吸肌麻痹和心脏机能不全，在第三至第五天死亡。由于呼吸障碍，心脏机能减退，会造成极度缺氧，因此，狂犬病死者，嘴唇也会出现青紫色。

但砒中毒死亡和狂犬病死亡，其症状是不同的。最为明显的是死者的嘴唇有干燥和青紫之别。此案检验死者的嘴唇呈青色，从而肯定死者是死于狂犬病，而不是砒中毒，为正确定案提供了有力的证据，也是符合科学的。

吞金丧生

云督刘某参总兵田允中吞金毙命一案：验明尸身并无别项形状，用银针探验，亦无青黑形色。查田允中于初五吞金箍三个后，精神恍惚，不进饮食，时索水饮，于初八日口吐黄水不止，即于是夜殒命。

【按语】

《本草纲目》中说，金"生者有毒，熟者无毒"。又说："毒金即生金……赤而有大毒，杀人，炼十余次，毒乃见"。但也有人认为，生金亦无毒。金戒指应属熟金，照理说是无毒的，但"金石重坠"，进入胃中便难以排出，会刺激损伤胃部，甚至造成穿孔。本案中田允中吞金戒指后精神恍惚，不进饮食，口吐黄水等，都可能是胃部严重受损的症状。故太清法有言："金禀中宫阴已之气，性本刚，服之伤损肌肉"。用"银针探验"，无变化，已知死者不是中毒。虽然银针验毒不准确，但也说明当时的检验人员已经认识到金子并非毒物。

因奸谋夫

乾隆五十年，江西石城县民温胜子与本族婶张氏通奸，谋毒本夫温名潘身死。原验温名潘面色青，土下唇吻青色，上下牙根青色，口开，舌在内，青色，十指甲青色，肚腹上青色，十趾尖甲青色，咽喉，谷道各用银钗探入良久，取出俱黑色，用皂角水洗擦不去，委系中毒身死。遂据尸母温王氏呈出余毒水粉碗一个，称在温张氏床顶搜出等语。审拟招解。经司驳委赛都州亲提确审。因《洗冤录》所开诸毒并未记载水粉一条，禀奉枇饬检审。遂检得温名潘口骨微青色，上下牙齿俱微青色，致命龟子骨

> 青色,致命心坎骨青色,左右手尖骨俱微青色,左右趾尖骨俱微青色,委系生前中毒身死。据件作苏贤供,查水粉系黑铅炼成,其性至毒,且赛都一带粉店俱买福建土铅,炼粉出卖,制得不净,铅性偏重,妇人搽面,总带青色。温张氏用酒调粉,虽已另倾一碗,其粗末存于原粉碗中,细粉铅汁已入酒内,因此受毒致死。但究与砒霜,莽草有间,故现检验除龟子骨,心坎骨青色,其余口骨、牙齿及手足指尖俱微青,不及砒莽毒死骨多黑色是实。

【按语】

据《本草纲目》载,水粉即是粉锡。"铅,锡一类也,古人名铅为黑锡,故名粉锡。"李时珍认为,水粉是由铅熔化而成的,微量的铅进入人体后,日子一长,会积聚在骨骼之中,造成铅中毒。大量吞入腹中,会造成死亡。本案中仵作苏贤的认识是符合科学的。

据近代医学报告,用锡壶烫酒,锡壶中的铅成分很容易进入酒中,急性铅中毒,口中有金属味,腹绞痛,牙龈边缘有明显的蓝黑色"铅线"出现;由于铅对神经系统,尤其是对大脑的损害,会出现脑水肿,颅内压升高,导致呕吐、头痛、抽搐和呼吸系统及循环系统的机能障碍,最后出现贫血、气急、昏迷而死亡。

铅对人体的侵害是十分广泛的,几乎全身任何器官和组织都会受到损害,包括骨骼在内,症状也是多方面的,故被害人温名潘的口唇、指尖、趾尖等多处出现青色。这证明死者确系铅中毒。

案中提到的银钗验毒,是不足为凭的。因尸体组织或胃肠肉食物所含的蛋白质,会因腐败而产生硫化氢,当与银钗接触时,也会产生黑色的硫化银,擦之不去,所以在硫化物中毒时,银钗会变黑,但不属硫化物中毒时,银钗亦可变黑。银钗验毒很不可靠,现已废弃不用。

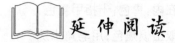 延伸阅读

一、驱"五毒"

民谚曰:"端午节,天气热,五毒醒,不安宁。"端午节又被称为"端阳节",因正值仲夏,气

温升高,百虫活跃,蚊蝇大量滋生,容易传播疾病。苏轼的《六幺令·天中节》写出了端午节防疫驱毒的民俗文化:"虎符缠臂,佳节又端午。门前艾蒲青翠,天淡纸鸢舞。粽叶香飘十里,对酒携樽俎。龙舟争渡,助威呐喊,凭吊祭江诵君赋。""五四"诗人朱湘《端阳》,就这样写道:满城漂着艾叶的浓香,两把菖蒲悬挂在门旁,它们的犀利有如宝剑,为要镇防五毒的猖狂。

农历五月天气渐热,细菌容易繁殖,疠疫常常发生。同时,被俗称为"五毒"的蛇、蝎、蟾蜍、蜈蚣、壁虎(或为蜘蛛)等毒虫纷纷活动。故民间又称五月为"恶月",称五月五日为"恶日"。

明李时珍《本草纲目·鳞部》"蝮蛇":"蛇,黄黑色如土,白斑,黄颔尖口,毒最烈。虺,形短而扁,毒与同。蛇类甚众,惟此二种及青为猛,不即疗多死。"因此,在端午节出现"避毒禳殃"的风俗后,毒蛇就被列入要除杀的对象。如何避害?使用雄黄。传蛇最怕雄黄,《抱朴子》称:"昔员丘多大蛇,又生好药。黄帝揭趄焉,广成子教之佩雄黄而蛇去也。"

蝎子是何物,隋代刘焯《毛诗义疏》认为是一种古称"虿(chài)"的毒虫:"虿,一名杜伯。河内谓之蚊,幽州谓之蝎。"蝎这类毒虫尾部带毒刺,古称"虿芒",《本草纲目·虫部》"蝎"条引古人言:"蜂、虿垂芒,其毒在尾。"虿毒与蛇毒一样可怕,被刺中可致命。

历史上还有以蜇人取乐的记载,据《北齐书·卷十二·列传第四》,昏淫的齐后主高纬有一次问同父异母的南阳王高绰,在地方上做什么最快乐。高绰说:"多取蝎将蛆混,看极乐。"高纬当夜让人弄来蝎子,放进浴斛里,要人光着身子躺进去,人得反复号叫,高纬见状大笑不止,还对高绰说:"如此乐事,何不早驰驿奏闻?"民间认为农历五月为"毒月",尤以五月初五最毒。巧合的是,高纬和高绰恰巧都是端午这天出生,这加剧了"毒端午"出恶人的印象,民间除毒蝎风俗日盛。《北齐书·卷十二·列传第四》:

南阳王绰,字仁通,武成长子也。以五月五日辰时生,至午时,后主乃生。武成以绰母李夫人非正嫡,故贬为第二,初名融,字君明,出后汉阳王。河清三年,改封南阳,别为汉阳置后。绰始十余岁,留守晋阳。爱波斯狗,尉破胡谏之,欻然斫杀数狗,狼藉在地。破胡惊走,不敢复言。后为司徒、冀州刺史,好裸人,使踞为兽状,纵犬噬而食之。左转定州,汲井水为后池,在楼上弹人。好微行,游猎无度,恣情强暴,云学文宣伯为人。有妇人抱儿在路,走避入草,绰夺其儿饲波斯狗。妇人号哭,绰怒,又纵狗使食,狗不食,涂以儿血,乃食焉。后主闻之,诏锁绰赴行在所。至而宥之。问在州何者最乐,对曰:"多取蝎将蛆混,看极乐。"后主即夜索歇一斗,比晓得三二升,置诸浴斛,使人裸卧斛中,号叫宛转。帝与绰临观,喜噱不已,谓绰曰:"如此乐事,何不早驰驿奏闻。"绰由是大为后主宠,拜大将军,朝夕同戏。韩长鸾间之,除齐州刺史。将发,长鸾令绰亲信诬告其反,奏云:"此犯国法,不可赦。"后主不忍显戮,使宠胡何猥萨后园与绰相扑,搤杀之。瘗于兴圣佛寺。经四百余日乃大敛,颜色毛发皆如生,俗云五月五日生者脑不坏。绰兄弟皆呼父为兄兄,嫡母为家家,乳母为姊姊,妇为妹妹。齐亡,妃郑氏为周武帝所幸,请葬绰。敕所司葬于永平陵北。

蜈蚣古称"蝍蛆"。因为多足,又被称为"百脚",所谓"百足之虫,死而不僵",说的就是蜈蚣。蜈蚣之毒并没有蛇、蝎可怕,能入选"五毒"或与其"比毒蛇还毒"的说法有关。据《抱朴子·登涉》记载,过去南方人多用蜈蚣来捕蛇:"南人入山,皆以竹管盛活蜈蚣,蜈蚣知有蛇之地,便动作于管中,如此则详视草中,必见蛇也。"

因为蜈蚣能降蛇,民间还有用蜈蚣防身的。明代小说《初刻拍案惊奇》里有一段描写:"岭南多大蛇,长数十丈,专要害人。那边地方里居民,家家蓄养蜈蚣,有长尺余者,多放在枕畔或枕中。若有蛇至,蜈蚣便喷喷作声。放它出来,它鞠起腰,首尾着力,一跳有一丈来高,便搭住在大蛇七寸内,用那铁钩也似一对钳来钳住了,吸它精血,至死方休。"

壁虎长得特别,汉武帝时诏拜为郎的东方朔称:"臣以为龙,又无角;谓之为蛇,又有足。"《本草纲目》将壁虎与"蛇"一起分在"鳞部"。古人为何认为壁虎狠毒?或与其能令女子绝育之传说有关。《淮南万毕术》记载有"守宫涂脐绝育法":"守宫涂(涂)齐(脐),妇人无子。取守宫一枚置瓮中,及蛇衣,以新布密裹之,悬于阴处。百日,治守宫、蛇衣,分等以唾和之,涂妇人齐,磨令温,即无子矣。"

"五毒"中的蛇、蝎、蜈蚣、壁虎都是公认的,只有"第五毒"说法不一,有的地方认为是"蛤蟆",有的称是"蜘蛛"。

以蛤蟆来说,早期古人认为蛤蟆并不是好东西,也有这样的歇后语称:癞蝌蟆躲端午——躲一会儿是一会儿。说明蛤蟆与蜈蚣、蛇是一伙的。《淮南子》称:"月照天下,而蚀于蟾诸;腾蛇游雾,而殆于蝍蛆。蟾诸,月中虾蟆,食月,故曰食于蟾诸。"蟾诸即蛤蟆,蝍蛆是蜈蚣,秦汉时人们认为月食是因蛤蟆作怪,把月亮吃了,并将这种现象与蛇遇到蜈蚣就危险一说相提并论,自然蛤蟆就不是善物了。

民间将蜘蛛当成"五毒"也是这个原因,传蜘蛛会伤人,甚至食人。《本草纲目·虫部》"蜘蛛"条引宋朝药物学家寇宗奭语称:"蜘蛛品多,皆有毒……遗尿着人,令人生疮癣。"

二、墓毒——古代墓葬防盗方式

古人反盗墓的手段多种多样,虚冢、崖墓、流沙墓、火坑墓这类墓反盗的成功机率相对较高,但其中问题也有,就是设计过于复杂,一般人家也难以做到。

在众多具有杀伤力的防盗措施中,令盗墓者最谈之色变的当属墓毒。所谓墓毒,就是建造墓葬时在墓中隐藏的可以致后来者于死地的毒。盗墓者若贸然进入这种毒墓,一旦中招,轻则成为废人,重则丧命。毒气伤人,古墓一被打开,一股毒气冲出,或黄或白,使人嗅之或窒息或死亡。盗墓贸然进入这种毒墓,便会中毒死亡,轻者也会成了废人,遭到所谓的报应。

关于墓毒,《西京杂记》记载,西汉广川王刘去疾发哀王冢,"凿三日乃开。有黄气如雾,触人鼻目,皆辛苦,不可入。以兵守之,七日乃歇。"刘去在盗掘战国时代魏襄王墓的时候,除了发现墓是铁汁浇灌之外,在打开后还有惊人发现,里面竟然喷出一种有毒气。墓中冒出的气体是黄色的,气味辛苦,刺人眼鼻,令人无法进入,刘去派人在外面等了整整七天,这些气体才散尽。

古籍中,关于"毒墓"的记载很多。王充《论衡·死伪篇》"亡新改葬元帝傅后,发其棺,取玉柙印玺送定陶,以民礼葬之。发棺时,臭憧于天,洛阳丞临棺,闻臭而死。"到棺前查看的官员,竟然让棺中散出来的臭气给熏死了,可见其气不是臭,而是毒。王充在书中推测了"毒气"来源:"臭闻于天,多藏食物,腐朽猥发,人不能堪毒愤,而未为怪也。"

唐代段成式的《酉阳杂俎》中有这样一个故事,战国时期齐景公的墓葬在唐代时被盗,盗墓者挖到墓葬距地表四丈深的地方时,便有青色气体缓缓冒出,这时恰巧天上飞过一只鸟,竟然被墓中冒出的气体熏死,当场坠地而亡,盗墓者大骇,再也不敢进入这座古墓。《酉阳杂俎·尸穸》记述:"贝丘县东北有齐景公墓,近世有人开之,下入三丈,石函中得一鹅,鹅回转翅以拨石。复下入一丈,便有青气上腾,望之如陶烟,飞鸟过之辄堕死,遂不敢入。"

古代人常使用的特殊"毒物"是水银。水银是一种液态金属,在中国古代有多种别名:铅精、姹女、汞、流珠、赤汞、砂汞、灵液、活宝,从这些丰富的叫法中,就可知道水银在古人心目中的地位。水银用途广泛,还是古人常用的尸体防腐剂。

水银,化学名称为汞,其状为银白色,密度很大,易蒸发,在常温状态下为液体。纯水银的毒性要低于其化合物的毒性,毒性最高的汞有机化合物是二甲基汞,人的皮肤只要接触数微升的这种物质,就会导致死亡。因此,水银成为古代墓葬防盗措施中颇具杀伤力的武器之一。在秦、汉及之前的陵寝中,使用水银的记录较多,齐桓公墓内便置有"水银池"。

唐人张守节《史记正义》引时编地理书《括地志》称:"齐桓公墓在临淄县南二十一里牛山上,亦名鼎足山,一名牛首岗,一所二坟。晋永嘉末,人发之,初得版,次得水银池,有气不得入。经数日,乃牵犬入中,得金蚕数十箔、珠襦、玉匣、缯彩、军器不可胜数。又以人殉葬,骸骨狼藉也。"春秋五霸之首齐桓公的墓葬被盗于西晋末年,此时距齐桓公去世已经有近900

年，墓内仍有很重的毒气，水银蒸发形成的毒气，给盗墓者制造了很大的麻烦。以致人不能进入，盗墓者们只能在墓外等了几天，然后牵着狗在前边带路，才进入齐桓公墓，齐桓公墓中的墓毒，就是那座水银池。水银池是古代制造墓毒时最常用的方式之一，正史中便有很多关于水银池的记录。如《南史·齐高帝诸子列传》中记录了南朝时益州（今重庆地区）发现的一座古墓正是"以朱砂为阜，水银为池"。

说到以水银为墓毒的墓葬，就不能不提到秦始皇陵。司马迁在《史记·秦始皇本纪》中记载："始皇初即位，穿治骊山，及并天下，天下徒送诣七十余万人，穿三泉，下铜而致椁，宫观百官奇器珍怪徙臧满之。令匠作机弩矢，有所穿近者辄射之。以水银为百川江河大海，机相灌输，上具天文，下具地理。"

通过科学勘探，考古工作者们在秦始皇陵地宫上方发现一个面积达1.2万平方米的强汞区，这个强汞区位于秦始皇陵园内城的中央地区。很显然，这就是秦始皇陵地宫中水银铸就的百川江河大海。经过周密分析，专家推论得出，地宫中的水银正如司马迁描绘的那样，以百川、江河、大海为蓝本。有学者推测，地宫中的水银可能多达几吨甚至上百吨。

与墓毒相比，还有一种更加匪夷所思的可以致盗墓贼于死地的毒，那就是尸毒。尸毒，顾名思义，就是墓主人尸体中的毒。古人在临终前几日，知自己寿限到了，往往会服食丹砂一类的东西，以保证死后尸体久放不腐。还有一个原因，包括帝王在内的古人迷信增寿一类的"不老药"，如现代人喜欢保健药品一样，长期吞服。丹砂、不老药这些药中，都含有水银一类的有毒物质，累积在体内、骨络间，时间久了肯定要散发出来，客观上也形成了"尸毒"。

《太平广记·墓冢》记载过这样一个故事：魏武帝北征乌桓时，登上山岭远望，发现有一片山冈寸草不生。王粲据此认为，这个地方埋有古墓。而且推定，墓主在世的时候，曾服用过生礜石（硫化物类有毒矿石，曾是古时"不老药"的原料之一）。死后毒气挥发出来，导致地面寸草不长。魏武帝将信将疑，让人掘开一下，果然有座大墓，里面填满礜石。

为何已经死去的墓主人尸体中会含有毒素，这些隐藏在尸体中的毒又是怎样发挥其神奇作用毒死盗墓者的呢？其实这些所谓的尸毒就是朱砂。如果说人们生前服食朱砂是为了死后尸体不腐，只是无心插柳地起到防盗作用，那么，也有一些墓葬中的墓主人口含一些毒液，专门对付那些胆敢盗取随葬品、墓主人尸体的盗墓贼。为了防盗，古人在下葬前会给逝者服剧毒物质。若干年后，当盗墓者进入墓中搬动墓主人尸体时，尸体腹腔内的液体受挤压喷射出来。

尸毒往往与遗体防腐相结合，一般防腐的药材在体内沉积日久，便会形成毒素，盗墓者一旦靠近尸体，便会被尸体中散发出的毒素毒伤甚至毒死。无论墓毒还是尸毒，都是杀伤力极强的防盗方式,这种防盗方式不仅仅是为了保护墓葬免遭盗劫,更是要严惩盗墓者,令后人不敢小觑。

三、箭镞用毒

从狩猎时代开始在与野兽做斗争的过程中,人类开始学会了应用涂有毒物的弓箭——毒箭射击动物,捕获食物,后来又将箭毒和毒箭用于战争。

人类从狩猎时代开始在与野兽做斗争和狩猎的过程中,发明了弓箭。弓箭的使用,是人类历史上的一次重大进步。弓箭是古代的重要武器,箭头敷上毒药的箭,称为毒箭。大约从原始社会起,人类就会制造毒箭了,使用毒箭可以增强杀伤力。

在中国古代中,箭镞上常常会用毒。用毒箭是很正常的一件事,而且毒箭数量也非常多,显然是大规模使用。在战场之上,中毒快慢,程度亦受毒药中生物碱的含量,取决于毒药的保存、制取工艺,以及箭喉之上能够涂抹多少,射入人体的什么部位、入肉深浅等。若兵士着甲,则效力更是大打折扣。故毒箭多应用于小规模对付无甲或轻甲士兵的战役,游击战。

汉代的耿恭在西域屯兵金蒲城时被匈奴人包围,就"以毒药傅矢",告诉匈奴人这是汉家神箭。结果,匈奴人中箭后"视创皆沸",大惊之余,又被耿恭冒雨击杀多人,遂退兵。其事迹见《十七史百将传》:"孙子曰:'兵以诈立。'恭以毒药傅矢,而谓汉家箭神。又曰:'出其不意。'恭扬水以示虏而围解是也。"

关于毒箭,最有名者莫过于"关羽刮骨疗毒"。《三国志》云:"羽尝为流矢所中,贯其左臂,后创虽愈,每至阴雨,骨常疼痛,医曰:'矢镞有毒,毒入于骨,当破臂作创,刮骨去毒,然后此患乃除耳。'"

唐代时,李光弼曾命猛将郝廷玉率精骑三败冲击敌军。结果,郝廷玉因为马中毒箭,不得不退回。而后,郝廷玉换马继续冲阵,冲突四次,最终大败敌军,并生擒贼将徐璜。《旧唐书》曰:"廷玉见使者曰:'马中毒箭,非败也。'光弼命易马而复,径骑冲贼阵,驰突数四。"

在《水浒传》第六十回中,晁盖因为攻打曾头市而战死,从此梁山好汉开始由宋江统领。晁盖之死,是因为他轻信两个和尚的话,致使大军误入埋伏圈,他本人在突围的时候面颊中箭。回到梁山后,不到一更,晁盖就含恨死去。其实,晁盖之死的致命原因,不是因为中箭,而是因为箭上有毒。

众头领且来看晁盖时,那枝箭正射在面颊上;急拔得箭出,血晕倒了。看那箭时,上有"史文恭"字。林冲叫取金枪药敷贴上。原来却是一枝药箭,晁盖中了箭毒,已自言语不得。

林冲叫扶上车子,便差三阮、杜迁、宋万先送回山寨。其余十五个头领在寨中商议:"今番晁天王哥哥下山来,不想遭这一场,正应了风折认旗之兆。我等只可收兵回去,这曾头市急切不能取得。"呼延灼道:"须等宋公明哥哥将令来,方可回军。"有诗为证:威镇边陲不可当,梁山寨主是天王。最怜率尔图曾市,遽使英雄一命亡。

……

众将得令,引军回到水浒寨上山,都来看视晁天王时,已自水米不能入口,饮食不进,浑身虚肿。宋江等守定在床前啼哭,亲手敷贴药饵,灌下汤散。众头领都守在帐前看视。当日夜至三更,晁盖身体沉重,转头看着宋江,嘱咐道:"贤弟保重。若那个捉得射死我的,便叫他做梁山泊主。"言罢,便瞑目而死。

箭毒一般有两种:一种系草药,一种系蛇药。草药虽毒性大,但熬成二三月之后效果便减退了;蛇药熬成后可以使用数年,但蛇药的效力很差,只能使人皮肤溃烂,却不致命,最常见的甚至只不过是涂抹粪尿而已。动物类毒素萃取困难,数量不足,而且不易保存,毒性易退化;植物性毒素虽然来源相对容易些,因而上所萃取的毒药大多来自植物。

箭毒主要有两种表现,一是疮毒,中箭伤口溃烂化脓;二是箭镞有毒,中箭即中毒。据《后汉书·东夷列传》卷八十五:"挹娄,古肃慎之国也……矢用楛,长一尺八寸,青石为镞,镞皆施毒,中人即死。"

隋代巢元方编撰的我国第一部病因证候学专著《诸病源候论》卷三十六"毒箭所伤候",详细描述了箭毒发生原因与症状表现。书中记载道:"夫被弓弩所伤,若箭镞有菵药,入人皮脉,令人短气,须臾命绝。口噤唇干,血为断绝,腹满不言,其人如醉,未死之间,为不可治。若荣卫青瘀,血应时出,疮边温热,口能开言,其人乃活。"接着又讲到毒箭有三种:"岭南夷俚,用焦铜作箭镞;次,岭北诸处,以蛇虫毒螫物汁着管中,渍箭镞。此二种才伤皮,便洪肿沸烂而死。唯射猪犬,虽困得活。以其啖粪故也。人若中之,便即食粪,或饮粪汁并涂疮即愈。不尔,须臾不可复救。菵箭着宽处者,虽困渐治,不必死。若近胸腹,便宜速治;小缓,毒入内,则不可救。"此处"菵药"便是以生乌头汁制成的毒药。

毒箭致死率极高,一直到清代,都是非常棘手的医疗问题,统治者也极为重视。雍正三年(1725年)五月十三日,广西提督韩良辅曾遵旨访查治疗毒箭伤害的解毒药方,并且下令铲除"见血封喉"树。奏折称:

臣查疗治药弩之毒,须视伤之深浅及治之迟速,若伤浅而疗之速者易治,伤深而疗之缓者难治。况撒药所制之弩伤人,其毒顷刻周遍一身,虽有良药多缓不及事。臣向有解毒之方,用绿豆粉一两,并大蜘蛛七个捣烂,敷于患处及服粪清可愈,但恐解撒药之毒未必有效,是以不敢妄陈天听。惟分差弁兵往黔、粤交界各土司地方遍为访觅。兹守备夏进忠等访得解毒各方呈送前来,俱称试过有验。谨将各方另缮清折,专差臣标把总曹玉龙、家丁陈福遵旨乘驿赍捧进呈御览。臣愚,因各方虽能解毒,俱系土名草药,非比官料药材易于购觅,故并觅各种药样分包标识明白,交进折把总赍带,应否命太医院官验看,伏候圣裁。臣一面仍旧遍为访求,俟得有易制方药再容奏闻。

雍正三年(1725年)五月十三日,守备夏进忠第一次寻访到了"见血封喉"的解毒药方,一共两方,均包含有内服、外敷的药。"用绿豆粉一两,并大蜘蛛七个捣烂,敷于患处及服粪清可愈,但恐解撒药之毒未必有效"。奏折中所言毒箭就是以箭毒木为原料所制成,奏折中基本摸清了箭毒木树的形态、生长环境等情况,重要的是搞清了制毒的方法。发现了树,接下来要做的就是彻底铲除了。据记载,雍正三年(1725年)五月十三日,铲除树157株;八月十八日,奏报"于南宁、太平二府各州县及各土司境中续查出撒毒树二百八十八株";十一月十四日,接着铲除树464株;雍正四年(1726年)二月二十四日,又查出树138株。前后共计1047株。对于这一"成绩",雍正皇帝满心喜悦,连称此举"为一大阴德事也"。

思 考 题

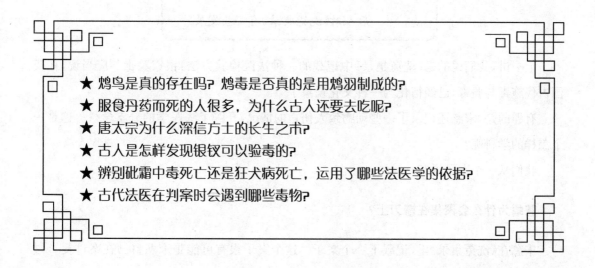

★ 鸩鸟是真的存在吗?鸩毒是否真的是用鸩羽制成的?
★ 服食丹药而死的人很多,为什么古人还要去吃呢?
★ 唐太宗为什么深信方士的长生之术?
★ 古人是怎样发现银钗可以验毒的?
★ 辨别砒霜中毒死亡还是狂犬病死亡,运用了哪些法医学的依据?
★ 古代法医在判案时会遇到哪些毒物?

第九讲 动物探案

> 提要：苍蝇为什么会聚集在镰刀上？
> 什么是蛊？什么是蛊毒？
> 哪些动物可以致人死命？
> 后人对《洗冤集录》有哪些发展？

上一讲，我们说的是《洗冤集录》中记载的一种法医检验方法：银钗验毒。应当说，在我国古代施毒与验毒，已经衍化为一种文化现象了。

有趣的是，宋慈还记录了一些动物致人伤亡的情况，开辟了法医学的分支学科。这是一个怎样的学科呢？

我们从一个案子说起。

苍蝇为什么会聚集在镰刀上？

宋慈在《洗冤集录》里，记载了一个案子。这个案子很有可能是宋慈自己在案件复查过程中侦破的，就是他所说的"洗冤"了。案情是这样的：

一次，一个人被杀死在路边。尸检以后，县令认为是死者遭遇抢劫而被杀，抢劫犯也不知去向。然后，他把验尸报告和判案材料等具呈上报。

宋慈在复审的时候，发现了两个疑点：其一，材料中说被杀者"沿身衣物俱在"，也就是财物、衣物无损的意思。既然是抢劫，罪犯一定会拿走财物，也会在被害人身上翻检，他的财物、衣物怎么会"无损"呢？其二，验尸报告中说被杀者"遍身镰刀砍伤十余处"，也就是他被砍了十多刀。抢劫犯只是为了抢夺财物，如果被抢者反抗，他只要把人杀死即可，有必要砍那么多刀吗？所以这个案子判得一定有问题！

那么，这是一件什么性质的案件呢？宋慈说："今物在伤多，非冤仇而何？"罪犯没有抢夺财物，而是砍了死者很多刀，这是为了泄愤，因此一定是仇杀。死者和谁有仇呢？宋慈就找来死者的妻子，问她："你丈夫平素里与什么人结下过冤仇吗？"

妇人回答说："我丈夫平素为人很好，并没有和什么人结怨。"

"你再想想。"

那妇人说："我想起来了。前几天，某甲来借钱，但是这个人信誉不好，所以我丈夫没有借给他。那个人很生气，说过几天一定要借给他，否则会让我丈夫走着瞧。这只是吵吵架而已，应该不算结怨吧。"

宋慈心里有数了，他叫人暗地里对某甲进行了调查。然后，又派出众差役，四下里分头贴出告示：死者系镰刀所杀。凡属附近居民，一律要将家中所有镰刀送交官府检验。如有隐匿者，必是杀人贼。

不久，居民们的镰刀送缴上来，有七八十把。宋慈叫人在镰刀上做了记号，然后排摆开来，放在官府门前的空场上。

这时，正值盛夏，烈日当空，酷热难熬。听说官府在判案子，检验镰刀，人们纷纷前来，都要看看这位提刑官到底是怎样破案的。连苍蝇也嗡嗡地来凑热闹，不过很奇怪，这些苍蝇并没有到处乱飞，而是齐齐地聚到空场上的一把镰刀上。

宋慈就问这把镰刀是谁的。从人群中挤出一人，正是某甲，他应声说："是小民的。"宋慈喝令左右把他拿下。某甲高称冤枉："清平世界，荡荡乾坤，大人您凭什么要滥抓无辜？"

宋慈指着那把镰刀，对某甲说："杀人者正是你这刁民。别人的镰刀上都没有苍蝇，只有你的镰刀上有。这是因为你杀了人，然后把刀上的血迹洗去，但是刀上的血腥气还在，所以才会招来很多苍蝇。至于杀人动机吗，是你借钱不得，心存怨恨。如今铁证如山，你还有什么可抵赖的？"

某甲无言以对，只有叩首伏罪。

这个案子宋慈破得很漂亮，"左右环视者失声叹服"，他自己也很得意，所以就写进《洗冤集录》里了。不过，宋慈并不是第一个用苍蝇破案的人，在他之前，也有人用过这个方法。

有一个叫严遵的扬州刺史，一次，他出外巡行。走在途中，路边正有一个妇人在哭丧。严遵听到哭声，觉得有些奇怪，因为那妇人的哭声虽响却不悲哀。他觉得有些蹊跷，就停步问话。那个妇人说,死者是自己的丈夫,不幸被火烧死了,正在发丧。严遵仔细观察那妇人言行举止,心里有了计较。于是他下令,将死者的尸体运到府衙,命衙役严密看守,并且说:"好好注意,这尸首应当会有一些不寻常的事情发生。"

第二天,衙役前来报告:"死者的尸体倒没有什么异象,只是招来一大群苍蝇飞来飞去,但是很奇怪,它们都聚拢在死者的头部。"严遵命人详细勘验,赫然发现死者的头部被人用铁椎打了一个洞。再拷问妇人,果然是一起谋杀案。

严遵是从妇人的哭声中听出了异常,但是他把尸体运回刺史府的时候,可能也没有想到苍蝇会帮他破了这个案子。

这个案例很有名,后来被收到唐人汇编的《艺文类聚》中,广为流传。宋慈可能也是从中受到启发,借助苍蝇破了奇案。

苍蝇的嗅觉非常灵敏。因为在它的触角上分布着嗅觉感受器,每个感受器都是一个小空腔,与外界相通,含有感觉神经元树突的嗅觉杆突入腔中,每个小腔含有上百个神经细胞。这样,即便是距离极其微小的气味分子,苍蝇都能"闻到",尤其是腥臭味,据说它在动物死亡10分钟内就会赶到现场。当一只苍蝇吸吮腥味后,就会放出一种招引同类的特殊气味,别的苍蝇就会群集而至,越聚越多,这就是俗语"苍蝇见血"一词的由来。因此,苍蝇被誉为"死亡现场第一见证人"和"刑事警察的探案向导"。我国古代官吏凭借经验,明白苍蝇嗜血逐臭的特点,从而利用苍蝇巧破奇案。

值得注意的是,《洗冤集录》还记载了这样几条重要的资料:"(夏三月,尸)经三日,口、鼻内汁流蛆出,遍身胖胀,口唇翻,皮肤脱烂,疱胗起。""更有暑月,九窍内未有蛆虫,却于太阳穴、发际内、两胁、腹内先有蛆出,必此处有损。""(秋三月,尸)经四五日,口、鼻内汁流蛆出,遍身胖胀,口唇翻,疱胗起。""(盛热,尸首)经三四日,皮肉渐坏,尸胀,蛆出,口、鼻汁流,头发渐落。"

这几条资料里反复提到"蛆虫",说明了什么呢?

宋慈所说的"蛆虫",是一种叫丽蝇的苍蝇所产的卵,然后在腐尸上孵化成蛆。如果有人受伤而死,例如伤在头部、胸腹部,这些地方就会大量出血,吸引苍蝇产卵;如果不是受伤而死,苍蝇就会在死者的眼睛、鼻子、嘴巴和耳朵,再就是肛门和生殖器等处产卵。通过苍蝇在死尸上产卵的地点和蛆虫活动的规律,就可以推断死者的伤处和死亡时间,为侦破案件提供线索和方向。宋慈的这个认识在当时是处于世界领先水平的。在西方,人们一直以为蛆是腐肉滋生出来的,直到1668年,才由意大利生物学家、医生雷迪通过实验的方式,揭示了蝇卵和蛆虫之间的关系。至于用昆虫来破案,则是20世纪30年代的事了。宋慈也许还没有意识到,他的法医工作,已经开启了一门新的分支学科——法医昆虫学。

《洗冤集录》的记载,给人们提供了一条崭新的思路,后世的一些案件就是借助苍蝇来侦破的。清人胡文炳所作的《折狱龟鉴补》中,记载了这样一个案例。

有一次,一个商人在自己家的床上被杀。现场鲜血四溅,一片狼藉,令人毛骨悚然。杀人是大案,县令严令捕快缉拿凶手,但是凶手始终没有找着。县令生气了,后果很严重,他把捕快们打了板子,限期破案。捕快无奈,只好像无头苍蝇一样四处找寻;因为人手不够,还返聘了一位已经退休的捕快来帮忙。

一天,大家忙累了,坐在河边的茶馆喝茶。这时,一只小船划了过来,船上晒了一床被子,被子是绸缎面的,一大群苍蝇围着被子乱飞。老捕快马上放下茶碗,对大家说:"罪犯就在船上,赶快去抓!"众捕快都有点莫名其妙,但是县令的板子厉害,既然能抓一个糊差事,何乐而不为?于是一拥而上,把船夫逮住,送到府衙。谁知这船夫到了大堂,不待动刑,立马认罪,承认是自己杀了人。

案件成功告破,有人就问老捕快:"您怎么知道这个船夫就是罪犯呢?"

老捕快说:"我也不能肯定。"

"那您为什么让大家伙儿去抓他呢?"

"是这样的,"老捕快解释说,"我勘验过现场,发现死者是在睡觉的时候被杀的。但是现场没有被子,这让我很奇怪,哪有睡觉不盖被子的?那个船夫晒的被子是绸缎面的,一个贫穷的船夫,怎么用得起绸缎呢?这是第一个疑点。我又看见一群苍蝇围着被子飞,一定是被子有血腥气,虽然被子上的血被洗干净了,但是苍蝇还是能闻到,这是第二个疑点。有了这两个疑点,加上现场勘验的情况,我初步断定:这人一定和凶杀案有关系。"

我们可以看到,在宋慈以后,人们已经很明确地把苍蝇作为刑侦助手了。

那么,在《洗冤集录》里面,还有没有记载其他的虫豸呢?

什么是蛊?什么是蛊毒?

有一种小虫,叫"金蚕",它是极厉害的毒物。

金蚕是一种蛊。蛊是什么玩意呢?蛊是一类小动物。这是什么意思呢?我们先从蛊的来历说起。

蛊是先民捣鼓出来的。那时候,人们信奉巫术。在巫术中,有治病救人的巫术,我们称之为白巫术;当然也有《哈利·波特》系列小说里面提到的,专门整人害人的"黑巫术"。蛊就是一种黑巫术。

蛊是怎么得到的呢?

历代史志、文人笔记、医学典籍都有对蛊的记述,各地民间亦有传说,其中最早的大概是

《隋书·地理志》的记载。从这些资料中,我们大致可以复原制蛊的过程。金庸先生在小说《碧血剑》中,给我们进行了有趣的描述。

少年侠士袁承志到了五毒教,教主何铁手向他展示了一场动物搏杀大赛。

这场大赛是在一只圆桌面大小的沙盘上进行的。五名童子各捧着一只铁盒,站到沙盘边上,然后打开铁盒。这时从每只盒中,各跳出一样毒物,跑进沙盘。哪些毒物呢?它们分别是青蛇、蜈蚣、蝎子、蜘蛛和蟾蜍。青蛇长近尺许,未见有何特异;而其余四种毒物,却均比平常所见的要长大得多。五种毒物在盘中游走一阵之后,各自屈身蓄势,张牙舞爪,便欲互斗。首先开打的是蜘蛛和蝎子,结果蝎子陷入蛛网,渐渐无力挣扎。蜘蛛正要享受美味,突然一阵蟾沙喷到,蟾蜍破网直入,长舌一翻,把蝎子一口吞入了肚里。蜘蛛大怒,便向蟾蜍冲去,它借助蛛丝,从空中掠过蟾蜍,在蟾蜍背上狠狠咬了一口。片刻之间,蟾蜍身上蛛毒发作,仰面朝天,露出了一个大白肚子,死在盘中。蜘蛛扑上身去,张口咬嚼。这边青蛇游过,忽地昂首,张口把蜘蛛吞入肚内,跟着咬住了蟾蜍。蜈蚣从侧抢上,口中一对毒钳牢牢钳住蟾蜍,双方用力拉扯。拉了一阵,青蛇力渐不敌,被蜈蚣一路扯了过去。不一刻,蜈蚣将青蛇咬死,在青蛇和蟾蜍身上吸毒,然后游行一周,昂然自得。

何铁手做了总结,她说:"这蜈蚣吸了四毒的毒质,已成大圣,寻常毒物再多,也不是它敌手了。"

何铁手说的"大圣",就是蛊。这场大赛是蜈蚣最终获胜,所以它叫"蜈蚣蛊";如果是别的毒物获胜,那就分别叫青蛇蛊、蝎子蛊、蜘蛛蛊、蟾蜍蛊等。如果参与搏杀的毒物非常多,数量近百,那最后剩下的"大圣"就更加厉害,而且它还会慢慢蜕变,形状变得像蚕,皮肤金黄。人们依它的外观形态取名,叫作"金蚕蛊"。据说这种金蚕蛊不惧水火兵刃,最难除灭,也最狠毒。据史料记载,至少在宋元时期,就有人蓄养金蚕蛊。

按照民间习俗,制蛊多在端午节前后。此时正值盛夏,太阳辐射强,日照时间长,降水丰富,虫蛇之类的毒物迅速繁殖长大,其含有的毒素也最多最盛。把它们捕捉来,令其自相残杀,免疫力强的毒物吸收了别的毒物的毒素,战胜其他毒物活下来,成为蛊。这时候,它身上含有了所有死去毒物的毒素,毒性最大,其原理和分离出能抗结核菌的土壤细菌菌株相类似。制蛊,或许可以说就是毒剂的自然加工提炼过程;蛊,就是活体的高纯度毒药。

制蛊者是要用蛊来害人的,根据资料记载,施蛊的方法也是多种多样的。制蛊者可以念动咒语,驱使蛊飞出去作祟害人;被害人死后,制蛊者就占有他们的财产。有的制蛊者还把蛊弄死,制成蛊毒,施用的方法就更多了。例如,可以将蛊毒置于饮食之中,使人食后中毒生病,甚至死亡;或者把蛊毒涂抹在自己手上,然后去抚摸人身,便能将蛊传给别人;或者用掺进蛊粉的墨画符,墨迹干后,若有人触动了神符,蛊药粉就会飞扬起来,被那人吸入口中,使其中毒；或者将蛊毒藏于指甲中，手指一弹便可害人；有的制蛊者甚至可以用眼睛传毒作祟；等等，让人防不胜防。当然，在施蛊的时候，制蛊者配有解毒药，他自己是不会中蛊毒的。

那么，中蛊的人会是什么样呢？金庸先生在《倚天屠龙记》中描写了中了"金蚕蛊毒"后的惨状。

华山派掌门人鲜于通当年在一苗家女子那儿，偷得两对金蚕。此后他依法饲养，制成毒粉，藏在自己折扇的扇柄之中。扇柄上装有机括，一加揿按，再以内力逼出，便能伤人于无形。在与张无忌比拼之下，鲜于通启动机括，想暗算对手。不想，张无忌内力深厚，反将蛊毒逼了回来，登时自食其果。原来这金蚕蛊毒乃天下毒物之最，无形无色，中毒者有如千万条蚕虫同时在周身咬啮，痛楚难当，无可形容。鲜于通伸出双手扼在自己咽喉之中，想要自尽。但中了这金蚕蛊毒之后，全身已无半点力气，就是拼命将额头在地下碰撞，也是连面皮也撞不破半点。这毒物令中毒者求生不能，求死不得，偏偏又神智清楚，身上每一处的痛楚加倍清楚地感到，比之中者立毙的毒药，其可畏可怖，不可同日而语。直到折磨七日七夜之后，中毒者这才肉腐见骨而死。

这段描述可真是"可畏可怖"，不过不是很准确，大概金庸先生并没有看过《洗冤集录》。在书里，宋慈是这么写的："金蚕蛊毒，死尸瘦劣，遍身黄白色，眼睛塌，口齿露出，上下唇缩，腹肚塌。将银钗验，作黄浪色，用皂角水洗不去。""一云如是：只身体胀，皮肉似汤火疱起，渐次为脓，舌头、唇、鼻皆破裂，乃是中金蚕蛊毒之状。"宋慈说，中金蚕蛊毒死的，死尸瘦弱，浑身呈黄白色，眼睛凹陷，嘴张齿露，上下嘴唇卷缩，肚皮塌陷。还有一种说法，死者只是身体肿胀，皮肤好像被热水或火烫伤一样，发出许多小水泡，慢慢地变成脓疱，死者的舌头、嘴唇、鼻子都是破裂的。尸体"遍身黄白色"，是否因为金蚕蛊是黄白色的缘故呢？这我们就不得而知了。但是从宋慈的记载来看，死者面目狰狞，非常"难看"。这种情况下，如果用银钗来检验，银钗呈黄浪色，用皂角水是洗不掉的。

不过，蛊也是可以防范的。例如吃饭之前，将碗敲几下并问主人"此中有蛊毒没有"，其法自破。在外吃饭时，要先吃蒜，或者使用象牙筷、银筷，象牙筷遇毒即裂，银筷遇毒即黑。还有一种以毒攻毒的法子，据元代《辍耕录》记载："骨咄犀，蛇角也。其性至毒，而能解毒，盖以毒攻毒也，故曰蛊毒犀。"带了这种蛊毒犀，就不怕蛊毒了。

那么，如何验证是中蛊了呢？民间的一般做法是让人嚼生黄豆，如果他感觉口中没有豆腥味，就说明中了蛊；或者让他含上一块煮熟的鸭蛋白，然后吐出蛋白插上一枚银针，如果蛋白和银针都变黑，表明已中蛊毒。

中了蛊，怎么治疗呢？金庸先生在《倚天屠龙记》里说，在腰眼上开孔，倾入药物后缝好，便能驱走蛊毒，这当然是一句玩笑。有一种草药，当地人叫它吉财，据说可以解蛊，而且"神用无比"。为什么叫"吉财"这个怪怪的名字呢？当地人说，曾经有一个人中了蛊，他的家奴弄到这种药帮他解了毒，家奴名叫吉财，因此就用家奴名做了药名。在晚上摘下二三寸吉财，搓磨弄碎，稍微加一点甘草在里面，次日早晨煎服。中毒之人服下药后会呕吐，吐出胃里的东西，蛊毒就消除了。不过，这也只是一种传说。1973年，在长沙马王堆汉墓出土了一部"五十二病方"，这是我国现存最古老的医学方书。这本书上说，把女人的衣服烧成灰，调水服下就可以治疗蛊毒，或者用符水对付蛊毒。可见中医很早就开始探索如何治疗蛊毒，虽然现在看来当时的方法还显得有些幼稚可笑。后来历代的医书，也有很多关于治蛊方法的记载。

应当说，"蛊"在古代中国一直带有神秘的色彩，因为它总是和下毒、谋杀或阴谋等联系在一起，每每使人谈蛊色变。这就造成了人心的恐慌，也造成了社会的动荡，所以历代官府对制蛊、用蛊都进行了严厉的打击。

上古文献对巫蛊犯罪的记载我们无法确知，但可以肯定的是，从商朝起在法律上即已正式确立了"巫风"的罪名。犯者处以墨刑，也就是在脸上刺字，既给犯罪者造成精神的压力，也对他人起着警戒和震慑的作用。后来，官府的态度更加严厉。在宋慈所处的宋代，将用蛊犯罪列为"十恶"中的"不道"之罪，规定，制蛊者及教人制蛊者皆处死刑，为绞罪；制蛊者妻子及同居家口不论知情与否，都处流刑，流三千里。十恶属于"常赦所不原"的犯罪，其他罪都是可以赦免的，但是十恶罪却不能够，这就是通常所说的"十恶不赦"。由此可见官府对巫蛊犯罪的打击力度。

由于严厉的打击，"蛊犯罪"受到了很大的限制。西汉时期，巫蛊犯罪发生在王朝的首都，到隋唐以后，逐步转移到南方。宋朝廷南迁之后，江南一带得到开发，养蛊蓄蛊之地转移至两广、福建及西南一带。宋慈本身是福建人，又在广东、江西一带做官，很可能见过蛊犯罪，所以他把中蛊死亡的现象写进了《洗冤集录》。

有意思的是，在传统文化里，对蛊还有另外一种看法。《易经》中有一卦叫作蛊，蛊卦"利涉大川"，又说"天下治也"。什么意思呢？蛊是百虫互相残杀后的最强者，只有通过残酷的竞争，优胜者才能脱颖而出，所以这个卦从开始就很顺利。通过竞争，可以做好大事情（利涉大川），救弊治乱、拨乱反正，治理好国家（天下治也）。从这个角度看，古人还是比较欣赏蛊的。

哪些动物可以致人死命？

还有哪些动物可以致人死命呢？

我们从一场有趣的文字游戏说起。

《唐宋八家丛话》里记载了这样一个故事。欧阳修在翰林院的时候,有一次和大家一起出游。走在路上,他们看到一匹马受惊了,狂奔而至,大道上正好卧着一条狗,它来不及躲开,被马踩踏死了。欧阳修就对大家说:"我们来描述一下这件事,好吗?"有一位同僚就说:"这简单呀,可以这么说:有犬卧通衢,逸马蹄而死之。"欧阳修笑了:"要是让你来修史,一万卷都修不完。"那位同僚很不服气,问他:"那您会怎么说呢?"欧阳修说:"如果让我来描述,我会说:逸马杀犬于道。只用六个字。"这位当时的文坛领袖,编写《新唐书》,300年的历史,用了250卷;编写《新五代史》,50多年的历史,用了74卷,果然"简省"。

类似的故事,沈括在《梦溪笔谈》里也写了一个。穆修和张景在讨论文章,"适见有奔马践死一犬",两人于是就讨论该怎么写这个事。穆修说:"我这么写:马逸,有黄犬遇蹄而毙。"张景说:"不如这么写:有犬死奔马之下。"那么,穆张二人谁描写得准确而简练呢?后代的人你说你的,我说我的,争议不断。鲁迅做了总结,他说,两人的大作,不但拙涩,主旨先就不一,穆说的是马踏死了犬,张说的是犬给马踏死了,究竟是着重在马,还是在犬呢?较明白稳当的还是沈括那句毫不经意的话:"有奔马践死一犬。"

这些锤炼文字的游戏虽然很有意思,但是不是我们关注的重点。我们关注的是,如果马踩踏的不是狗,而是人,那死者会是怎么样呢?

《洗冤集录》是这样写的:"凡被马踏死者,尸色微黄,两手散,头发不慢,口、鼻中多有血出,痕黑色。被踏要害处便死,骨折、肠脏出。若只筑倒或踏不着要害处,即有皮破、癛赤黑痕,不致死。"宋慈说,被马踏死的尸体呈淡黄色,两手舒开,头发不散乱,嘴巴和鼻子里一般都有血流出,被踩的地方皮下出血呈黑色。人如果被踏在要害的地方就会致命,甚至骨折或者肠子流出体外,而如果只是被马撞倒,或者没有踏到要害处,则可能深部肌肉有血肿,但不至于死亡。宋慈详细描写了被马踩踏致伤、致死的情况。不仅是马,其实生活中的驴、牛,都可能致人伤害,这也是宋慈所关注的。他把这些都记载了下来,为后世断案提供了依据。

再举一个例子:老虎。

在古代,老虎的生存状态还比较好,数量也比较多,分布也比较广,在人虎杂居的地区,虎伤人、吃人的事情就经常发生。《水浒传》里就有这样的例子。

李逵从水泊梁山回家去接母亲,不想消息泄露,官府来人抓他,他只得连夜提了朴刀,背着老娘望乱山深处僻静小路而走,来到了沂岭之上。

母亲口渴了,要喝水。李逵就在松树边一块大青石上,把母亲放下,插了朴刀在侧边,跟她道:"耐心坐一坐,我去寻水来你吃。"他从山岭往下,转过了两三处山脚,才找到水源。又到附近庵堂里,搬来一个大香炉,挽了半香炉水,这才夹七夹八走上岭去。这一番找水,费了不少时间。等回到岭上,石头上不见了母亲,只见朴刀插在那里。李逵叫娘吃水,杳无踪迹。

叫了几声不应,李逵心慌,丢了香炉,定住眼四下里看时,并不见娘。四处找寻,走不到三十余步,只见草地上一团血迹。李逵见了,心里越加疑惑,顺着血迹寻过去,来到一处大洞口,只见两只小虎正在那里舐一条人腿。

李逵心忖道:"我从梁山泊归来,特为老娘来取他,千辛万苦,背到这里,却把来与你吃了。那鸟大虫拖着这条人腿,不是我娘的是谁的?"心头火起,把一窝大小四只老虎全给杀了。

次日早晨,李逵收拾母亲的残体,用布衫包裹了,掘土坑葬,然后大哭了一场,挥泪而去。

这是李逵母亲的悲惨遭遇。

李逵认识母亲的衣服,看到小老虎在舐食遗骸,因此断定母亲为虎所食。如果是旷野中的一具尸体,怎么能判定他是老虎咬死的呢?宋慈有办法,《洗冤集录》是这么说的:"凡被虎咬死者,尸肉色黄,口、眼多开,两手拳握,发髻散乱,粪出,伤处多不齐整,有舌舐齿咬痕迹。""虎咬人多咬头项上,身上有爪痕掰损痕,伤处成窟或见骨,心头、胸前、臂、腿上有伤处,地上有虎迹。"尸体有了以上的特征,特别是在尸身周围发现"虎迹",也就是虎的脚印、咬痕、毛发等物,就可以判断死因了。

《洗冤集录》还记载了一个很奇怪的现象:"虎咬人月初咬头项,月中咬腹背,月尽咬两脚。"这是怎么回事呢?其实很简单。老虎是悄悄接近猎物,然后突然发起进攻的,人看到老虎来了,自然也要逃命。月中的时候是满月,月光强,人发现老虎早一点,反应就快一点;月初、月末的时候,月光弱,人发现老虎就晚一点,反应也慢一点。老虎一口咬来,因为人的反应不一,所以受伤部位也就有所不同。

除了老虎这种大型动物,细小的动物也能致人死命,例如蛇。

我们来说一则世界历史上很有名的传奇。

古埃及的最后一任法老,就是大名鼎鼎的埃及艳后克丽奥佩特拉七世。

克丽奥佩特拉的父亲死的时候,指定长子托勒密十三世和她共同执政,克丽奥佩特拉还按照当时的法律,嫁给了自己这位同父异母的兄弟。共同执政以后,两人争夺权力,克丽奥佩特拉不敌,被逐出首都。就在这个时候,凯撒来到埃及。

克丽奥佩特拉得知消息,就用毛毯裹住自己,然后让人抬到恺撒房中,突然出现在凯撒面前。这个女人的勇气和美貌深深打动了凯撒,很快成为他的情妇。在凯撒的支持下,克丽奥佩特拉击败自己的兄弟和丈夫托勒密十三世,成为埃及的实际统治者。

不久,凯撒遇刺身亡,罗马政局动荡。凯撒手下的大将安东尼和养子屋大维相继崛起,在平定内乱以后,两人也展开了权力之争。

安东尼的势力范围在东方,包括埃及在内。凯撒死后,克丽奥佩特拉失去了政治靠山,于是，她施展种种手段，拉拢安东尼，以图维护和发展埃及，加强和扩大自己的统治权力。为了达到这一目的，她甚至嫁给了安东尼。

但是，在安东尼和屋大维的斗争中，克丽奥佩特拉显然站错了队。不久，安东尼战败，伏剑自刎。屋大维来到了埃及，他要生擒克丽奥佩特拉，还要把她带回罗马去示众。

机关算尽的克丽奥佩特拉万念俱灰，忠诚的侍女们把一条叫作"阿普斯"的毒蛇装在无花果的篮子里送到她面前，她抓起小蛇放到自己的乳房上。小蛇狠狠咬了克丽奥佩特拉一口，结束了她传奇的一生。

克丽奥佩特拉死后，长达300年的托勒密王朝也告结束，埃及并入罗马。

这位传奇女王最终死于蛇吻。按照《洗冤集录》的记载，克丽奥佩特拉的死状可能是这样的："其被伤处微有啮损黑痕，四畔青肿，有青黄水流，毒气灌注四肢，身体光肿、面黑。"

这位埃及艳后的伤处，应有不太明显的被咬过的痕迹，四周青肿，流清黄水，躯干和四肢肿胀、发亮，面部发黑。总之，她不再有往昔那颠倒众生的体态和容颜了。

不过，克丽奥佩特拉之死还有一点疑点。那就是，人被毒蛇咬过，不会立马丧命，而是会隔一段时间。那么，屋大维为什么不让人施救呢？从现代人的角度来看，这实在不是一件难事。不过，对于古人来说，可就不是那么回事了。就拿宋慈来说，他也没有写下急救的方法，可能他也不太清楚。由于不懂急救方法，所以屋大维也只有眼看着克丽奥佩特拉死去。直到清朝，人们在注释《洗冤集录》的时候，才补充了急救法：首先要用刀割去伤口旁的死肉，然后将伤口近心脏处用布条扎紧，不让毒气攻入心腹。还要让人口含米醋或烧酒吮吸伤处的毒血，一边吸一边吐，直到伤口处红肿消除；但是救治者千万不要将毒血吞进肚子，以免中毒。这种急救的方法，依然是我们现在常用的。

后人还对《洗冤集录》进行了哪些补充和发展呢？

后人对《洗冤集录》有哪些发展？

我们来举几个例子。

第一个例子是河豚。河豚是一种很有意思的鱼，它能够将大量的空气吸入极具弹性的胃中，使身体大小膨胀数倍，以吓阻天敌；不仅如此，它还能在体内聚集毒素，以防御天敌。不过，这种有毒的鱼儿肉味却极其鲜美，被誉为"长江三鲜"（河豚、刀鱼、鲥鱼）之首。

苏轼就很喜欢吃河豚。有一次，他看到僧人惠崇画的一幅《春江晚景图》，上面有竹，有桃花，有鸭子，还有一些蒌蒿和芦芽，不禁想到：这画的是河豚鱼上市的时候呀，河豚用蒌蒿和芦芽一炖，那滋味呀……垂涎欲滴的他于是题诗一首：

竹外桃花三两枝，春江水暖鸭先知。

　　蒌蒿满地芦芽短，正是河豚欲上时。

　　惠崇的《春江晚景图》没有流传下来，苏轼的诗倒是流传下来了，给我们留下了一个馋嘴大文豪的幽默形象。

　　河豚是有毒的，但是苏轼请的厨子想必很有本事，把河豚处理得很好，既让苏轼品尝了美味，也没有让这位大文豪因为口腹之欲而枉死。

　　河豚的毒藏在身体的什么部位呢？后人在注释《洗冤集录》时指出，河豚毒在肝、血、卵巢、眼等处，和现在的认识基本一致。只要把这些部位处理好了，河豚就可以烹饪成美味的佳肴。

　　那么，吃了有毒的河豚究竟会怎么样呢？有一个这样的案例。

　　有个人请朋友吃早饭，菜中有烧好的河豚。朋友因一些原因没有吃，这人就叫朋友打包带回家。朋友回到家，把鱼给了妻子。妻子天亮时刚服过药，这时正好腹中饥饿，也没有问明是什么鱼就吃了，还吃得津津有味，谁知吃完后立即口鼻流血而死。

　　县令审理此案时遇到了难题，因为这个妇人显然是中毒而死，但是她吃了两样东西，药和鱼，究竟是什么让她身死的呢？我们现在知道答案了，是河豚。河豚的毒叫河豚毒素，人们误食以后，毒性发作，胃会极度扩张，甚至造成小血管破裂，所以在呕吐时有血和黏液一起吐出，看上去像是"口鼻流血"。本案中的死者吃过河豚，又"口鼻流血"，无疑是中河豚毒素而死的。

　　第二个例子是狂犬病。狂犬病是一种极厉害的传染病，一旦被传染，死亡率几乎100%，对人类的生命构成极大的威胁。不过，古代人还不能认识到这是狂犬病毒引起的，因为他们还没有病毒的概念。所以，人们在注释《洗冤集录》时说，人被狂犬咬后，毒气进入腹中，会在腹中聚集成形，变成一只狗。当狗幼小的时候，还能救治；一旦腹中的狗长大，就成了不治之症。这种解释当然很可笑。但是，注释者也指出，要及早救治。

　　怎么救治呢？关键在早期。人被疯狗咬伤之后，要马上到河边，把伤处洗净，把坏血挤出来，还要多喝姜汁，这就可以解毒。这种做法，已经和现代处理狂犬咬伤基本一致了。

　　清朝的官吏对狂犬病的死状已经有了一些了解，这也帮助他们洗雪了一些冤案。我们介绍一个案例。

　　鸦片战争时期，有一位民族英雄叫邓廷桢，他和林则徐一起，抗击了英国人的侵略。

　　早年，邓廷桢曾任西安知府，他碰到了这样一个案子：一个叫郑魁的，把砒霜放进馒头里毒死了人，被判处死刑。卖砒霜的、卖馒头的和死者的邻居都提供了证词。

邓廷桢看了死者的验尸报告，上面写着死者嘴唇发青，这不像是中砒霜而死的症状，他就产生了怀疑。于是，他把卖馒头的叫来，问他："你一天卖多少馒头？"

卖馒头的回答说："有两三百个。"

邓廷桢又问："平均一个人会在你这买几个馒头？"

"三四个吧。"

"这么说来，你每天要和上百个顾客打交道咯？"

"是的。"

邓廷桢再问他："这上百人的相貌、姓名，他们是什么时候来买馒头的，这些你都能记得吗？"

"大人，这个小的记不得。"

邓廷桢把脸一沉，问他："那你怎么偏偏记得郑魁在某日买了你的馒头了呢？"

卖馒头的吃了一惊，无言对答。

邓廷桢再三追问，卖馒头的才说了实话："我本来不记得。但是衙役告诉我，县衙审问的一个杀人犯，已经认罪了，只是少一个卖馒头的证人，你何不为这件事来作个证明？大人您想，我哪敢得罪衙役呀，就只好硬着头皮来做证人了。"

邓廷桢又去问卖砒霜的和死者的邻居。卖砒霜的那儿有买卖的记录，说明郑魁确实买了砒霜；但是死者的邻居承认，他也受了衙役的指使。

原来，郑魁和人吵架，那人很快死了。衙役在郑魁家找到砒霜，就想当然地认为郑魁为了泄私愤，毒死了那人。县衙为了破案，将郑魁屈打成招，然后找人做了伪证。

邓廷桢让仵作重新验尸，确定那人是死于狂犬病，不是被毒死的。

邓廷桢产生疑惑的原因，就是验尸报告上面说的死者嘴唇的情况。原来，砒霜中毒会造成严重脱水，死者的嘴唇干燥。狂犬病毒进入人体后，会循神经末梢进入脑部繁殖，引发病毒性脑膜炎，导致呼吸肌麻痹和心脏机能不全。由于呼吸障碍，心脏机能减迟，人体就会极度缺氧，因此，狂犬病死者嘴唇会出现青紫色。所以，砒霜中毒和狂犬病死亡的区别，最为明显的是死者的嘴唇，有干燥和青紫之别。邓廷桢一眼就看出了问题，洗雪了一桩冤案。

第三个例子是三脚甲鱼。后人在注释《洗冤集录》的时候，增添了一个案例。

案情是这样的。太仓州有一个人，路上见渔夫提着一只三脚甲鱼，他就买回家叫妻子烹煮。烧熟后，他让妻子同吃，妻子并不想吃，又觉得无聊，就到门外闲坐。过了好一会儿，妻子听不见丈夫的声音，觉得奇怪，进屋一看，丈夫已经倒在地上了。她又惊又怕，大声叫嚷起来。地方、邻居以为妻子是谋杀丈夫又故作欺人之态，将她扭送官府，后来官府弄清了原委，宽宥了她。

这只三脚甲鱼让我们联想到了"三足金蟾"。三腿的蛤蟆被称为"蟾",俗话说"两条腿的人好找,三条腿的蛤蟆难求",蛤蟆怎么会是三条腿呢?相传,吕洞宾的弟子刘海功力高深,喜欢周游四海,降妖伏魔,造福人世。一次,他去收服一只长年危害百姓的蛤蟆精,在搏斗中打断了这妖精的一条腿。后来,这只三条腿的蛤蟆精为将功赎罪,拜在刘海门下,因为它天性喜欢金银财宝,能很快聚拢财富,所以被称为"金蟾"。刘海得金蟾之助,救济了无数贫穷百姓。

当然,三脚甲鱼可没有金蟾那么珍贵。但是,甲鱼明明是四只脚,怎么会变成三只并且还致人死命?或许,《不用刊审判书》中所载的一个案子能够帮助我们解开谜团。

明代成化年间,在江西铅山县有个一樵夫,他喜食鳝鱼,也就是黄鳝。一天,他砍柴回家,恰逢妻子在烧鳝鱼。樵夫大喜,美美地饱餐一顿,不料食后片刻,就觉得腹痛如绞,未及就医就命赴黄泉。樵夫暴亡,邻居奔走相告,将樵妻告到衙门。官府认定这是谋杀案,对樵妻严加刑讯,但樵妻却高声呼冤,并不认罪。县令无法结案,只得将她羁押在狱中。

一年以后,新任知县张昺到任。他审阅了卷宗,认为案件很蹊跷,需要进一步查证。这个案子的关键就是鳝鱼是自身有毒,还是被樵妻投毒的。张昺就命人捉来百余条黄鳝,放入盛水的大缸内,细心地观察。他发现这群鳝鱼中,有七条昂头向上,露出水面约二寸高。张昺感到奇异,决定做个试验。他令厨子把这七条鳝鱼烧好,叫一个死囚食用,死囚很快腹痛丧命。这个试验有点残忍,不过,却因此可以断定樵夫是吃了有毒的鳝鱼而中毒身亡的,与樵妻无关。

这七条鳝鱼为什么会有毒呢?联系铅山县当时的县情,我们就明了了。

原来,明代的铅山县造纸业颇为发达,出产一种"连史纸"。这种纸纸白如玉,厚薄均匀,永不变色,防虫耐热,着墨鲜明,吸水易干。用连史纸印书,字迹清晰明目,久看眼不易倦;用这种纸书写作画,着墨即晕,入纸三分,可与宣纸相提并论。元代以后,我国许多鸿篇巨著、名贵典籍多采用连史纸印制。明清两代的书画名家、文人骚客以能得到皇上御赐的铅山正品连史纸,为荣膺乡里的大事,官府、文人墨客也将连史纸作为礼品相赠。由于社会需求量极大,这就促进了铅山造纸业的发展。

连史纸是用嫩竹浆为原料,经漂白打浆后再手工抄制而成,纸的漂白和打浆都是在水中进行的,这些用过的水被随意排放,久而久之,便污染了环境。黄鳝长期生长在这种被严重污染的水域,有毒物质便在体内慢慢积蓄,于是鳝鱼便有了"毒",人若食用了这种鳝鱼也会中毒,食用过量,则可危及生命。

前述案例中的甲鱼本身无毒,味道鲜美,具有丰富的营养价值,少了一只脚也不过是有点畸形而已,但为何有人会食之丧命?和鳝鱼一样,这只三足甲鱼可能也吃过有毒的物质,在体内积聚了一定的毒素,人吃了引起中毒。由此可见,早在古代,人们就已注意到环境污染对人体健康的危害了。

这一讲,我们说的是《洗冤集录》里记载的一些动物致伤、致死人的情况及法医检验的方法,宋慈甚至开创了法医昆虫学的先河,我们不禁感叹《洗冤集录》的广博和深湛。那么,它的作者宋慈后来怎么样了呢?

请看下一讲"断鳌立极"。

 古案辨讲

集刀断案

有被杀于路者,始疑盗杀之,及检,沿身衣物在,遍身镰刀伤十余处。检官曰:"盗但欲人死取物,今物在伤多,非冤仇而何?"逐屏左右,呼其妻问曰:"汝夫与何人有仇最深?"曰:"夫自来与人无仇。近有某甲来做债不得,曾有剋期之言,非深仇也。"官默识其居,遣人告示侧近居民,所有镰刀尽将呈验,如有隐藏,必是杀人贼。俄赍到镰刀七、八十张,令列于地。时方盛暑,内刀一张蝇子飞集。官指此刀,问为谁者,乃是做债剋期之人,擒讯犹不服,官曰:"众人镰刀无蝇子,今汝杀人,腥气犹在,蝇子集聚,岂可隐耶?"左右失声叹服,杀人者叩头服罪。

【按语】

《洗冤集录·检验总论》里说:"凡行凶器仗、索之少缓,则行凶之家,藏匿移易,装成疑狱,干系甚重,初时必先急为收索,以凭参照伤痕大小阔狭,定验无差。"本案中被害者是被镰刀砍死的,因此搜查砍人的镰刀是侦破此案的关键,查到镰刀,就能破案,否则就会成为疑案,难以侦破。

检验官经过现场调查和对被害人家属的询问,了解到嫌疑犯,但要逮捕,还必须取得证据,于是,采取了"集刀"办法,限时"呈验",不得隐匿。又根据苍蝇嗜血的特点,辨明了凶器,查出凶器,凶手就不难查出了。

绸被露迹

有行商被盗杀死,不得凶手。邑令严比捕役,务在必获。诸捕不得已,幺聘一退役老捕缉访。一日坐河边茶社,见河中一舟过,老捕曰:"盗在是众,迷捕无失。"既而堂讯,果然。诸役不能其故。老捕曰:"吾见舟尾曝一新洗绸被,青蝇群集。凡人之血迹虽洗去,而腥气终不能除。蝇之集也,如是之多,非杀人之血,安得如此?且舟子纵富,不用绸被。绸面不另拆去,连布里一同洗濯,其为盗之明征一望可知。"诸役齐拜服。

【按语】

苍蝇嗅觉极为灵敏,因为在它的触角上分布着嗅觉感受器,每个感受器都是小空腔,与外界大气相通,含有感觉神经元树突的嗅觉杆突入腔中,每个小腔含有上百个神经细胞,这距离的极其微小的气味,尤其是腥臭味,苍蝇都能够"闻到"。本案例中小船上晾着的绸被虽经洗涤,但微量的血迹嵌入布和丝的纤维中,不易洗去,因此,血液的某种成分(可能是血红蛋白),在阳光下晒热后,会发出腥味,引来苍蝇。而当一个苍蝇落在绸被上吸吮后,它会排出一种招引同类特殊气味的物质,故苍蝇群集而来,越聚越多。老捕役具有丰富的侦查经验,加上他具有较深的阅历,从船夫使用绸被面和绸面不拆就洗涤等现象进行综合分析,终于做出了正确的判断,侦破了这个疑难案件。

食三足鳖

太仓州民,道见渔者持一鳖而三足,买归令妇烹之。既熟,呼妇共餐。妇不欲食,出坐门外,久不闻其夫声,入视,已倒地毙,惊怖号唤,里甲以妇为谋杀夫而诈谖也。官为鞫之,得其情,乃原妇罪。

【按语】

甲鱼本身无毒,味道鲜美,具有丰富的营养价值,三足甲鱼本身也无毒,但本案例中死者为何因食甲鱼而死,可能有以下原因:第一,这个三足甲鱼可能食过有毒的物质,体内积聚了一定的毒素,人吃了引起中毒;第二,可能死者原有严重的心脏病或其他疾病,食甲鱼后疾病发作;第三,如果该人原本健康,则可能是因变态反应(如过敏等)而死。

因为检验人员具有法医知识,又进行了调查,才不使死者的妻子蒙冤。

> **误中鳝毒**
>
> 张昺知铅山县,有卖薪者,性嗜鳝。一日自市归,饥甚,妻烹鳝,恣啖之,腹痛而死。邻保谓妻毒夫,送官拷讯。无他据,狱不能具,械系逾年。公始至,阅其牍,疑中鳝毒。召渔者捕得数百斤,悉置水瓮中,有昂头出水二三小者,数之得七。公异之,召此妇而烹焉,而出死囚与食,才下咽,便称腹痛,俄仆地死。妇冤遂白。

【按语】

黄鳝本身并没有毒,有的病理学家认为,"不是这些动物(包括黄鳝)本身有毒,很可能当时因为有其他毒物混入"。也可能黄鳝所生活的水域严重污染,有毒的物质进入其体内,并逐渐积聚,成了毒物的"携带者",人们吃后因而致死。据报道,曾有人因吃了雷公藤蜂蜜(即蜜蜂采集雷公藤的花蜜)而致死的事例。另外,用犯人做试验,是不人道的,在今天更是不允许的。

> **美味丧命**
>
> 昔有人招友晨餐者,烹河魨为馔,友以故不食,遗饷妻。妻方平明服药,不以为虑,啜之甚美,即时口鼻流血而绝。

【按语】

河魨(即河豚)是一种无鳞鱼,肉鲜美,但内胜有剧毒;眼球、脑、生殖腺、血液等均有毒。肉本身无毒,经消毒处理后可食,但洗净后的鱼肉如和内脏放置一起,也会含毒。

河纯的毒叫河豚毒素,它对人的神经系统有麻痹作用,食后,初时感到胃不舒服,有恶心、呕吐等症状,而后口唇、指端麻痹,四肢无力,言语不清,吞咽困难,瞳孔放大,呼吸急迫,最后窒息死亡。

人食河豚后,由于毒性发作,胃会极度扩张,甚至小血管破裂,故在呕吐时有血和黏液一起吐出,看上去像是"口鼻流血"。本案中的死者食过河豚,又"口鼻流血",无疑是中河豚毒素而死的。

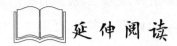

一、传统习俗——鞭春牛

旧俗立春日造土牛以劝农耕,州县及农民鞭打土牛,象征春耕开始,以示丰兆,谓之"鞭牛"。鞭春牛又称鞭土牛,起源较早。据记载,"鞭春之礼"从周朝就兴起了。周公在洛邑制礼作乐,也规定了迎春节礼。《周礼·月令》:"出土牛以送寒气。"后来一直保留下来,但改在春天,盛于唐、宋两代,尤其是宋仁宗颁布《土牛经》后使鞭土牛风俗传播更广,以至成为传统民俗文化的重要内容。

古人舍不得鞭打真牛,就用泥或纸做个假牛,用柳条鞭打。用泥土塑就的春牛与真牛一般大小,雕琢精致,刻画得活灵活现。鼓乐声中,一路官员中的最高行政长官带头围着春牛转了一圈,又抽了三鞭。一位位官员依序上前,与前一位一样的举动,转一圈,抽三鞭。旁边还有两名小吏高唱劝农歌。这一套仪式,称为鞭春,又称打春,用意是祈求丰年。古时的鞭牛仪式上,人们会挑选一人执鞭鞭打春牛,而并非人人有份。鞭牛者站立的方位更有讲究:立春在春节前就站在春牛前,立春在春节后则站在春牛后。鞭打时口中念念有词:一打风调雨顺,二打地肥土暄,三打三阳开泰,四打四季平安,五打五谷丰登,六打六合同春。鞭打春牛完毕后,人们还要进行象征性的耕地,表示新一年农事活动的开始。

清代的打春牛活动主要由迎春和鞭春两部分组成,迎春活动在每年立春的前一天进行,意在把芒神和春牛迎回来。立春的前一天,知县身着朝服率衙门众多官员前往东郊的春场,衙役高举仪仗和"春"字牌,骑牛的两名春官、手执"喜报阳春"彩旗的喜官、魁星老人和乐队都在仪仗队伍中,一行人浩浩荡荡地前往县城东郊的春场。此时东郊的春场已有自发前来参加祭祀的群众。人员到达后,把提前做好的芒神和土牛放置在案桌上。

春牛的制作也是非常讲究的,同样寓意深刻。春牛身上各部位的色彩取决于当年的干支和立春日的干支,具有青、红、白、黑、黄五种颜色。春牛身高四尺,象征一年春夏秋冬四季;身长八尺,象征一年中的八个节气,即立春、立夏、立秋、立冬、春分、秋分、夏至、冬至;尾长一尺二寸,象征一年中的十二个月。

鞭春牛这一活动,明清两代完全因袭下来,也就凸显出了封建政权对农业的重视。明刘侗、于奕正《帝京景物略》卷二"春场"云:"东直门外五里,为春场。……先春一日,大京兆迎春……是日,塑小春牛芒神,以京兆生舁入朝……立春候,府县官吏具公服,礼勾芒,各以彩杖鞭牛者三,劝耕也。退,各以彩杖赠贻所知。"古人往往神化土牛,哪怕是得到了土牛身上的碎土,也被视为吉祥。有人便利用这种心理,创作小土牛出售或赠送官府富室,以谋利益。在百姓心中小土牛既然也是立春日的土牛,因而也具有土牛的某些巫术作用。宋人陈元靓的《岁时广记》卷八引《东京梦华录》云:"立春之节,开封府前左右百姓,卖小春牛。"顾禄在《清嘉录》中提到:"立春日,太守集府堂,鞭牛碎之,谓之'打春'。农民竞以麻、麦、米、豆抛打春牛。"

鞭春牛之后,百姓开始游街闹春,大街小巷披红戴绿,张灯结彩。鼓乐、狮子、旱船、高跷等民间杂耍奇玩尽兴表演,闹春后家家户户的长辈都要给孩子带上春鸡,亲朋互送春牛、"福"字剪纸以示祝福;百姓家里要摆宴待客,并用萝卜、青菜制作春饼等食物算作"咬春",以去春困。同时从这天起,群众将牛、马等拉出棚外活动,喂好草料,备犁耕田。蛰伏一冬后,农业生产将从立春这天起逐步恢复。

二、鼠与生肖文化

百节年为首,生肖鼠当先。传说是子鼠开篇才有了天地阴阳,子又是第一时间,所以鼠年素有"子鼠开天,敢为人先"之称。

人类与鼠相生相伴了几千年,因为日常生活中常见鼠的踪迹身影,所以在文字典籍中也不乏有关鼠的记载。中国的许多古典文献中都提到了鼠,民间也有"老鼠嫁女"的文化。据《虞城志》记载,他们那儿正月十七夜民间禁灯,以便鼠嫁。杭俗谓除夕鼠嫁女,窃履为轿。

古语有云:"自混沌初分时,天开于子,地辟于丑,人生于寅,天地再交合,万物尽皆生。"传说天地之初,浑沌未开。老鼠勇敢地把天咬开一个洞,太阳的光芒终于出现,阴阳就此分开,民间俗称"鼠咬天开"。老鼠也成为开天辟地的英雄。老鼠的图腾,象征着对太阳的崇拜、对光明的追求。"子神鼠破混玄,天开;从警,戒身以平安;从捷,迅足以登先;应万物之灵,吐物华天宝之兽。"寥寥数字便生动概括了鼠的灵性以及"鼠咬天开"的神话故事,赞美了鼠是开天辟地、拯救人类于黑暗之中的功臣和救星。明朝的宣德皇帝朱瞻基画有一幅《苦瓜鼠图》,寓意多子多孙、生活富足有余,因为中国民间认为"鼠丁兴旺",其繁殖能力极强,而瓜类多籽,两者是动物、植物里面"多子"的代表。

著名画家齐白石一生画鼠无数,笔下的老鼠有的活泼机灵,有的狡猾取巧,有的贪婪可笑,个个生动鲜活,令人捧腹不已,广受喜爱。一般认为,齐白石是鼠年生人,所以对画鼠情有独钟,也因此得了个"鼠画家"的戏称。但事实并非如此。在《白石老人自述》中,他开篇便有说明:"我出生在清朝同治二年(1863年)十一月二十二日,我生肖是属猪的。"

尽管齐白石属相不是老鼠,但是他钟爱画鼠确实与十二生肖画题有关。清代,十二生肖动物主题的雕版画和民俗画开始在民间大量出现,生肖题材绘画也渐趋流行,除齐白石外,许多近代国画名家都曾画过生肖图,如徐悲鸿、黄永玉等。齐白石一生中创作了不少以鼠为题材的画作,开创了鼠类题材大量入画的先河,赋予了笔下的鼠以人的性灵与情感,开创了中国鼠画全新的历史。那么,齐白石从何时开始涉及鼠类题材绘画?翻阅所有齐白石的绘画作品、日记、诗文等文献,最早的一条线索是《白石诗草二集》中收录的《题画鼠》。这首题画诗写于1902年,诗前注明此为"壬寅居百梅祠句",诗文曰:"汝足不长。偏能快行。目光不远,前头路须看分明。"

在古典文学作品中也有很多老鼠的形象。《西游记》当中一共有两只老鼠精,第一只是在第二十回、第二十一回露面的黄风怪,用灵吉菩萨的话说,他本是灵山脚下的得道老鼠,因为这家伙偷了琉璃盏内的清油,导致灯火昏暗,恐怕金刚拿他,顾自走了,却在此处成精作怪。而第二只老鼠精则是在第八十二回、八十三回露面的金鼻白毛老鼠精,他也是来自于佛祖身边,因为他是个大吃货,在灵山偷食了如来的香花宝竹,闯下大祸,受到天兵天将追捕,被托塔李天王李靖拿住后,竟然拜了李天王为义父、拜哪吒为兄长,保护伞强得不得了。大家知道这两只鼠精的历史原型到底是谁吗?话说在1900年12月,英国探险家斯坦因来到了位于塔克拉玛干的大沙漠,他不光发掘了《鬼吹灯》中描写的精绝古国,在和田的丹丹乌里克废墟当中还挖掘出了一些壁画,其中一块尺幅较大的壁画上画着一个鼠头半身人像,头戴王冠,背有椭圆形光环,坐在两个侍者之间,这被命名为"鼠神图"的壁画,描绘的就是曾经拯救过和阗古国的鼠神的故事。而这个故事并非空穴来风。话说唐僧当年西天取经曾写了一本见闻录,书名叫作《大唐西域记》。说他当年曾经到过一个叫作"瞿萨旦那国"的国家,该国的人民有一个非常奇特的爱好,就是崇拜老鼠,国王专门给老鼠修建祠堂,作为祭祀场所,供养着一只肥硕的鼠王,毛泽金银异色,鼠王经常外出巡游,每出穴游止,则群鼠为从,更为奇怪的是整个国家上自君王,下至庶民,咸修祀祭,以求福佑,求鼠王赐福保佑,甚至平常路过老鼠洞都要下马致敬,要用香花、食品、衣服、弓箭等祭拜鼠神。玄奘深感奇怪,就询问当地人怎么回事,原来是很久之前的匈奴骑兵有一回大举入侵,这个国家国力不能抵挡,危在旦夕,可是有一天夜里国王就梦见鼠王来找他说不用担心,我都给你安排好了,第二天你准赢。结果一夜之间奇迹真的发生了,当地的老鼠成群结队冲入匈奴大营,一夜之间将匈奴人的马鞍、弓弦、盔甲、衣服都咬坏了,匈奴丧失战斗能力,被迫狼狈撤退,故当地人才会对老鼠如此尊敬,而丹丹乌里克废墟当中出现的这些画作,就印证了玄奘所言非虚。

在中国古代的历法中,甲、乙、丙、丁、戊、己、庚、辛、壬、癸被称为"十天干",子、丑、寅、卯、辰、巳、午、未、申、酉、戌、亥叫作"十二地支"。两者按固定的顺序互相配合，组成了干支纪法。从殷墟出土的甲骨文来看，天干地支在我国古代主要用于纪日，此外还曾用来纪月、纪年、纪时等。而地支和生肖都是十二个，一起组成了：子鼠、丑牛、寅虎、卯兔、辰龙、巳蛇、午马、未羊、申猴、酉鸡、戌狗、亥猪。

按照现代人对鼠的感情，会奇怪为什么鼠能入十二生肖，还是排第一？十二生肖反映的是远古先人的生活，并不反映现代人的生活。先人看见老鼠身手敏捷，眼睛骨碌碌地转，非常崇拜。有乡俗仍认为肖鼠之人聪明，就是这一古老仿生学的遗迹。相传，古代的人们静观天象最好的时候便是夜深人静的子夜时分。每当古代天文学家们在仰望星空时，便能听到身边一阵窸窸窣窣的声音，一看原来是老鼠在活动，日子越来越久，人们就发现鼠类频繁活动的时间就是子时，而因子时为十二时辰的第一个时辰，所以把这个时辰频繁活动的老鼠也称为子鼠，并根据一天的起始，将子鼠排在属相的第一位。

考古学家在发掘山西太原北齐武平元年（570年）东安郡王娄睿墓时，发现在墓堂顶部与上中栏处绘有星图、十二生肖、雷公、电母等壁画。其中十二生肖图为首见。它位于墓室上栏一周，按正北为鼠，正东为兔顺序排列，高1米，长4.3米，仅残留鼠、牛、虎、兔。墓中的壁画以祥瑞与天象为内容，用于厌胜、驱邪，并引导墓主人灵魂升天。壁画中的鼠是以子神的面目出现的，同样扮演着辟邪、纳吉、引魂的角色。

三、汉字里的羊文化

羊是一种温驯随和的食草动物，为六畜之一。古代先人概括出了羊好仁、忠义、知礼三种美德，并把羊当作美好吉祥的象征。"羊"字是象形字，子曰"牛羊之字以形举也"，意思是牛和羊字都是按照其形状造的。在甲骨文中，"羊"字上面为弯曲的双角，下面为上翘的两个鼻孔，中间一竖为鼻尖，状如一个羊头。仔细研究"羊"字以及以"羊"为偏旁造出的字，可谓妙趣横生。远古时期，因为羊比一般山兽更肥美，也更容易猎捕，所以不仅成为人类重要的肉食来源，而且常被用于祭祀。在殷墟出土的用于占卜的甲骨文中便有诸多的"羊"字。

叼羊的游戏，需要奇袭羊群的智慧，突破头羊的防护，在不懈地运动中，专门寻找那些体质虚弱、缺乏协作精神的羊。做这种游戏，需要经常变换角色，不是扮叼羊的狼，就是扮护着羊群的头羊。而"叼着羊"的汉字，最能体现羊的属性的，应该是"群"字。《说文》："群，辈也。从羊，君声。"《国语周语》中有"兽三为群"之语。而兽者，则以羊为最，即喜欢结伴而行，极少如虎豹般独往。如果你看到一只羊踽踽独行，那一定是落单了，极有可能面临危险。它不是羔羊，便是之羊。

羔羊的"羔"字，即小羊，羊崽儿。有的学者认为"羔"字其上为"羊"，其下四点为"火"，其意思是用火烤制的羊肉。徐灏在《说文解字注笺》中说道："疑羔之本义为羊炙，故从火。小羊味美，为炙尤宜，因之羊子谓之羔。"含有"羔"字的汉字，拿"羹"字来说，它从羔从美，意思显然：这小羊的肉，煮起来特别烂，特别嫩，特别香，特别好吃。所以才有"五味和羹"的说法。初时的羹不是汤，而是带汁的肉。孟子说的"一箪食，一豆羹，得之则生，弗得则死"中的"羹"，应该不是"带汁的肉"，而是汤了。这就是汉字的发展与进化。"羹"中有一个"美"字，"美"字也"叼着一只羊"——羊一大，就肥美。美者，甘也。

古人对羊的价值的感受，首先来自于饮食，认为羊肉味道鲜美，"鲜美"二字即是明证。"鱼"和"羊"放到一起，就变成了"鲜"字。有一个谜面是这样阐述的：我有一物分两旁，一旁好吃一旁香，一旁眉山去吃草，一旁岷江把身藏。想必大家心里也有关于谜底的猜测了，谜底就是"鲜"字。《广东新语》中说："东南少羊而多鱼，边海之民有不知羊味者；西北多羊而少鱼，其民亦然。二者少而得兼，故字以'鱼''羊'为'鲜'。"其实"养"（羊）亦表义。美这一概念，直接因"羊"而产生。《说文解字》将"美"字归入"羊"部，称"美，甘也。从羊，从大。羊在六畜主给膳，美与善同意。"从许慎这个解释中可以看出，当时人们的审美即是"羊大为美"：羊体大肉质好，吃起来才"美"。而"甘"无论是甲骨文还是小笑，均像口中含一食物，以表示味觉之甜美。由此可以看出，"美"的本义不是美善，而是味觉上的美好。正因为羊肉味道鲜美，所以自古以来深受各个阶层的人喜爱。

陆游有句诗写道："窗下兴阑初掩卷，花前技痒又成诗。"有学者说，"痒"字里的"羊"，说的是一只身上受了伤、发了炎、甚至溃疡的羊。于是，挠痒痒便成了必然了。

羊在很早之前就被古人视为吉祥的象征物。羊的柔和性情特征通过羊部字得到了充分的展现，因此从羊的字大部分都蕴含着美和善的含义。"羊"字本义即是指吉祥之义，《墨子·明鬼·下》云："有恐后世子孙不能敬以取羊"，这里的"羊"字就是"祥"的意思。许慎《说文解字》："羊，祥也。"在古文中，"羊"和"祥"在表示吉祥的意义上是可以互通的。"祥"中的羊从"示"，是凶吉的预兆，即事物发生与发展的端倪。发展到后来，"祥"字就去除了"凶"的意思，只剩下"吉"了，譬如"祥云""吉祥"等。"善"为"膳"的本字。古人以羊为膳食的美味，故金文的"善"字从羊从二言，表示众口夸赞的意思。

"善"字由膳食之美引申为美好之义，故后世另造"膳"字来代替它的本义。因为羊的性情温和驯顺，所以"善"又有善良、慈善之义，与"恶"相对。"善"字用作动词，则有喜好、爱惜、亲善、擅长等义。《说文解字》卷四上云："美，甘也。从羊从大。羊在六畜主给膳也。美与善同意。"

与"羊"有关的字凝聚着先民对于自然、人生和社会的思想观念，存贮着生动鲜活的历史文化内容。中国传统文化中的羊,不仅是自然之物,而且还被赋予了丰富、深刻的文化内涵。

羊为六畜之一,早在母系氏族公社时期,生活在我国北方草原地区的原始居民,就已开始选择水草丰茂的沿河沿湖地带,牧羊狩猎,获取生活资料。《诗经》中就有很多关于牧羊的诗句,给我们展现了一幅幅古代人美好和谐的畜牧景象。如《诗经·小雅·无羊》:

谁谓尔无羊?三百维群。谁谓尔无牛?九十其犉。尔羊来思,其角濈濈。尔牛来思,其耳湿湿。

或降于阿,或饮于池,或寝或讹。尔牧来思,何蓑何笠,或负其餱。三十维物,尔牲则具。

尔牧来思,以薪以蒸,以雌以雄。尔羊来思,矜矜兢兢,不骞不崩。麾之以肱,毕来既升。

牧人乃梦,众维鱼矣,旐维旟矣。大人占之,众维鱼矣,实维丰年,旐维旟矣,室家溱溱。

南北朝时的北魏,政局稳定,地域广大,畜牧业发达,至今仍广为流传的《敕勒歌》:"敕勒川,阴山下。天似穹庐,笼盖四野。天苍苍,野茫茫,风吹草低见牛羊。"这首鲜卑族民歌赞美了祖国西北辽阔地域草地畜牧业风光美景。

人们养羊、食羊,还会用羊做祭祀品。"祥"字的"示"部表示"祭桌"。在祭祀、宴饮时常有"太牢""少牢"等词出现,牛羊豕俱全曰"太牢",缺牛只有羊豕为"少牢"。供祭祀的三牲纯色的,专供祭祀的纯色的牛称"犠"。羊在祭祀礼仪中的地位仅次于牛,"犠"字里也有"羊",羊是为中华民族的进步作"犠""牲"。这在《山海经》当中就有多处记载:"其祠之,毛用少牢,白营为席。""历儿,冢也,其祠礼:毛,太牢之具;县以吉玉。"

羊的个性深受人们喜爱。先秦时期,人们将羊的个性归纳为善良知礼和外柔内刚。羊"跪乳"的习性,被视为善良知礼,甚至被后世演绎为孝敬父母的典范;外柔内刚也被引申出许多神圣的秉性。中国古代种独角怪兽獬豸也被认为与羊有关,它凭本能就知道谁是有罪的人。《诗经·召南》中也有"文王之政,廉直,德如羔羊"的说法。因此,后世以独角兽表示法律与公正。

思考题

★ 鱼类会积累毒素致人死亡,这给我们什么启示?
★ 为什么说宋慈开创了法医昆虫学的先河?
★ 为什么仍然有人不顾官府禁令养蛊呢?
★ 为什么《洗冤集录》要记载一些急救之法?
★ 利用苍蝇来找出凶器运用了哪些法医学的依据呢?
★ 鼠在古代文化中扮演着怎样的角色?

第十讲 断鳌立极

> 提要：宋慈是怎么死的？
> 为什么说宋慈首先是一位医生？
> 宋慈对中国法医学史有何影响？
> 后人是怎么丰富和发展《洗冤集录》的？
> 宋慈是怎么影响世界的？

我们用几讲的篇幅，介绍了《洗冤集录》的主要内容、所取得的主要成就，以及后世对它的发展。

那么，它的作者宋慈后来怎么样了呢？

宋慈是怎么死的？

《洗冤集录》刊印后，宋理宗下令将其向全国推广，这给宋慈带来了很大的声誉，并使得他迎来了事业的辉煌期。《洗冤集录》刊印后的第三年，也就是淳祐九年（1249年），宋慈升任广州知府，并任广东经略安抚使。

经略安抚使是一个什么职务呢？

所谓"安抚使"，就是由中央派出的处理地方事务的官员。这个官职在隋代开始设立，为行军主帅的兼职。宋初沿用这一官制，不过逐步转化成一种常设的官职。北宋在边境一些地区常置安抚使司,掌管一路军事和民政,组织对外的防御和战争,一般以知府兼任。由于这个职位事关国家安全,所以称为"经略安抚使",经略是经营治理的意思。大科学家沈括,曾经参与北宋对西夏的战争,他当时担任的,就是鄜延路的经略安抚使。

南宋初年,各路均设安抚使司,唯广东、广西两路仍于"安抚"前加"经略"二字。安抚使掌管一路兵民之政,有"便宜行事"之权,实际上成为一路的第一长官。宋慈担任的就是这样一个官职。

这一年宋慈已经64岁,年老多病,但是一切公务犹自亲力亲为,一丝不苟。不久,繁杂的事务又让他患上了头晕病,他还顽强支撑不肯休息。

春天的时候,官府办的学校开学,要举行开学典礼,下属就请这位最高长官主持典礼仪式。宋慈很重视儒学教育,勉力出席。

所谓的开学典礼,主要就是"释菜礼"。"释菜"也写作"舍菜",是祭孔的一种礼仪。古代官学一般在孔庙边上,每逢开学的时候,就会到孔子像前,摆上几盘果蔬来礼敬先圣。释菜是有一套完整礼仪的,很繁琐。宋慈本来身有重病,再经一套释菜礼的折腾,回到寓所就倒在床上,再也没有起来。

淳祐九年(1249年)三月七日,宋慈病逝。

宋慈的死,直接原因当然是身染重病,而又勤于政事,可以说是因公殉职。不过间接原因,则可能是长期清苦生活所致。

刘克庄对宋慈说了这样一句话,他说宋慈:"禄万石,位方伯,家无钗泽,厩无驵骏,鱼羹饭,敝温饱,萧然终身。"所谓"鱼羹",当然不会是鱼翅汤。刘克庄的意思是说,宋慈律己甚严,近乎苛酷。他有那么高的地位,那么丰厚的俸禄,却没有雇佣仆人,甚至连一匹像样的马也没有。而且宋慈吃的是粗茶淡饭,仅够温饱,穿得也很寒酸。

那么,宋慈的收入究竟怎样呢?真的是"禄万石"吗?

真实情况不是这样。宋朝廷给官员们,特别是地方官吏的俸禄是非常微薄的。有学者测算过,宋朝初年,一户20口人家每月副食品的支出就要十千文,这相当于主薄一年的俸禄。后来,虽然俸禄增加,但是物价上涨更快,生活水平反而下降。沈括在《梦溪笔谈》里记载了这样一件事,有个秀才向一个县尉借米,县尉无米可借,就写了一首打油诗给他。诗文是这样的:

> 五贯九百五十俸,省钱请作足钱用。
> 妻儿尚未厌糟糠,僮仆岂免遭饥冻?
> 赎典赎解不曾休,吃酒吃肉何曾梦?
> 为报江南痴秀才,更来谒索觅甚瓮!

这首打油诗,可谓是对当时基层官员贫困生活的生动写照。照这样的情况看,宋慈出仕做官,当了江西信丰县主簿的时候,他的收入尚不能糊口。

后来,宋慈曾任邵武通判一职。通判的俸禄又如何呢?著名诗人陆游在孝宗乾道八年(1172年)通判夔州,离职前,他致信丞相虞允文,请求获得一个新的差遣。在信里,陆游历诉自己的贫困生活。他说,自己到夔州赴任,路费都是朋友给的。到夔州任上,全靠俸禄持家,没有任何积蓄,以致儿子三十岁尚不能娶妻,女儿二十岁还不能出嫁,离职后连回家的钱都没有。他感叹说,"某而不为穷,则是天下无穷人",乞求虞允文给他再弄个官做做,可以勉强维持生计。我们很难想象,这封信是出自"很有气节"的陆游之手。照这样的情况看,宋慈做通判以后,他的收入可能也是勉强糊口。

宋慈做的这个广州知府收入怎么样呢?我们也可以有一个比较的例子,《宋史》里面有这样一个神异的故事:

袁某是一个小官吏,可是年近五十还没有孩子,妻子就让他到临安去买一房小妾。那小妾来到袁某的寓所,虽然衣着鲜艳,却是用麻线束发,像是戴孝的模样。袁某问她缘由,女子抽噎着说:"妾是赵知府的女儿,家在四川。父亲死后,家里贫困,母亲只得把我卖为人妾,得点钱财好把父亲的灵柩运回老家安葬。"袁某很是不安,就把这个女子送回家。可她的母亲却为难地说:"您给的钱我已经用掉了,怎么还您呢?"袁某慨然说不用还了,得知她家中还很困难,"尽以囊中赀与之",干脆把带来买妾的钱全部给了这对母女。从临安回来,妻子问他:"官人您买的妾在哪儿呢?"袁某把事情经过原原本本告诉妻子,对她说:"有没有孩子是命中注定的。我们做夫妻这么长时间,要是该有孩子早就有了,难道一定要找个小妾才能生吗?"结果第二年,他们就生了个大胖小子,取名袁韶。

袁某行善积德,终于有后。这个袁韶比宋慈大25岁,后来做了大官,《宋史》有传。而故事中那位赵知府,居官之日,尚有俸禄可支;死去以后,居然要卖女才能归葬,南宋一位知府的收入到底有多少,就可以想见了。

为了提高官员的收入,宋朝廷也想了很多办法。政府给官员各种名目的津贴,当时称为"添给"。这些添给名目有:添支钱、职钱、职田、公使钱、驿券、元随傔人衣粮、傔人餐钱、茶酒厨料、茶汤钱、食料钱、折食钱、厨食钱、薪蒿盐炭纸钱等,涉及官员们衣食住行的方方面面,相当周到,但是也不能从根本上解决官员们"低薪"的问题。许多官吏为了生计,开始使用手中的权力,攫取大量的"灰色收入"和"黑色收入",政治和司法的腐败随之而来。宋代农民起义次数之多,在中国历史上是罕见的,究其原因,大都与反对这样的贪官污吏有关。

所以宋慈虽然"位方伯"(当了知府),但绝不是刘克庄讲的那样"禄万石",相反,他的俸禄少得可怜,生活也颇为拮据。但是,宋慈并不像一些官吏那样以权谋钱,而是甘守清贫。

不仅如此，他还尽自己的力量，为扭转南宋腐败的司法生态做出自己的努力，写下了《洗冤集录》一书。这也是后世把他列为"循吏"的一个重要原因。

长期清苦的生活影响了宋慈的健康，加上过度操劳，使得他过早离世。

虽然清贫，但这并不影响宋慈对美好生活的追求。宋慈有一个嗜好，喜欢收藏"异书名帖"，就是内容奇特的书和好的书法作品，这可能是当时文人们共有的爱好。就宋慈的收入来看，能收藏多少异书名帖倒是很成问题。不过，"异书"对于《洗冤集录》的写作却是很有帮助。《洗冤集录》集录了许多古籍，在内容也涉及许多学科知识，这些都是在当时流行的儒家典籍里找不到的。

为什么说宋慈首先是一位医生？

我们有个疑问，宋慈开创了法医学这门科学，他应当有相当的医学知识，这些知识都是来自于那些"异书"吗？

从内容上来看，《洗冤集录》涉及了解剖、生理、病理、药理、诊断、治疗、急救、内科、外科、妇科、儿科、骨科及检验等各方面的医学知识，相当广博，所以宋慈应该读过大量的"异书"，特别是医书。

不过，对于宋慈来说，光读些医书是远远不够的。宋慈的法医学是建立在传统中医学基础之上的，传统中医学的特点是经验性的，它要求不仅要有医学知识，还要有大量的实践，这样才能融通医理和药理，达到治病救人的目的。所以宋慈要开创法医学，他自己首先必须是一位有相当经验的医生。

我们以《洗冤集录》上关于孕妇的记载来说说这个问题。

胎儿在母亲肚子里是什么样子的呢？《洗冤集录》引述了这样一段文字："按《五藏神论》：怀胎一月如白露，二月如桃花，三月男女分，四月形像具，五月筋骨成，六月毛发生，七月动右手，是男于母左，八月动左手，是女于母右，九月三转身，十月满足。"宋慈引用的是"五藏神论"，这种理论认为：胎儿一个月的如露水般大小，两个月的如桃花般大小，三个月可分出男女，四个月初具人形，五个月有骨架，六个月长毛发，七个月胎儿右手会动，如果是男婴在母亲左侧腹部可以感觉出来，八个月胎儿左手会动，如果是女婴在母亲右侧腹部可以感觉出来，九个月胎动频繁，十个月临盆待产。这一段文字很生动地描述了胎儿在母体中的生长发育情况。

据学者研究，宋代医学关于妊娠的理论大约有五种，各家论述不一，"五藏神论"只是其中一种，并且是从古代印度传入的。宋慈为什么集录了这样一种理论呢？

因为按照宋律，如果和孕妇争斗，致其流产，是根据胎儿发育情况来定罪的。宋律规定了两种情况：如果胎儿没有成人形，只打一百大板；如果胎儿已成人形，就会判三年徒刑。在当时的医学理论中，只有"五藏神论"对胎儿的形体发育描写得最接近司法实践，所以宋慈才把它集录进书中。他还说："若验得未成形像，只验所堕胎作血肉一片或一块。若经日坏烂，多化为水。若所堕胎已成形像者，谓头脑、口、眼、耳、鼻、手、脚、指甲等全者，亦有脐带之类，令收生婆定验月数。"意思是说，流产下来的胎儿如果没有成形，只能看到血肉一片或一块，隔几天就会化为血水；而成形的胎儿，五官、四肢甚至指（趾）甲都能看清，还有脐带。稳婆根据这样情况，再结合"五藏神论"的叙述，就可以确定胎儿有几个月了。

有时候，孕妇与人争斗，致胎动不安，也就是先兆流产，这该怎么办呢？宋慈在《洗冤集录》里给出了两个验方："川芎（一两半）当归（半两）右为细末，每服二钱。酒一大盏煎六分，炒生姜少许在内尤佳。""又用苎麻根一大把净洗，入生姜三五片，水一大盏煎至八分，调粥饭与服。"其实先兆流产的原因是多种的，孕妇体质也有差异，所以传统中医根据辨证施治的原则，可能会开出上百种药方。但是官府不可能专门请一位医生来给孕妇诊治，又或者情况紧急，所以就需要一种"通用型"的药方。宋慈是根据"争斗"这个诱因，从各种药方中甄别出见效快、疗效好的两种，以供官员们审案时备用。

在司法实践中，还有这样一种情况。孕妇被害，或者难产而死，尸体被埋放在地窖，等到检验的时候却发现尸体旁有具死婴。古人迷信，难免惊诧不已，甚至影响到仵作的尸检。这是怎么回事呢？宋慈说："盖尸埋顿地窖，因地水、火风吹，死人尸首胀满，骨节缝开，故逐出腹内胎孕孩子。亦有脐带之类，皆在尸脚下，产门有血水、恶物流出。"宋慈给出了一个医学解释。他说，这是因为在地窖这种环境下，随着尸体腐败进展，遗体严重膨胀，骨盆分离，腹内死胎就被压了出来。他还指出证据，就是死婴还连着脐带，都在尸体的脚边；而尸体的产门也有污血和其他脏东西流出，和正常生孩子差不多。

这种现象现代法医学称为"死后分娩"，并不奇怪，宋慈的医学解释也大致合理。据研究，这可能是法医学史上关于棺内分娩最早的记载和医学推断。取得这样的成就，做出这样的创新，是宋慈长期浸淫传统医学的结果。

宋慈是从哪儿学的医呢？

宋代之前，中医的传承是以师徒相传或世家传承的方式为主，有着封闭性的特点。这种传承方式在宋代被打破，政府将医学教育纳入官学系统，在各地遍设医学校，教习中医，还通过考试选拔医官。这种做法，为社会培养出许多高水平的医生。不过，从宋慈的履历来看，他既没有家学，也没有拜过老中医为师，更没有进过医学校受过正规教育，也就是说，他的中医完全是自学的。

宋朝政府除了创立医学教育体系，还设立了一个校正医药局，对历代医学典籍进行系统的整理、校勘和印刷，还编纂了大批医书，使得普遍掌握医学知识成为一种可能。而当时的儒生也认为，医者符合儒家"仁爱"的价值取向。在政府和民间的共同推动下，社会上就形成了一种"尚医"的思潮。许多儒生以不知医为羞，不少士大夫还亲自整理收集验方、家藏方，刊行于世，申明他们"仁民爱物"的态度。

我们举几个例子。

北宋的大文学家苏轼就是通医的，他还能够自己治病。苏轼晚年，常感心烦口渴，他就自种地黄一片，经常食用，结果不再烦躁，内热也渐退。苏轼后来写过一本《苏学士方》，里面是他常年搜集的一些医方。到了北宋末年（一说为南宋），有人把这本书和沈括写的《沈存中良方》合编在一起，称为《苏沈良方》。这是一部非常有名的医学著作。

南宋的陆游自幼喜欢搜集医方。他的祖上陆贽曾经写过一本《陆氏集验方》，陆游就写了一部续集，把自己所获医方汇集起来，编了一部《陆氏续集验方》。晚年的陆游隐居山阴，曾行医乡里，不过生活困顿的他是否会收取一点诊费，我们就不得而知了。

就连宋慈的祖师爷朱熹也是广涉医书，我们现在在他的著作里，也可以发现大量的医学知识。

宋慈在这样的环境里自学中医，倒也并不特别。只是他刻苦钻研，终有所成，而且开创了一个新的学科——法医学，成为当时"尚医"士大夫中的佼佼者。

那么，宋慈对后世又产生了怎样的影响呢？

宋慈对中国法医学史有何影响？

宋慈刊印《洗冤集录》前后，南宋曾有一段短暂的辉煌时期。

端平元年（1234年），宋蒙联军灭金。宋将孟珙还将金哀宗的遗骸带回临安，理宗命将其供奉于太庙，以告慰徽、钦二帝在天之灵。宋朝廷终于报了金灭北宋之仇。

然而随着金国的灭亡，南宋也失去了北方屏障，面临比金更强大的蒙古的威胁。端平二年（1235年），蒙军开始南侵。由于宋军奋勇作战，一再击退蒙军，甚至在开庆元年（1259年）的合州之战中用流矢击伤蒙古大汗蒙哥。蒙哥因伤死于军中，纵横欧亚大陆的蒙古铁骑遭遇重大挫折。

在这样一个"盛世"的气象之下，《洗冤集录》这本办案大全被推广到全国。

但是好景不长。忽必烈在建立元帝国后，大举攻宋。咸淳九年（1273年），襄阳城破，南宋再无抗击元军的力量。3年后，元军攻占临安。又过了3年，陆秀夫在崖山背负幼主赵昺跳海，南宋彻底灭亡。

因此，从《洗冤集录》刊印到南宋灭亡，前后只有三十多年，其间又战乱频仍，所以这本书虽然推广到全国，但是其应用还是有限的。

然而，让人感到意外的是，这本在南宋难以广泛应用的书，却影响到了正在灭亡南宋的元帝国。

元至元五年（1268年），政府发布了一个"检尸体式"的法令。这个法令主要是督促官吏尽速检复，以免尸体腐烂难以检验。而它的内容，竟然就是《洗冤集录》中"四时变动"一节的全文！此时宋慈已去世19年，不知九泉之下的他，在得知此事后做何感想？

在元代，社会上流行的，除了《洗冤集录》，还有一本根据《洗冤集录》内容编写的考试参考书，叫作《无冤录》。

元代地域广大，各地情况各异，为了便于管理，就要求在司法的各个环节有统一的规范，包括司法文书的制作。大概在至元十九年（1282年），元朝廷发布了一个"结案式"的法令，规定下级上报民刑案件结论的格式，以达到文案的统一。政府还以这个法令的内容为依据，招考负责文案的"儒吏"。因此，结案式也称作"儒吏考试程式"。所谓"儒吏"，是元代对汉人特殊的人才选拔制度。元灭南宋后，废除了科举制，要出仕做官的人，必须先通过考试被录用为儒吏，也就是基层公务员，然后才能逐步提拔，成为各级官员。

不过考生在考试的时候遇到了一些困难。特别是法医检验方面，当时最好的参考书当然是《洗冤集录》，不过宋慈可不是根据什么"儒吏考试程式"来写书的，他有自己的一套体系。因此，考生们在复习考试的时候感到很不方便。

为了解决这个问题，元代的一位大法医学家王与，就根据朝廷的法令，重新编排了《洗冤集录》的内容，写了一本参考书，取名《无冤录》。

王与写书的时候，不是简单地重复，而是融入了当时法医学的发展和自己的一些经验，深化了《洗冤集录》的内容。我们举一个简单的例子。宋慈说道，孕妇死后，尸体被埋放在地窖，检验的时候可能会发现从孕妇体内排出的死婴。王与说，这种情况只是特例，孕妇死亡后，不论尸体存放在哪儿，都有可能分娩出婴儿，不见得一定是在地窖。他还举了两个他亲自处理的案子作为例子。一次，一位怀孕妇女死亡，经过检验后放入棺材。后来案情反复，又开棺复检，结果发现一具死婴。另外一次，一个孕妇落水死亡，亲属领去遗体，不久就发现她分娩出死婴。

王与的书，不仅适合做考试参考书，而且比《洗冤集录》更适合元代社会的实际情况，因此广受欢迎。明朝的时候，这本书还传到了朝鲜。

像元代一样，清政府也把《洗冤集录》的一些内容升格为法律条文。不仅如此，清朝的律例馆还把这本书重新编辑校正，又汇集宋慈以后典籍数十种，定名为《律例馆校正洗冤录》，于康熙三十三年（1694年）以国家的名义向全国颁行。清代的法医学界基本上都是在注释和推衍《洗冤集录》,据现在统计,当时注释和推衍《洗冤集录》的书籍,有几十种之多。

我们还可以从几个反例来说明这本书的影响。

在《洗冤集录》中有这样一句话:"若将榉木皮罨成痕假作他物痕,其痕内烂损、黑色,四围青色,聚成一片而无虚肿,捺不坚硬。"这是对伤痕的检验。宋慈说,有一种假伤痕是用榉树皮敷成的。这种"伤痕"看上去一团黑色,聚成一块,却没有肿胀,用手按压也不会坚硬。

这个经验来自一个叫李南公的人。《折狱龟鉴》上有这样一个案例。

李南公在担任长沙县令的时候,碰到了一起案子。

一天,有甲乙两个汉子来告状。李南公见甲高大魁伟,乙却瘦弱憔悴,就问他们:"你们为何告状?"

甲说:"乙打我,把我身上打得通体是伤,请老爷您明断。"

乙辩解说:"他胡说,明明是他打我。老爷您不信,可以看看我身上的伤。"

两人争执不下,都说自己挨了揍。李南公就叫二人把衣服脱下,看看伤情。二人脱下衣服,身上都是伤痕累累,有拳脚伤,还有棍棒伤,看来这一架打得还真不轻。

李南公心中有点奇怪。这两人打架,从体力上讲,甲强乙弱,吃亏的肯定是乙,可为什么甲身上居然也会受此重伤呢?

李南公走上前去,仔细观察伤处,还用手捏了捏,然后说:"乙是真伤,甲是假伤。"

经过讯问,果然如此。

原来甲事先在家采集了一些榉树叶在身上揉搓,不一会儿,皮肤上就出现了多处青赤色的"伤痕"。他还把榉树皮平放在皮肤上,用火热熨,弄出了许多"棍棒伤"。等这些弄好后,他就找到乙,把乙痛打一顿。乙揪他见官,甲亦不惧,以为自己身上的假伤足以乱真,不想被李南公瞧出了破绽。

李南公是怎么发现的呢?他说:"殴打的伤痕会因为血液凝聚而变得坚硬,而伪造的伤痕却是柔软平坦,一摸便知。"

宋慈把这个经验集录进书中,官员们在检验伤情的时候有了判别标准,要造假就不可能了。不过,凶犯又翻新出花样。据《皇明诸司公案》上说,明朝的时候,有人还会在身上涂抹巴豆。巴豆是有毒的,可以刺激皮肤,造成肿胀,检验的时候如果不加辨别,很容易误以为受伤。可见,《洗冤集录》也"逼"得凶犯挖掘智商潜力,以逃脱法律的惩处。

《皇明诸司公案》上还有这样一个案子。

明朝的时候,广西河池县有个地主叫俞厥成,家财殷富,可是却吝啬异常。老婆鲍氏因娘家比较困难,她就暗中接济。不想家中的长工连宗借机要挟鲍氏,和她通奸,鲍氏也没有见识,不敢对丈夫去说。

冬天的时候,俞厥成带着连宗到佃农家里去收租,晚上住在连宗的姑表兄弟支秩家。这个支秩是俞厥成的一个佃户。晚上,大家边喝酒边聊天,谈天说地。俞厥成卖弄学识,谈论人身上生痣的相法,他说:"女人阴部有痣的,非富即贵。"连宗知道鲍氏的阴部附近就有一个大痣,一时失言,就说:"你娘子阴部就有痣,果然是富家婆呀。"这种隐私连宗怎么可能知道?俞厥成立刻就明白有奸情。

回到家中,他逼问鲍氏,鲍氏无奈,说出了实情。按照明代的律法,这叫"刁奸",就是诱奸的意思,犯者杖一百。可是俞厥成觉得,打连宗一百扳子出不了胸中的恶气;而且告到官府,免不了家丑外扬,他想私下解决这件事。

他是怎么做的呢?他找连宗喝酒,把他灌醉,然后绑起来。俞厥成在连宗的要害处狠狠刺了一刀,然后用开水浇淋,把创口烫白。等连宗死了,把绳子解开,扔到他自己睡的床上。第二天,他叫人通知连宗的家人,说连宗中风死了。

连宗家人邀支秩一块去收尸。支秩很奇怪:"他前几天还在我家喝酒,身体也很好呀,怎么突然就死了?"家人说是中风。支秩说:"前些天喝酒的时候,连宗说主母鲍氏的阴部有一颗痣,当时俞厥成的脸色就变了。现在连宗又突然死了,这里面可能有点问题,我们收殓尸体的时候要注意。"在收尸的时候,他们仔细查看,果然发现要害处有刀创一处。

连宗家人就去衙门告状,说是俞厥成怀疑妻子与连宗有染,把连宗杀了,并有支秩作人证。而俞厥成则辩称:支秩欠自己三年田租,赖着不交,以致成仇,现在却趁连宗死了,唆使他的家人告状。连宗的家人告诉的是一起人命案,而俞厥成则把它曲解成一起经济纠纷。

就刑事案来说,支秩的证词并不是强有力的证据,只能作为旁证。审案的关键,还是伤口的检验。仵作验完尸后,呈上了验尸报告。县令翻开《洗冤集录》,上面有这样一段话:"如生前刃伤即有血汁,及所伤痕疮口、皮肉、血多花,鲜色,所损透膜即死。若死后用刀刃割伤处,肉色即干白,更无血花也。"这段话的意思是说,生前刀伤,伤口会有出血,创口周围沾满鲜红色的凝血块,如果刺创贯通腹膜伤及内脏,就会致人死亡。如果是死后切割的创口,创缘肉色干白,更谈不上凝血块了。因为人死后血液循环停止,所以肉色是干白的。

县令对照验尸报告上的检验结果,刀创确实很深,足以致命,但是创口肉色干白,按照《洗冤集录》所说,这应该是死后所为。他相信了俞厥成的话,认为确系诬告,下令将支秩和连宗的家人各打二十大板,支秩还要把三年的田租交付给俞厥成。俞厥成则无罪释放。

这个狡猾的俞厥成,因为熟知《洗冤集录》,所以可以做手脚,逃避了法律的惩处。

《皇明诸司公案》是明万历年间的一本公案小说,所以这个故事未必是真实案件。不过作者在故事后面加了一个按语,他说:"盖以方凿之时,即以滚水灌其伤处,故无血荫,此《洗冤录》中所未载,附之以补所未备。后之检伤者,其详之。"意思是说,这种用开水来消除刀刃伤口"血荫"的情况,是《洗冤集录》中没有提到的,所以他特意记载下来,告诉以后的检验者。这说明,此类案件当时确有发生。

《洗冤集录》的广泛应用,成为官府打击犯罪的有力工具,对于凶犯也产生了强大的心理威慑,甚至在他们犯罪的时候,也要找一些书中没有记载的、"稀奇古怪"的方法,妄图逃避法律的制裁。

那么,在《洗冤集录》之后,古代法医学又是怎么发展的呢?

后人是怎么丰富和发展《洗冤集录》的?

《洗冤集录》标志着中国古代法医科学体系的形成,这是古代司法检验技术沿着自身轨迹发展,所能达到的顶峰。历代虽然研究、增补、考证和仿效《洗冤集录》的著作难尽悉数,但无论哪一本著作,其核心内容都难越《洗冤集录》之藩篱。因此,这本书成为后世所传诸书的蓝本,《洗冤集录》成为法医学的代名词,甚至连"洗冤"二字,也成为法医检验的一个符号。

然而,社会是发展的,法医学所要面对的证据材料会有新的变化,法医手段本身也是不断进步,这些新的内容,被后人以注释、增补等方式补充进《洗冤集录》。特别是清朝中后期,随着西风东渐,形成了一个中国古代法医学史上的发展高潮。在这个时期,法医学有了一些进步,增添了一些新的内容。

我们举几个例子。

在宋代的时候,火器已经在宋军中广泛使用,但是在民间还很罕见,因此在《洗冤集录》中,尚无关于火器伤的鉴定。明代我国开始制造鸟铳等火器,清代又有西洋枪械传入,随之,民间开始有用枪杀人、伤人的案件。

在北京曾经发生过一起持枪杀人案。某甲是一个教书先生,欠了源和木厂一笔银子。厂主屡次催还,但是某甲实在没钱,只得赖账。厂主对这个"老赖"没办法,就委托某乙、某丙三天两头去讨债。一次,某乙、某丙又去找某甲,某甲还是赖着不还。某乙、某丙急了,说了些过头的话。某甲恼羞成怒,拔出转轮手枪,对着某乙,扣动了扳机。某乙胸部中弹,当场死亡。某丙想要逃走,也被击伤。

还有一起走火伤人案。江苏巡抚衙门的一个书吏家里死了人,请来几个道士做法事。这书吏的儿子闲来无事,在家中乱翻,居然找到一把手枪。这把手枪是一个武弁的,他是书吏的朋友,把枪寄放在书吏家。儿子翻到手枪后,非常高兴,拿着枪东瞄瞄、西指指,还试图扣动扳机,但是枪已经生锈了,扳机怎么也扣不动。一个道士看见了,赶来凑热闹,他拿起手枪,对着门口一扣扳机,轰的一声,子弹飞出。原来手枪里还真有子弹,武弁在寄放手枪的时候忘了退火。这时候,有两个人抬着一坛油经过书吏家门口,子弹从门内飞出,击中后面那个人的肩膀,那人倒在地上,油坛也摔得粉碎。事发后,道士被县衙抓去关押,书吏也不得不拿出钱给伤者治疗,还赔了一坛油钱。

随着这样的案件越来越多,法医检验就增添了新的内容。有学者指出,中国是最先对枪创进行观察和研究的,而且还取得了很大的成就。例如子弹射入口和射出口大小,也就是子弹进入人体和飞离人体所造成的创口面到底孰大孰小的问题。早期的子弹是散弹,所以击中人体后,留下很大的创面;而由于火药推力不够,打穿人体的散弹很少,多数留在人体内,所以子弹的射出口较小,甚至没有。随着火器的改良,火药推力增大,子弹不仅能射穿人体,而且所造成的创面可能比射入口还要大。我国的法医工作者对此进行了长期的观察,并且把这个发现记录了下来。在欧洲,最早注意这个问题的是俄国的科学家皮罗果夫,比中国晚了大约半个世纪。

再就是鸦片中毒。

早在张骞出使西域的时候,鸦片就传入我国。不过长期以来,它一直被作为药物使用,而且价格昂贵,在民间一直少有人知。清朝中叶以后,帝国主义国家大力倾销鸦片到中国,以图逆转西方世界对华贸易的逆差。随着鸦片大量涌入,民间吸食鸦片的人越来越多,鸦片中毒死亡的事件也层出不穷,鸦片也成为清末以来民间最常见的,用于自杀、他杀的毒物之一。

晚清有个名妓叫赛金花,这是一位传奇人物。

赛金花幼年就被卖身为妓。光绪十三年(1887年),15岁的她遇到了前科状元洪钧,被洪纳为妾。不久,洪钧奉旨为驻俄罗斯帝国、德意志帝国、奥匈帝国、荷兰四国公使,原配夫人畏惧华洋异俗,就把自己诰命夫人的服饰借给赛金花,让她陪同洪钧出洋。由于赛金花年轻美貌,长于辞令,很快闻名于欧洲上流社会,甚至连德国皇帝和皇后都召见了她。在欧洲期间,赛金花还学会了一口流利的德语。

回国以后,洪钧病故,赛金花又再次沦落为妓女。据说,光绪二十六年(1900年)八国联军侵华,联军进入北京后,烧杀抢掠,无恶不作。赛金花去见八国联军总司令德国人瓦德西,劝他整肃军纪,少侵扰百姓,瓦德西第二天便下令禁止士兵违纪妄为。赛金花还通过私人关系,协助清政府和八国联军达成了和议。

赛金花的一生,出入豪门,沦落风尘,三次嫁夫,又三次孀居,晚年在穷困潦倒中病逝。著名学者刘半农曾经为她写了一本《赛金花本事》,在书中他说:"中国有两个'宝贝',慈禧与赛金花,一个在朝,一个在野;一个卖国,一个卖身;一个可恨,一个可怜。"

可是,这位"可怜"的赛金花,却做了一件很"可恨"的事。

八国联军离开北京后,赛金花继续做她的妓女营生,还买了一个叫凤林的小姑娘,让其接客。凤林虽然幼小,却性格倔强,怎么也不顺从。赛金花就用鸡毛掸子抽打她,把她的肩胛和后背都打伤了。凤林一时想不开,乘人不备吞食了不少鸦片。赛金花连忙命人施救,但是凤林并不配合,抓来的药也不吃。赛金花很恼火,不但不婉言相劝,反而又拿起鸡毛掸子一顿乱打,凤林不久死去。

　　这件事被邻居举报,官府检验尸体,确定凤林是吞食鸦片致死,但是身上有多处条形伤痕,应是生前曾被虐待。不过,晚清的时候,逼女为娼并不是重罪,凤林又确系自杀,所以赛金花判刑不重,加上她交际广阔,有人为她说话,所以后来又改为赎刑,交点银子了事。

　　这个案子中,凤林吞食的鸦片可能比较多,所以致其死亡。如果吞食鸦片的量少一点,就会因为急性中毒,出现"假死"现象。

　　有人为《洗冤集录》补充了这样一个案例。道光年间,广东有一个吴某在一家旅店投宿,因为穷困潦倒,他在店中吞食鸦片死去。店主人怕担责任,不敢收尸,他知道吴某在三水有亲戚,就派人去通知他们。亲戚得报,连忙赶去店里,不想吴某已经在头一天活过来了。大家一算,吴某一共"死"过去三天四夜。

　　这个案子中的吴某就是比较典型的假死。这时候,人的体温下降,代谢功能降低,表面上和死差不多,但是如果下葬,人就由假死变成真死了。清代检查吞食鸦片死者的尸骨,发现躺卧的很少,大多数都是侧卧,或者趴着的。人们在敛葬死者的时候,是把尸体平躺着放进棺材,然后埋起来的,怎么尸体后来会变成侧卧或者趴着的呢?原因很简单,因为敛葬的时候,死者是处于假死状态。入土以后,鸦片毒性退尽,死者苏醒过来,但他在棺材中出不来,又被闷死在里面。死者在死前辗转挣扎,所以尸体会出现种种情状。

　　怎么防止这样的情况发生呢?清人有这样的经验:仵作在检查的时候,要看看尸体僵硬程度,如果身体比较柔软,就可能是假死。此外,还要把尸体放上七天,这是一个极限值,如果死者一直没有苏醒过来,就可以确定是真死了。

　　鸦片中毒作为特殊时代背景下出现的新鲜事物很具有代表性,这些内容都被补充进了《洗冤集录》。

　　那么,《洗冤集录》对周边国家有何影响呢?

宋慈是怎么影响世界的?

　　明洪武十七年(1384年),王与的《无冤录》被重刊,这本书后来传入朝鲜。

　　在明朝取代元帝国之后,朝鲜也经历了一次改朝换代。

　　1392年,李成桂灭高丽,建国号朝鲜,为了修明政治,就从明朝引入《无冤录》。不过,由于文字艰深,在理解和实际勘验过程中产生了困难,于是国王命官员进行了注释和音训,形成了朝鲜版的《新注无冤录》,这本书在朝鲜一直应用了三百多年。1796年,朝鲜国王下令重新修订,大臣们结合清政府的《律例馆校正洗冤录》,编写了一本《增修无冤录》。

需要说明的是,《洗冤集录》类的书在我国大部分时间只是法医检验的参考书籍,但在朝鲜,则不只是参考书,而且是政府任用官吏的考试科目,这就使得《无冤录》具有一种官方性质,深刻影响了朝鲜的法律文化。

到1908年朝鲜宣布废止《无冤录》时,《无冤录》在朝鲜已流传了五百余年。

《新注无冤录》后来传入日本,一个叫河合尚久的人对其进行了翻译并出版,不过他把书名改了,称为《无冤录述》。这本书是节译本,对《新注无冤录》进行了删节和摘要,目的是适用于日本的司法情况。该书出版以后,广为流传,成为指导日本法医勘验的重要参考。后来又有一本《变死伤检视必携无冤录述》,内容与《无冤录述》无异,只是在目录的编排上稍有不同,不过条目更加清晰。这本书很受欢迎,仅在1891到1901年间就再版了六次。

此外,清政府的《律例馆校正洗冤录》也传入了日本。与《无冤录》不同的是,这本书是直接被日本引入的,而非通过朝鲜。该书在日本经过编译,定名为《检尸考》,是日本法医学史上一本重要的法医检验书籍。

无论是朝鲜的《新注无冤录》,还是日本的《无冤录述》,其源头仍然是宋慈的《洗冤集录》,所以该书对亚洲邻国法医学的发生、发展具有决定性的影响。

鸦片战争前后,《洗冤集录》开始传入欧洲,很快融入西方文化的氛围之中,对欧美法医学的迅速发展起到了积极的推动作用。

由此可见,《洗冤集录》对世界法医学发生、发展的影响是极其深远的,这是中华民族传统科技文化对世界文明所作出的伟大贡献。

《洗冤集录》刊印355年后,1602年,意大利人佛图纳图·菲德里斯写了一本《医生的报告》,这是西方法医学的开山之作。

20世纪50年代,苏联的契利法珂夫教授写了一本《法医学史及法医检验》,他把宋慈画像刻印于卷首,尊称他为"法医学奠基人",这是西方学术界对宋慈所作贡献的至高评价,是我们的骄傲。

宋慈去世以后,于次年七月十五日归葬福建建阳县崇雒里(今崇雒乡)昌茂村,宋理宗亲自为他书写了墓门"慈字惠父宋公之墓"。可能是因为家贫,或者是宋慈的嘱咐,所以宋慈的墓修得很小,一点也没有封建士大夫的那种张扬。十年以后,好友刘克庄又为他写了墓志铭,给我们留下了这位循吏的生平事迹。

七百多年来,宋慈一直静静地躺在那儿。直到1955年,建阳县政府才找到了宋慈的墓地,还发现了已经断了的理宗亲书墓门。这位生前孤独身后寂寞的"法医鼻祖",才又重新出现在人们的视野中。

人们对宋慈墓进行了全面的修葺,并立碑为记,碑文曰:

业绩垂千古,洗冤传五洲。

 古案辨讲

> **捽后出子**
>
> 爰书:某里士伍妻甲告曰:"甲怀子六月矣,自昼与同里大女丙斗,甲与丙相捽,丙偾甲。里人公士同丁救,别丙、甲。甲到室即病腹痛,自宵子变出。今甲裹把子来诣自告,告丙。"即令令史某往执丙。即诊婴儿男女、生发及保之状。又令隶妾数字者,诊甲前四血出及痛状。又讯甲室人甲到室居处及腹痛子出状。丞乙爰书:令令史某,隶臣某诊甲所诣子,已前以布巾裹,如虾蟆血状,大如手,不可知子。即置盎水中摇之,蟆血子也。其头、身、臂、手指、股以下到足,足指类人,而不可知目、耳、鼻、男女。出水中又蟆血状。其一式曰:"令隶妾数字者某某诊甲,皆言甲前旁有干血,今尚血出而少,非朔事也。某尝怀子而变,其前及血出如甲。"

【按语】

正常妇女的妊娠期一般在 40 周左右。如果胎儿在怀胎 28 周以前娩出,医学上称为流产。造成流产的原因很多。本案中甲妇怀胎已经六月,与人扭打,必然使大脑受到刺激而十分紧张,从而引起子宫收缩,同时,因扭打,腹部免不了受到撞击,所以,甲妇当晚流产是可能的。

按常理,胎儿发育到六个月,五官应该俱全了,但甲妇的胎儿经水洗后还不能辨眼、耳、鼻和性别,未知何故。

此案发生在秦代,而且检查仔细,判断正确,这说明我国早在秦代已经开始有了检验尸伤的制度,同时亦已达到一定的水平。

真假伤痕

尚书李南公知县沙县,日有斗者,甲强乙弱,各有青赤痕。南公以指捏之曰:"乙真甲伪。"讯之果然。盖南方有榉柳,以叶涂肌,则青赤如殴伤者。剥其皮横置肤上,以火熨之,则如捶伤,水洗不下。但殴伤者血聚则硬,而伪者不然耳。

【按语】

榉柳是荷叶乔木,学名枫杨,生长在江南各省,榉柳是河南土名,榉柳的叶下面有细毛,叶本身含有水杨酸。用榉柳的叶涂擦皮肤,可能因叶面下细毛的摩擦和水杨酸的刺激,会使皮肤出现青红斑;榉柳的皮,气味辛,大热,有毒,含有鞣质等成分,把榉柳的皮放在皮肤上,再用火"熨之",因热的作用,或是鞣质等化学成分的刺激,皮肤上会出现青赤色,很像棒伤。但同殴伤有明显区别,棒伤因血液凝结,会形成硬块,且不易消退;而榉柳的叶和皮刺激皮肤之后,血液并不凝聚,本案中李南公是从检验伤痕有无硬块来判断真假的。

五婢同缢

余在山左相验自缢之案,不知凡几,奇莫于平度州白姓之婢五人同时自尽。据报随往验视,两婢共绳一条,一活套,一死套;三婢共绳一条,一活套,两缠绕系。其如何结扣,如何同吊,至今莫测端倪。第观此穿衣服,均极华丽,衣襟各佩香囊荷包,似有视死如归之意。鞠问一干人证,委无奸盗及争斗起衅事由。惟一老妪云,伊等平日常说生则同生,死则同死二语,现在本主欲将两婢遣嫁,或者因此,不敢妄供等语。说尚近理,案经通详大府,驳诘再三,并委大员会讯,毫无指证,仍照原变通拟结。道光十九年案。

【按语】

缢死的绳结共有三种:一是活结,这种绳结一头打个固定的扣,另一头穿入这个扣,可以活动,古代称为"步步紧";二是死结,即绳套的大小固定不变;三是缠绕,就是用绳索绕住头颈。

本案中同时缢死的共有五人,检验官检验时发现,两个人用一条绳缢死,一个是活结,一个是死结;另外三个人缢死在同一条绳子上,一个是活结,两个是缠绕。仅从绳子上是无法确定她们是自杀或是他杀,需要做进一步的调查。检验官先从她们所穿的华丽衣裳和所佩之物着手调查,继而向了解熟悉她们的人调查,终于判断她们五人之死并非他杀,而是五人中有两人被主人"遣嫁",她们不愿生离,才同赴黄泉的。调查细致,推测合乎情理,判断也是正确的。

另外,两个或三个人同时被他人吊死,也是难以实现的。而且死者身上又无任何伤痕,也证实这个判断是正确的。

> **殴前缢后**
>
> 　　乾隆三十一年,湖南安仁县邓步青,报伊妹曹邓氏被夫曹泽金打伤身死。曹泽金以邓氏系被伊斥骂自缢。据仵作陈贤验得邓氏咽喉无缢痕致命,左乳有棒伤,脑后有木器伤,左后肋有棒伤,实系殴毙。曹泽金旋认旋翻。嗣据后任会同委员检得邓氏尸骨,上下牙齿,左右手腕骨、十指尖骨俱赤色,系自缢血瘀;左右耳根八字痕不现,系用阔布自缢,故无痕迹;左肱肘骨一伤青紫色,斜长一寸三分,宽三分;均系木器伤,余无别故,委系殴后自缢身死。诘之原仵作,自认因左乳、脑后发变,误认为伤。经巡抚奏明另办,并参前安仁县革职。

【按语】

在我国封建社会里,官吏视平民百姓往往如同草芥,民间出了人命案,官吏常交给一些新入选的、毫无实际经验的人员去处理,结果常常出差错,造成冤狱。本案中的仵作陈贤就是一个缺乏经验的检验人员,他竟将尸体死后变化的部位误认为伤,因而做出了错误的结论,而原县令又不亲赴现场验看,全凭陈贤的报告草草具狱。

后任县令较认真,他不仅亲到现场,而且还特地委派有经验的检验人员同去复查,终于使案情水落石出。

作出邓氏是被殴打后自缢的判断,是基于弄清了死者是用阔布自缢的,同时验明了尸骨上有几处血瘀,为自缢找到了佐证。

缢死或勒死的尸体牙齿变红,古今中外均有报道,但死者牙齿为何会变红,尚未完全明瞭,可能由于缢死者的颈静脉压闭,而颈部的颈动脉和椎动脉压闭不全,引起头部血管高度充血,出现瘀血,血液流进齿髓或红细胞渗入牙质小管所致。至于邓氏的两手腕骨及十指尖骨出现红色(即骨瘀),可能是因缢后悬空,血液堕积于上下肢,造成上下肢瘀血,渗入腕骨和十指尖骨之故。

> **死而复活**
>
> 道光七八年间,粤东省有吴姓者寄居客店,穷极无聊,吞鸦片而死。店尘人不敢收殓,知此人有亲属在三水地方,遣人往告,迨其亲属至,而此人已于前一日活矣。计死已三日四夜。

【按语】

鸦片,又称阿片,是罂粟科植物罂粟的未成熟的蒴果中乳汁的干燥物,含有很多生物碱,其中最主要的是吗啡,此外有罂粟碱、可待因等。

阿片在医学上多用于止痛、镇咳和控制出血等。鸦片中毒,多见于自杀。鸦片口服后,作用比吗啡缓慢,致死剂量也较大,一般为1—2克,而吗啡的致死量仅0.2—0.4克。鸦片主要是作用于中枢神经系统,造成兴奋和抑制交替,但以抑制为主,尤其是呼吸中枢被抑制后,呼吸频率每分钟可减少到3—4次,最后,因呼吸中枢麻痹而死亡。

本案服鸦片者死而复活,可能是口服量不足以致死,服后仅出现深度抑制,造成昏睡,体温下降,代谢功能降低的"假死"现象,因而后又醒了过来。

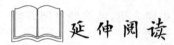
延伸阅读

一、曲阜"三孔"

山东曲阜,是儒家创始人孔子的家乡。提到曲阜,就不得不提到曲阜的"三孔"。"三孔"是孔庙、孔林和孔府的合称,包括孔子及其后裔的宗庙、墓地和宅邸。每年来曲阜"三孔"参观学习、感受儒家传统文化的游客络绎不绝。

曲阜孔庙是祭祀孔子的本庙,始建于公元前478年,最初仅"庙屋三间",但现在它已经拥有460余间庙屋,占地面积已达95000平方米,这归功于历朝历代由于重视孔子及其后裔,因而不断对孔庙进行修缮和扩建。大成殿为孔庙的主体建筑。走进孔庙,人们很容易被大成殿里陈列的匾牌所吸引,匾牌长约6米、宽2.5米,每字一米见方,由金字书写,四周雕有群龙戏珠图案。

这些都寄托和传达了封建统治者对儒学的崇尚。从康熙朝到宣统年间,大成殿拥有

9块御制匾额。

"万世师表"是康熙皇帝御笔题书。语出晋葛洪《神仙传》:"老子岂非乾坤所定,万民之表哉;故庄周之徒,莫不以老子为宗也"。意为孔子是千秋万世的老师和表率。

"生民未有"是雍正皇帝御笔题书。匾文意为尊祖千古以来,从未有若孔子之至高无上的圣贤。语出《孟子·公孙卫》:"自生民以来,未有夫子也。"

"与天地参"是乾隆皇帝御笔题书。匾文意为赞誉孔子品德与天地并而为参。语出《中庸章句》:"为天下至诚则可以赞天地之化育,则可以赞天地之参矣。"

"圣集大成"是嘉庆皇帝御笔题书。匾文意为孔子能把古圣先贤的美德集于一身,形成自己的学术思想。语出《孟子万章》:"孔子之谓集大成也者,金声而玉振之也。金声也者,始条理也,玉振之也者,终条理也;始条理也,智之事也,终条理者,圣之事也。"

"圣协时中"是道光皇帝御笔题书。匾文意为孔子的学术思想、个人情操,都是能顺应时代潮流,合乎客观实际的。语出《中庸》:"君子之中庸也,君子而时中。"

"德齐帱载"为咸丰皇帝御笔题书。匾文意为孔子是顺就天时应运而生的圣人,颂扬孔夫子为上天赋予人间的品德学识和高超的神灵。语出《中庸》:"仲民祖述尧舜,宪章文武,上律天时,下袭水土,譬如天地无不持载,无不复帱。"

"斯文在兹"是光绪皇帝御书。语出《论语·子罕》:"子谓于匡:'文王既没,文不在兹乎!'天将之丧斯文也,匡人其如予合?"

"中和位育"是清末代皇帝溥仪题书。匾文意为按照孔子的中庸之道,就能使世间万物达到和谐的境界。

孔林是孔子及其后裔的家族墓地,埋葬孔子长孙已至第七十六代,旁系子孙已至七十八代。孔林墓葬数量多,保存完好。在古代社会,根据死者生前的社会地位,墓地名称共分为五个等级,从高到低分别称为:陵、林、冢、墓、坟。"陵"乃皇家专用,是埋葬帝王的坟墓,其他任何人都不可以逾矩,如著名的黄帝陵、秦始皇陵等。在我国古代,只有埋葬"圣人"的坟墓才堪称为"林"。鉴于孔子为文圣,同时历代帝王为表示自己遵从文武义之道,想抬高孔子的地位和区别同王侯将相的差别,便取"陵"字谐音,这才有了"孔林"一说。埋葬王侯、皇亲国戚等的坟墓称为"冢"。"埋葬一般士大夫的坟墓称为"墓"。埋葬平民百姓的墓称为"坟"。

孔府又称衍圣公府,是孔子嫡长孙居住的,始建于宋金时期,是典型的封建贵族地主庄园,有各类楼房厅堂共480余间。孔府内的建筑物名字彰显了儒家思想的印记。"一贯堂""忠恕堂""安怀堂"等既赞扬孔子的忠恕思想,又彰显孔子嫡孙努力仿效的决心。孔府内有五奇,分别是"奇联""奇碑""奇兽""奇树""奇画"。

第一奇是奇联。它悬挂在孔府的大门上,相传为清代才子纪晓岚撰写。上联为"与国咸休安富尊荣公府邸"。下联为"同天并老文章道德圣人家"。上联的"富"字少了顶上一点,下联的"章"字下方的"早"部分中的一竖通到上面"立"字里。这既不是他无意的笔误,也不是刀笔匠的疏忽,而是纪晓岚的巧妙用心。"富"字少了一点,寓意"富贵无头",因衍圣公官职位列一品,故孔府的富贵没有顶点,还告诫孔府后人只有遵循孔子富而好礼的祖传,才能保证后代永续富贵。"章"字下面"早"字部分的一竖通到上面的"立"字上,意为"文章通天"。孔府内设有伴官厅,内配四品至六品官员数人,专门为衍圣公草拟奏章。衍圣公在三堂西里间修改奏章。修改好了以后,既可以面奏皇上,又可以派人送到皇宫转呈皇上。所以说,孔府的"文章通天"是名副其实的。

第二奇为奇碑。在孔府有一块其貌不扬的碑石,镌刻着朱元璋对孔子第五十五代孙孔克坚的当面戒谕,碑文文字如下:

圣旨:"老秀才,近前来。你多少年纪也?"

对曰:"臣五十三岁也。"

上曰:"我看你是有福快活的人,不委付你勾当。你常常写书与你的孩儿,我看资质也温厚,是成家的人,你祖宗留下三纲五常垂宪万世的好法度,你家里不读书,是不守你祖宗法度,如何中?你老也常写书教训者,休怠惰了。于我朝代里,你家里再出一个好人呵不好?"

二十日于谨身殿西头廊房下奏上位,曲阜进表的,回去。臣将主上十四日戒谕的圣旨,备细写将去了。

上喜曰:"道与他,少吃酒,多读书者。"

这碑文上通篇都是"你""我""快活"等白话,活现放牛娃出身的朱元璋的性情。同时从这一对话中也显示出朱元璋对孔子儒家文化的尊重,要求孔克坚写书教育后代,传承儒家文化。

第三奇便是奇兽。孔府宅门的内壁上绘着一个状似麒麟的大动物——"犭贪",是传说的一种天界之兽,龙头、狮尾、牛蹄、麒麟身,造型古怪,它不仅吃尽山中的飞禽走兽,吞尽人间的金银珠宝,最后还想吞食天上的太阳。衍圣公将此贪婪之兽绘在内宅门里墙上,为内宅出入必经之路,警示子孙不要贪赃枉法。

第四奇是奇树。在孔府花园中心位置,有一棵近400年的"五君子"柏树,其树身一分为五,五株"各成体统",后在五枝共享的树干中间居然又生出一株槐树,也长得枝繁叶茂。孔子七十三代嫡孙孔庆镕有诗赞:"五干同枝叶,凌凌可耐冬。声疑喧虎豹,形欲化虬龙。曲迳阴遮暑,高槐翠减浓。天然君子质,合傲岱岩松。"

最后一奇乃是奇画。在孔府花园的西南隅,有幅出自清末一位不知名画家之手的壁画,画面上有一条大路、一排高树,朝观者而来。画家巧用边与角的视觉效应,使游者不论站在东、南、北哪个方向,都能看到西上的"路",难怪有人为画题名:"人人有路"。

二、入学礼

在我国古代,入学礼被视作同成人礼、婚礼、葬礼相提并论的人生四大礼之一。入学当天,从家庭到学堂都会举行一系列隆重的仪式与典礼,作为孩童进入人生学习阶段的一种纪念仪式。

私塾,是中国古代社会一种开设于家庭、宗族或乡村内部的民间幼儿教育机构,虽不具备官方资质,但对于文化的传递、人才的培养,作出过不朽的贡献,是众多古人最初接触获得知识的主要阵地。人们一般都认为孔子在家乡曲阜开办的私学即是私塾,孔子也因此被视为第一个有名的大塾师。那么,古代在孩童入学教育这一方面有哪些礼仪要求呢?

据《嘉靖太平县志》记载:"明代太平县令民间子冀盼八岁以上、十五岁以下,皆入社学。"由此可知古代儿童一般入学年龄在八岁至十五岁。然而私塾没有固定的开学时间,只要家长在送孩子初次入学时,就是孩子的入学之日。

家长首先需要择定好吉日,定好日子后,给孩子置办入学用品,一般包括学习用的桌椅和文房四宝,入学用品的丰富程度依家庭条件而定。《红楼梦》中被贾府全家视为珍宝的贾宝玉在入私塾读书时,家人为其置办的学习用品可谓丰富至极,不仅有书笔文物、茶壶盖碗、手炉脚炉,还有四个小书童跟随,外加几个年纪较大的仆人伺候,排场可谓不小。

这一故事可见清代曹雪芹的《红楼梦》一书的第九回"恋风流情友入家塾,起嫌疑顽童闹学堂",原文如下:

话说秦邦业父子专候贾家的人来送上学择日之信。原来宝玉急于要和秦钟相遇,却顾不得别的,遂择了后日一定上学。"后日一早请秦相公到我这里,会齐了,一同前去。"打发了人送了信。至是日一早,宝玉起来时,袭人早已把书笔文物包好,收拾停妥,坐在床沿上发闷。见宝玉醒来,只得服侍他梳洗。宝玉见他闷闷的,因笑问道:"好姐姐,你怎么又不自在了?难道怪我上学去丢的你们冷清了不成?"袭人笑道:"这是那里话。读书是极好的事,不然就潦倒一辈子,终久怎么样呢。但只一件:只是念书的时节想着书,不念的时节想着家些。别和他们一处玩闹,碰见老爷不是玩的。虽说是奋志要强,那功课宁可少些,一则贪多嚼不烂,二则身子也要保重。这就是我的意思,你可要体谅。"袭人说一句,宝玉应一句。袭人又道:"大毛衣服我也包好了,交出给小子们去了。学里冷,好歹想着添换,比不得家里有人照顾。脚炉手炉的炭也交出去了,你可逼着他们添。那一起懒贼,你不说,他们乐得不动,白冻坏了你。"宝玉道:"你放心,出外头我自己会调停的。你们也别闷死在这屋里,长和林妹妹一处去顽笑着才好。"说着,俱已穿戴齐备,袭人催他去见贾母、贾政、王夫人等。宝玉却又嘱咐了晴雯、麝月等几句,方出来见贾母。贾母也未免有几句嘱咐的话。然后去见王夫人,又出来书房中见贾政。

等到孩子入学吉日当天的到来,民间风俗多样且质朴,寄托了父母长辈对孩子未来的期望。入学当天,父母会给孩子换上新衣服和红鞋子,同时还要为孩子准备四道早餐,分别是猪肝炒芹菜、蒸全尾鲮鱼、豆腐干炆葱、两个红鸡蛋,其寓意则分别是勤学当官、跃入龙门、聪明伶俐、连中双元。

除此之外,父母还要筹备祭拜圣人的礼物,以示敬师重道,祭拜先圣先师的祭品一般是芹(寓意勤奋)、藻(寓意早起)等一类的普通菜肴。这一风俗在《学记》中有过记载:"大学始教,皮弁祭菜,示敬道也。"

家长为孩子的入学准备筹备得井井有条后,接下来该到孩子独自完成的环节了。古代中国以礼治国,重视礼仪的养成,当然在入学这一重要活动上,少不了一系列的礼仪,以开启求知修身做人之路。"入学礼"大致囊括四个环节,每个环节无一不都涵养、传承尊师重道的优秀传统文化,以期对孩童的性格修为起到塑造、培养和积淀的作用,进而为封建统治培养出一批又一批的有为之人、有用之才。当然,"入学礼"在涵养传统文化之余,整个流程也不缺乏趣味。

"正衣冠"是第一个环节。古人非常重视仪表,《礼记》有云:"礼义之始,在于正容体,齐颜色,顺辞令。"因此,对于初入学的幼童来说,身上的稚气仍在,需要从外在的仪表仪态予以教育,以期成长,实现先正衣冠后明事理。在入学第一个环节上,让学生注重自己的仪容整洁,是首要的一课。学童们穿上正式的长袍,黑缎子马褂,戴圆形的黑缎帽,先生依次为他们整理好衣冠,然后排着队到学堂前集合,恭立片刻后,在先生的带领下步入学堂。

接着,就要开始第二个环节,即"拜先师"。所拜之人仅指老师吗?答案当然不是,首先学生要叩拜至圣孔子,对着孔子神位或者画像双膝跪地,九叩首。拜完孔子之后,就要拜老师,学生要对老师三叩首,接着学生向老师赠送六礼束脩。"束脩",意为作馈赠的一般性礼物,多被认为是"十条干肉",可见《礼记·少仪》所云:"其以乘壶酒、束脩、一犬赐人。"这里的"束脩"就是"十脡脯也",即十条干肉。而所谓六礼束修,就是行拜师礼学生赠与老师六种礼物,分别是:芹菜,寓意勤奋好学;莲子,寓意苦心教育;红豆,寓意红运高照;红枣,寓意早日高中;桂圆,寓意功德圆满;干瘦肉条,表达弟子心意。馈赠老师的礼品虽不是多么贵重的物品,但足以体现尊师重道的道德风范,展现出学生求学探知的真情实意。

"洗净手"是第三个环节。行过拜师礼后,学生要按先生的要求,将手放到水盆中"净手",正反各洗一次,然后擦干。"手"和"心"在某种程度上具有相关性。手的干净,寓意着心灵上的污垢也被侵蚀干净。古代入学的"净手礼"这一环节设置的初衷,正是通过简单的洗手这一动作,期许学生能在日后的学习中专心投入、心无旁骛,孜孜不倦地学习以获取为人处世之道。

最后一个环节是恪守执行"开笔礼"。"开笔礼"这一环节形式隆重,虽程序繁多,但寓意深刻,包括朱砂开智、击鼓明智、描红开笔等程序。"朱砂开智"就是先生手持蘸有朱砂的毛笔,在学生眉心处点上一个红痣。因为"痣"与"智"谐音,寓意着孩子从此开启智慧,目明心亮,日后的学习能一点就通。"击鼓明智"来源于《学记》:"入学鼓箧,孙其业也",意在通过击鼓声警示,引起学生对读书的重视。"描红开笔"就是学生在先生的指导下,学写人生的第一个字,这个字往往笔画简单,却蕴含着深刻的意义。

"入学礼"完成后,标志着学生已经正式拜在先生门下,从此便踏上了漫长的求学之路。求学寻知之路或许布满荆棘,但对于每一个渴望获得真知的人来说,需努力克服种种难关,要将自己的抱负同国家前途、社会期望紧密结合起来。最后附上几首古人劝学的古诗以共勉。

劝学诗
宋·朱熹
少年易老学难成,一寸光阴不可轻。
未觉池塘春草梦,阶前梧叶已秋声。

闲居书事
唐·杜荀鹤
窗竹影摇书案上,野泉声入砚池中。
少年辛苦终事成,莫向光阴惰寸功。

白鹿洞二首·其一
唐·王贞白
读书不觉已春深,一寸光阴一寸金。
不是道人来引笑,周情孔思正追寻。

三、成人礼

　　我国自古以来就是一个重视礼仪教化的文明之邦,格外重视为处于过渡时期的男子和女子举行隆重的成人礼,以明确成人这一关键的社会角色。在现代社会,法律规定男女公民已满十八岁即成年。然而在古代,对于成年在年龄上的规定却不是以十八岁为界限,对男女在年龄上的要求也有所差异。

　　在《礼记·曲礼上》对于成年的年龄指代,曾这样表述过,"二十曰弱冠"。弱冠即指男性成年。在唐代孔颖达的《正义》一书中对弱冠二字有所解释,即"二十成人,初加冠,体犹未壮,故曰弱也"。这里是说古代二十岁男子要举行加冠礼以示成年,但身体还未发育强壮,所以称弱,而弱是年少之意。在实行加冠礼的时候,男子还要把头发盘起来,做成发髻,以便戴帽子,而"弱冠"的"冠"正是意为帽子。

　　封建社会里男尊女卑思想根深蒂固,因而在成年这一重大人生事件上,男女不仅在成人礼的程序和被重视程度上有明显差异,甚至在年龄上也有所不同。《礼记》中曾记载过这样一句话,"女子十有五年而笄"。意即女子达到十五岁就要行笄礼,同男子行冠礼一样,都表示成人的一种仪式。笄,即簪子。女子将发辫盘至头顶,用簪子插住,以示成年及身有所属。自周代起,规定贵族女子在订婚(许嫁)以后出嫁之前行笄礼。一般在十五岁举行,如果一直待嫁未许人,则年至二十也行笄礼。

　　由此,我们对于古代男子和女子成年的年龄要求有了大概的了解。但在历史上也出现了有些男子或女子并非二十岁行冠礼,十五岁行笄礼的现象。有些天子诸侯因身上肩负治理国家的重任,要比普通人更早行成人礼,以早日掌管国政。相传周文王十二岁而冠,成王十五岁而冠。

　　同样,也有些人要比惯例的年龄更晚一些,这有一定的前提背景。在《史记》中就记载了秦始皇行冠礼的这段故事。秦始皇十三岁即位,不过这期间,他的母后跟嫪毐私通,在其母后的娇纵下,嫪毐被封为长信侯,遂造成了"事无大小皆决于毐"的局面。到了始皇九年(公元前238年)四月己酉这一天,当时他二十二岁或二十三岁突然"宿雍,冠,带剑"。雍地是秦人的祖庙所在。也就是说,他突然亲临祖庙举行了一场冠礼,以此宣告自己已经成年,能够行使治国治民的权力了。就在当年,始皇铲除嫪毐集团,车裂了嫪毐,囚禁了生母,并杀死了母后的两个私生子。显然,秦始皇的这场冠礼是他控御政治权力的动员令,是对母后嫪毐集团的宣战。

　　另外,举行冠礼仪式是非常讲究的。据《仪礼·士冠礼》上所载,贵族男子到了二十岁,由父亲或兄长在宗庙里主持冠礼。在一个成年贵族男子的冠礼上,他要接受来宾的三次加冠。关于古代冠礼的仪式过程,主要记载在《仪礼·士冠礼》《礼记·冠义》和《大戴礼记·公冠》等几篇文献中,它庄重、简易,并极富象征性,完全没有心惊胆颤和皮肉之苦。下面就介绍一下先秦时期士这一级贵族的冠礼中"加三冠"的流程。

加第一道冠叫"始加"。事先,赞者为少年梳理头发,用缁纚(黑色的包头布)缠好发髻。正宾来到少年席前坐下,为他扶正一下头上缠发髻的缁纚。赞者将缁布冠递给正宾,正宾右手握着冠的后项,左手拿着冠的前端,走到少年跟前,端正一下自己的容仪,向少年致祝辞:"令月吉日,始加元服。弃尔幼志,顺尔成德。寿考惟祺,介尔景福。"意为,选择今天这个吉日,为你举行成人礼,希望你告别顽皮的童年,长大成人,并祝你未来长寿健康,福禄圆满。然后,像此前正缁纚那样坐下,为少年戴上缁布冠。少年起身,正宾向他拱手行礼。少年进房,脱去采衣,换上玄端爵韠(玄端服和雀黄色的蔽膝),出房,面朝南而立,展示给大家。

加第二道冠叫"再加"。正宾向少年拱手行礼,请他即席坐下,赞者再次为冠者梳发、插笄(因脱去第一道冠时可能造成头发散乱)。正宾像始加礼时一样,先为冠者扶正包发之纚,然后从执冠者手中接过皮弁冠,右手执其后部,左手执其前部,走到冠者的席前,再致祝福之辞:"吉月令辰,乃申尔服。敬尔威仪,淑慎尔德。眉寿万年,永受胡福。"然后把皮弁冠戴在少年头上。少年退进东房,换上素积素韠(白缯制作的腰间有褶的下裳和白色的蔽膝),出房,面朝南而立,展示给大家。

加第三道冠叫"三加"。所戴的冠叫爵弁。祝词是:"以岁之正,以月之令,咸加尔服。兄弟俱在,以成厥德。黄耇无疆,受天之庆。"其他形式与前两道相同。行礼后,少年穿上纁裳韎韐(浅红色的下裳和赤黄色的蔽膝),向大家展示。

冠礼的重点是"三加",即三次戴冠,标志发式的改变。

在古代,少儿少女的头发不长,也无需做任何装饰,任其自然下垂在两侧耳旁,称之"垂髫"。再大一点,就把两边下垂的头发分别扎起来,像两个羊角一样立在头上两侧,谓之"总角"。

《礼记》规定,"男女未冠笄者,鸡初鸣,咸盥、漱、栉、縰、拂髦;总角、衿缨,皆佩容臭"。从这可知,未加冠的男孩和未加笄的女孩,每天鸡叫头遍时就要起床,洗漱完毕,梳头扎上羊角辫,佩上香囊,然后准备去向父母请安。加冠时发式的根本改变是,把头发向上梳,盘结到头顶上,挽成髻。然后,用一块黑色的纚把头发包起来,这才戴冠。帽子戴好后,用一根笄(簪子)横穿过帽子和头发。为了固定,冠上左右分别向下引一根丝带,在下巴之下打结,称为冠缨。

因此,无论如何,成人之前扎着羊角辫,穿着花衣服(衣采),成人后要戴冠,一眼即可辨别。为跨入成年的青年男女举行这一仪式,是要提示他们:从此将由家庭中毫无责任的"孺子"转变为正式跨入社会的成年人,只有承担成人的责任、履践美好的德行,才能成为各种合格的社会角色。

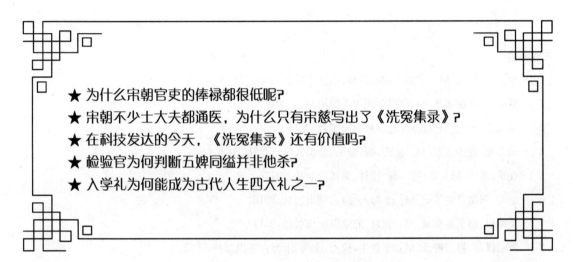

- ★ 为什么宋朝官吏的俸禄都很低呢?
- ★ 宋朝不少士大夫都通医,为什么只有宋慈写出了《洗冤集录》?
- ★ 在科技发达的今天,《洗冤集录》还有价值吗?
- ★ 检验官为何判断五婢同缢并非他杀?
- ★ 入学礼为何能成为古代人生四大礼之一?

参 考 文 献

古代典籍

[1] 周公旦.周礼[M].张如芸,编.桂林:漓江出版社,2022.

[2] 罗贯中.三国演义[M].成都:四川人民出版社,2019.

[3] 司马迁.史记[M].北京:北京燕山出版社,2018.

[4] 司马光.资治通鉴[M].金涛,编.汕头:汕头大学出版社,2018.

[5] 孔子.孝经[M].史靖妍,编.桂林:漓江出版社,2017.

[6] 纪昀.阅微草堂笔记[M].上海:上海古籍出版社,2016.

[7] 吴乘权.纲鉴易知录[M].北京:北京燕山出版社,2014.

[8] 陶宗仪.南村辍耕录[M].李梦生,校点.上海:上海古籍出版社,2012.

[9] 凌濛初.二刻拍案惊奇[M].王根林,校点.上海:上海古籍出版社,2012.

[10] 袁枚.续子不语[M].呼和浩特:远方出版社,2007.

[11] 郑克.折狱龟鉴[M].孙杰,王莹,编.呼和浩特:远方出版社,2005.

[12] 乐钧,许仲元.三异笔谈[M].重庆:重庆出版社,1996.

[13] 陆心源.宋史翼[M].北京:中华书局,1991.

[14] 许慎.说文解字[M].天津:天津古籍出版社,1991.

[15] 吴昌炽.客窗闲话[M].石家庄:河北人民出版社,1987.

研究著作

[1] 黄瑞亭,陈新山.《洗冤集录》今释:法医检验原理与案例[M].北京:科学出版社,2020.

[2] 高绍先.中国刑法史精要[M].北京:法律出版社,2020.

[3] 黄瑞亭,胡丙杰,刘通.名公宋慈书判研究[M].北京:线装书局,2020.

[4] 彭安玉.中国古代制度文化[M].南京:南京大学出版社,2020.

[5] 梁杰,梁彦.宋慈洗冤集录法律思想研究[M].南平市建阳区宋慈研究会,编.福州:海峡文艺出版社,2019.

[6] 马肖印.中国古代刑罚史略[M].王骚,校注.天津:南开大学出版社,2019.

[7] 黄道诚,张晋藩.宋代侦查勘验制度研究[M].北京:中国政法大学出版社,2019.

［8］喻平.宋代刑事政策研究［M］.长春:吉林出版集团股份有限公司,2019.

［9］胡兴东.宋朝立法通考［M］.北京:中国社会科学出版社,2018.

［10］秦涛.天理·国法·人情［M］.贵阳:孔学堂书局,2018.

［11］黄瑞亭,陈新山.宋慈说案［M］.北京:科学出版社,2017.

［12］栾时春.宋代证据制度研究［M］.北京:法律出版社,2017.

［13］祝熹.宋慈:世界法医鼻祖［M］.福州:福建人民出版社,2017.

［14］王晓龙,郭东旭.宋代法律文明研究［M］.北京:人民出版社,2016.

［15］刘昕.宋代讼师讼学和州县司法审判研究［M］.长沙:湖南人民出版社,2016.

［16］赵复强,杨金元.古代判案评析［M］.北京:中国政法大学出版社,2016,

［17］陈玉忠.宋代刑事审判权制约机制研究［M］.北京:人民出版社,2013.

［18］张利.宋代司法文化中的人文精神［M］.石家庄:河北人民出版社,2010.

［19］那思陆.中国审判制度史［M］.上海:上海三联书店,2009.

［20］魏殿金.宋代刑罚制度研究［M］.济南:齐鲁书社,2009.

［21］戴建国.宋代刑法史研究［M］.上海:上海人民出版社,2008.

［22］王晓龙.宋代提点刑狱司制度研究［M］.北京:人民出版社,2008.

［23］王礼贤.清代奇案 宋人洗冤:宋慈《洗冤集录》解读［M］.上海:上海中医药大学出版社,2007.

［24］郭建.案发当时:大宋提刑官断案宝典［M］.北京:中华书局,2006.

［25］李放.大宋提刑官宋慈断案:电视剧里看不到的"宋青天"［M］.北京:中国档案出版社,2005.

［26］朱仲玉.中国古代断案智谋［M］.上海:上海文化出版社,2003.

［27］炎雨.奇案妙断［M］.上海:上海远东出版社,2000.

［28］戴建国.宋代法制初探［M］.哈尔滨:黑龙江人民出版社,2000.

［29］王云海.宋代司法制度［M］.开封:河南大学出版社,1992.

［30］张宝昌,胡益仁.中国古代法医案例选［M］.兰州:甘肃人民出版社,1986.

［31］贾静涛.中国古代法医学史［M］.北京:群众出版社,1984.

［32］北京大学法律系法制史教研室.中国古代案例选［M］.太原:山西人民出版社,1981.

期刊文献

［1］蹇伶浇.宋慈抱学术交游初考［J］.温州大学学报(社会科学版),2023,36(1):53-62.

［2］康欣欣.《洗冤集录》避秽法探析［J］.中国中医基础医学杂志,2022,28(6):847-849,855.

［3］高婉瑜.《洗冤集录》躯干词及其历时考察［J］.长江学术,2021(4):98-106.

［4］高婉瑜.《洗冤集录》伤痕词类别及语用特点分析［J］.北华大学学报(社会科学版),2020,21(3):10-16,150.

［5］张宏利,刘璐.宋代浙东地区私盐制贩与国家治理模式的演变［J］.盐业史研究,2020(4):41-52.

[6] 黄瑞亭.宋慈与林几学术思想的比较研究:以司法鉴定文化为视角[J].中国司法鉴定,2019(1):81-90.

[7] 韩健平.《洗冤集录》"监当官"考[J].自然科学史研究,2019,38(2):165-171.

[8] 曹京徽.中国古代治国法制经验及其史鉴价值[J].人民论坛·学术前沿,2019(22):100-103.

[9] 朱姗姗.中国古代司法检验制度研究[J].中国司法鉴定,2018(1):12-20.

[10] 陈重方.清代检验知识的常规与实践[J].清史研究,2018(3):33-49.

[11] 李辞.宋慈证据裁判观及其当代价值[J].中共福建省委党校学报,2018(11):115-120.

[12] 黄丽云.略论宋慈法治思想及当代价值[J].东南学术,2017(4):170-174.

[13] 郑显文.中日古代神明裁判制度比较研究[J].比较法研究,2017(3):117-131.

[14] 陈光中,朱卿.中国古代诉讼证明问题探讨[J].现代法学,2016,38(5):25-36.

[15] 赵玲.中国古代审判制度的特点及现代借鉴[J].河南师范大学学报(哲学社会科学版),2006(6):160-162.

[16] 冯雪.我国古代法医学检验制度对当代法医学鉴定的启示[J].法医学杂志,2016,32(2):137-140,142.

[17] 陈光中,朱卿.中国古代诉讼证明问题探讨[J].现代法学,2016,38(5):25-36.

[18] 郑曦.中国古代讯问制度简论:一部刑讯的历史[J].中国政法大学学报,2015(2):51-59,159.

[19] 王晓龙,吴妙婵.宋代立法与司法技术的创新和进步[J].河北大学学报(哲学社会科学版),2015,40(2):7-14.

[20] 郑智.刑讯与五听:"情实"背后的身体思维模式[J].法律科学(西北政法大学学报),2014,32(3):25-34.

[21] 谢波.唐宋刑讯制度传承演变考论[J].南昌大学学报(人文社会科学版),2014,45(2):120-128.

[22] 王菲.宋慈《洗冤集录》与宋朝司法鉴定渊源探析[J].兰台世界,2014(5):154-155.

[23] 谢波.唐宋刑讯制度传承演变考论[J].南昌大学学报(人文社会科学版),2014,45(2):120-128.

[24] 路杨.宋慈与南宋刑事侦查制度考析[J].兰台世界,2014(3):17-18.

[25] 闫召华.口供中心主义评析[J].证据科学,2013,21(4):437-453.

[26] 何邦武.发现真相抑或制造冤案:"五声听讼"质论[J].苏州大学学报(哲学社会科学版),2013,34(5):110-117.

[27] 张晋藩.论中国古代司法文化中的人文精神[J].法商研究,2013,30(2):154-160.

[28] 姜登峰.中国古代证据制度的思想基础及特点分析[J].证据科学,2013,21(4):408-419.

[29] 茆巍.清代司法检验制度中的洗冤与检骨[J].中国社会科学,2013(7):181-203,208.

[30] 杜邈.我国刑事审判监督历史传统的理性与经验[J].国家检察官学院学报,2012,20(5):52-58.

[31] 姜小川.中国古今刑讯比较研究[J].法学杂志,2012,33(12):101-104.

[32] 闫召华.口供何以中心:"罪从供定"传统及其文化解读[J].法制与社会发展,2011,17(5):97-110.

[33] 胡之芳.我国古代刑事救济程序考评[J].法学杂志,2011,32(10):86-89.

[34] 尚绪芝,张志伟.中国古代司法审判中"刑讯"现象的文化机理探究[J].历史教学(下半月刊),2010(7):20-24.

[35] 王长江.从秦汉竹简看中国古代循实断案原则的形成与发展[J].中原文物,2010(2):71-75.

[36] 陈新山,黄瑞亭.《洗冤集录》的现代价值[J].中国法医学杂志,2009,24(5):358-360.

[37] 郑牧民.中国古代获取证据的基本特点及其理据分析[J].湘潭大学学报(哲学社会科学版),2009,33(4):139-144.

[38] 杨一凡.注重法律形式和法律体系研究 全面揭示古代法制的面貌[J].法学研究,2009,31(2):203-204.

[39] 郑牧民.论中国古代获取证据的方法[J].吉首大学学报(社会科学版),2009,30(1):91-97,169.

[40] 王明忠.《洗冤集录》中仵作社会地位的分析[J].中国法医学杂志,2009,24(6):429-430.

[41] 张熙照.中国古代地方官办案的特点[J].社会科学战线,2009(11):205-208.

[42] 庄琳.法医鼻祖宋慈及其《洗冤集录》[J].兰台世界,2009(23):31-32.

[43] 李胜渝.慎刑观与中国古代死刑审判制度[J].求索,2008(9):137-139.

[44] 陈景良.宋代司法传统的叙事及其意义:立足于南宋民事审判的考察[J].南京大学学报(哲学·人文科学·社会科学版),2008(4):103-116,143-144.

[45] 周靖."黄光检骨"考[J].自然辩证法通讯,2007(3):69-72,68,111.

[46] 钱崇豪.宋慈与中国司法鉴定[J].中国司法鉴定,2006(1):61-62.

[47] 沈大明.中国古代的证据制度及其特点[J].社会科学,2006(7):139-145.

[48] 黄瑞亭.宋慈《洗冤集录》与宋朝司法鉴定制度[J].中国司法鉴定,2006(1):57-60.

[49] 曹小云.《洗冤集录》词语札记[J].安徽师范大学学报(人文社会科学版),2006(4):469-473.

[50] 俞荣根,吕志兴.中国古代法医学:宋(慈)学:宋慈及其《洗冤集录》[J].中国司法鉴定,2006(1):53-56.

[51] 赵玲.中国古代审判制度的特点及现代借鉴[J].河南师范大学学报(哲学社会科学版),2006(6):160-162.

[52] 奚玮,吴小军.中国古代"五听"制度述评[J].中国刑事法杂志,2005(2):107-112.

[53] 马作武,何邦武.中国古代刑事审判中被告人诉讼地位析论[J].求索,2005(4):55-57.

[54] 田莉妹.中国古代的法治与吏治[J].贵州社会科学,2005(5):66-68.

[55] 黄显堂.宋慈《洗冤集录》研究中的失误与版本考证述论[J].图书馆工作与研究,2005(4):60-62.

[56] 徐忠明.论中国古代刑事审判传统[J].法制与社会发展,2004(1):71-84.

[57] 吕哲,陈瑞英.无罪推定原则研究[J].河北法学,2004(3):138-141.

[58] 黄瑞亭.《洗冤集录》与宋慈的法律学术思想[J].法律与医学杂志,2004(2):123-126.

[59] 杨绪容.包拯断案本事考[J].复旦学报(社会科学版),2001(2):133-136.

［60］黄瑞亭,胡丙杰,陈玉川.宋慈《洗冤集录》与法医昆虫学[J].法律与医学杂志,2000(1):17-19.

［61］栗克元.中国古代办案常用心理对策初探[J].史学月刊,1998(5):107-111.

［62］王立民.中国古代的刑侦手段述论(下)[J].刑侦研究,1998(3):34-36.

［63］王立民.中国古代的刑侦手段述论(上)[J].刑侦研究,1998(2):14-17.

［64］钟赣生.《洗冤集录》考辨[J].北京中医药大学学报,1997(1):20-21.

［65］黄晓明.中国古代刑事政策论纲[J].政法论坛,1996(6):71-75.

［66］廖育群.宋慈与中国古代司法检验体系评说[J].自然科学史研究,1995(4):374-380.

［67］张克伟.从《洗冤集录》谈谈宋慈对我国古代法医学的贡献[J].贵州师范大学学报(社会科学版),1994(3):75-79.

［68］陈康颐.中国古代的法医学检验[J].法医学杂志,1985(1):3-6.

［69］夏之乾.神判[J].社会科学战线,1980(1):224-230.

［70］仲许.我国法医学名著:宋元检验三录考[J].中医杂志,1958(7):497,501.